D1675384

Dora Duncker
Madame Pompadour

Madame Pompadour

Historischer Roman

von

Dora Duncker

Voltmedia

ISBN 3-937229-05-1

Gesamtherstellung: Oldenbourg Taschenbuch GmbH, Kirchheim

Einbandgestaltung: agilmedien, Köln

Erstes Kapitel

In dem großen Kamin knisterten die Buchenscheite. Die aufschlagenden Flammen erhellten den kleinen lauschigen Salon mit rubinrotem Licht. Warm und wohlig drang es bis in die Falten der schweren, dunkelblauen Brokatvorhänge, die über die zugefrorenen Fensterscheiben fielen.

Auf einem niederen Taburett vor dem Feuer saß ein junges Weib. Die schlanke, ebenmäßige Gestalt im leichten, bequemen Seidengewand war ein wenig vornübergebeugt. Der Widerschein der Flammen, gegen die sie die feinen, schönen Hände ausgestreckt hielt, um sie zu erwärmen, umspielte das lichtbraune Haupt und ein Stück des weißen Nackens.

Hinter ihr, die Bände auf die Schultern des jungen Geschöpfes gelegt, stand ein fast fünfzigjähriger Mann, eine stattliche, vornehm gekleidete Erscheinung. Die graue Puderperücke stand eigenartig zu dem frischen Gesicht mit den jungen, lebhaften Augen.

“Nun Jeanne, noch immer in Gedanken?” fragte er, sich ein wenig niederbeugend und mit der Rechten leicht über das reiche, weiche Haar des jungen Weibes fahrend. “Sollte man am Ende doch Sehnsucht nach dem auf Reisen geschickten Gatten haben?”

Jeanne d’Étioles sprang lachend auf, daß die weißen

Zähne zwischen den ein wenig blassen Lippen schimmerten. In ihren Augen von unbestimmter Farbe spielten tausend lustige Teufelchen.

Sie schob ihren Arm unter den des Mannes.

“Das glauben Sie ja selbst nicht, Onkel Tournehem. Sie wissen ja so gut wie ich, weshalb wir Charles auf Reisen geschickt haben.”

Der große Mann schmunzelte.

“Alle Wetter, ja! Ungern genug ist er gegangen, mein immer noch verliebter Herr Neffe! Nun, und die grande affaire? Hat Binet noch nichts von sich hören lassen?”

Jeanne d’Étioles schüttelte den Kopf und schnippte dabei übermütig mit den feinen Fingern.

“Die arme Mama ist in tausend Ängsten. Ganz ohne Grund. Wenn Binet nicht kommt, gehe ich eben ohne Einladung nach Versailles. Aber unbesorgt, er wird kommen!”

Herr Le Normant de Tournehem blickte auf das reizende Geschöpf und war überzeugt, daß es recht behalten würde.

Mit einer raschen Bewegung ließ Jeanne sich wieder auf das Taburett zurückfallen und zog den Onkel ihres Mannes, ihren besten Freund, neben sich in einen der tiefen, dunkelblauen Seidensessel. Sie nahm eine seiner wohlgepflegten ringgeschmückten Hände zwischen die ihren.

“Lieber Onkel”, sagte sie lebhaft, während die Farbe ihr in das zarte Gesicht stieg, “es kann ja nicht fehlen. Alles wird kommen, wie es kommen muß, wie es gar nicht anders kommen kann. Ich fühle es hier und da -” Sie machte zwei rasche Bewegungen gegen ihr Herz und die weiße kluge Stirn.

“Sie wissen ja, schon bei den Ursulinerinnen in Poissy nannten die Mädchen mich kleine Königin und scharten sich um mich und erwarteten meine Befehle.”

“Frau Lebou nicht zu vergessen”, fiel Tournehem ein, “die dir, als du kaum neun Jahr alt warst, prophezeite, daß du eines Tages die Mätresse unseres geliebten Königs sein würdest.”

Jeanne nickte nur und fuhr dann eifrig fort: “Die Dinge lagen nicht immer so glücklich wie heute. Aber die Zeiten haben sich geändert, seit Frau von Châteauroux tot ist. Es gibt niemand mehr, der behaupten könnte, der König traure noch um sie, sein Herz sei nicht frei. - Damals freilich ...”

Jeanne lächelte ein wenig spöttisch.

“Im Walde von Sénart, als ich ihm in den Weg ritt, beherrschte ihn die Châteauroux noch vollständig. Der König durfte mir nicht Wort noch Gruß gönnen, obwohl -”

“Obwohl du ihm schon damals in deinem blau und rosa Amazonenkleid und dem kecken Hütchen nicht übel gefielst, kleine Hexe!”

Jeannes schöne Augen strahlten triumphierend.

“Sie mögest mir’s glauben oder nicht, Onkelchen, der König hat mir neulich bei der Audienz nichts weniger als ein unfreundliches Gesicht gezeigt! Er hat mir die Generalpacht für meinen Mann ohne Umschweife gewährt - nur daß” - ihr Gesicht senkte sich ein wenig nachdenklich - “ wir waren allein - er hätte -”

Herr Le Normant schüttelte den Kopf.

“Du kennst den König doch nicht so gut, als du dir schmeichelst. Er ist langsam und scheu, wenn ihm nicht gleich sehr viel entgegengebracht wird - und daß dies nicht geschehen, war recht und klug von dir."

Sie unterbrach ihn rasch. Wieder war sie aufgeschnellt und dehnte und reckte die feine, geschmeidige, übermittelgroße Gestalt. Die Arme gegen die Flammen gebreitet, daß sie wie in Glut getaucht schienen, rief sie mit einer Stimme, die zugleich voller Sehnsucht und Willensstärke war: "Nur heraus aus dieser kleinen engen Welt - herrschen, seine Kräfte spüren, die Zügel in festen Händen halten - sein Ich durchsetzen gegen jeden Widerstand."

"Und Maria Leszinska, die Königin?"

"Bah, sie ist keine Frau für Louis den Vielgeliebten - um sieben Jahre älter - häßlich - hergenommen von neun Kindbetten - ohne Geist und Willen. Eine Maria Leszinska fürchte ich nicht. Nichts - niemand fürchte ich - denn ich liebe ihn."

Herr von Tournehem lächelte ungläubig.

"Jeanne, betrüge dich nicht! Wie solltest du dazu kommen, den König zu lieben?"

Sie warf den Kopf in den Nacken. Die Flamme der Buchenscheite wob einen leuchtenden Feuerschein um das lichtbraune Haar.

"Ich liebe ihn, weil ich ihn lieben will. Verstehen Sie das, Onkel Tournehem?"

Herr Le Normant blieb stumm.

In Jeannes Augen stand ein Licht - heiß und stark, beredter noch als ihre Worte - das jeden Widerspruch im Keim erstickte. Näher trat sie zu ihm hin und legte die Hände zärtlich auf seine Schultern.

“Wenn ich dem König gefalle, ganz gefalle, danke ich’s Ihnen, Onkel Tournehem. Sie haben mich zu dem gemacht, was ich bin. Sie haben mir den Sinn für alles Schöne und Große erschlossen. Sie haben mich in den strengen Wissenschaften, in allen freien Künsten erziehen lassen, Sie haben mir gezeigt, daß es auch für eine Frau andere Aufgaben gibt, als einen Mann zu nehmen und Kinder zu bekommen.”

“Und Alexandra?” warf Tournehem mit dem Versuch zu scherzen ein.

Jeanne lächelte ein zärtliches Mutterlächeln.

“Es ist gut, daß sie da ist, die Kleine - um so besser, da ich das erste Kindchen so rasch verlor -, aber sie läßt Raum für vieles andere, Raum und Kraft, die Welt mit meinem Namen zu erfüllen. Und ist es so weit, so sollen Sie mich dankbar finden, Sie, der Vater und die Mutter und Bruder Abel, alle die mir Gutes getan.”

“Und Charles Guillaume, dein Gatte?”

“Er ist ein guter, anständiger Junge - im übrigen - wenn er meiner bedarf - natürlich - .”

Herr von Tournehem wußte genug.

Hinter einem der dunkelblauen Brokatvorhänge öffnete sich die Tür. Eine noch schöne, kränklich aussehende Frau um Anfang der Vierzig trat ein. Lebhaft, mit gewöhnlichen Bewegungen, die weitab von der vornehmen, rassigen Grazie ihrer Tochter standen, kam sie auf Jeanne und Tournehem zu.

“Was sagt Ihr! Vetter Binet noch nicht hier? Jedenfalls hat er keine Einladungskarte für Jeanne erhalten - und gerade zu den Hochzeitsfeierlichkeiten des Dauphins nicht - es ist - man möchte -"

Madeleine Poisson machte Miene, mit dem Fuß aufzustampfen.

Ein Blick auf Tournehem ließ sie innehalten.

"Meine liebe Madeleine", sagte er halblaut, "Sie sind nicht mehr so bezaubernd, daß Sie sich dergleichen Extravaganzen noch gestatten dürften. Früher hat man Ihnen auf Konto Ihrer Schönheit mancherlei verziehen. Selbst Herr Poisson ist gegen Ihre allzu stürmischen Emotionen empfindlich geworden."

Sie tat, als habe sie ihn nicht gehört, und ging mit ausgebreiteten Armen auf Jeanne zu, die ernst und nachdenklich in die Flammen blickte.

"Mein armes Kind, haben wir dich dafür so vornehm erzogen, bist du darum so engelschön, daß dieser Esel, dieser Binet - oder hat er vielleicht vergessen, daß das Hôtel des Chèvres in der Rue Croix des Petits Camps liegt?"

Jeanne fuhr der Mutter über das welke, bis vor kurzem noch so schöne Gesicht, das das ihre an Zauber noch übertroffen hatte. "Beruhigen Sie sich doch, geliebte Mama! Vetter Binet ist kein Esel -"

"So hat er die Einladung nicht bekommen, was noch schlimmer ist", schluchzte Madeleine Poisson.

"Er wird sie schon bekommen haben. Sie unterschätzen die Macht des Kammerdieners Sr. Hoheit des Dauphins. Aber vergessen Sie nicht, die Hochzeitsfeierlichkeiten bringen viel Arbeit - und ehe er von Versailles bis zum Hôtel des Chèvres kommt!"

Frau Poisson trocknete ihre Tränen.

"Du magst recht haben, mein Liebling. - Du bist ja klüger als wir alle zusammen, meine geliebte Jeanne."

Sie herzte und küßte ihr schönes Kind.

"Herr von Tournehem", sagte sie dann, sich mit gekünsteltem Zeremoniell nach ihm zurückwendend.

Tournehem verneigte sich in gleicher Art mit der leichten liebenswürdigen Ironie, die ihm eigen war.

"Madame Madeleine Poisson?"

"Poisson schrieb mir heut flüchtig und beruft sich auf einen Brief an Sie, den er Ihnen per Kurier, vom Rhein glaube ich, sandte. Er sagte, er habe Ihnen darin den jetzigen Stand seiner Angelegenheiten auseinandergesetzt. Wie liegen die Dinge?"

Auch Jeanne trat vom Feuer fort auf Herrn Le Normant zu. "Ja, was machen die Angelegenheiten des armen Papa? Man sollte sich wirklich besser anstrengen, seine lange Verbannung wieder gutzumachen. Die Brüder Pâris, für die er sich doch im Grunde geopfert, dürften sich mehr für ihn ins Zeug legen."

"Ta, ta, meine liebe Jeanne, wir dürfen - trotz aller schuldigen Liebe - die Fehler deines Vaters denn doch nicht gar zu gering anschlagen. Er hat als Angestellter der Proviantkommission ein bißchen stark auf eigene Hand gewirtschaftet."

"Ich muß sehr bitten", fuhr Madeleine Poisson auf, "François hat sich bei der Verproviantierung von Pâris zuschanden gearbeitet. Da können kleine Irrtümer in den Finanzen schon vorkommen."

“Das Schatzamt hat 232.000 Livres zu Recht voll ihm zurückverlangt. Wenn Sie das kleine Irrtümer nennen!”

Madeleine fuhr abermals auf.

“Lassen Sie doch die alten Geschichten, Tournehem. Das Urteil wurde vor beiläufig achtzehn Jahren gefällt. Da Seine Eminenz, der Kardinal Fleury, es durchgesetzt hat, daß François nach acht Jahren aus Deutschland zurückkommen durfte, da er vom Staatsrat Entlastung für einen Teil seiner Schulden erhalten, da die Pâris ihn mit Freuden wieder in ihre Dienste genommen haben, kann mein Mann doch nicht ganz der Dieb und Räuber sein, zu dem Sie ihn stempeln wollen.”

Tournehem lächelte über den Zorn der Freundin.

Sich bequem in den schweren, vergoldeten Armstuhl zurücklehnend, in dem er im Laufe des Gesprächs Platz genommen hatte, meinte er: “Da wären wir ja wieder bei dem alten Streit, der so überflüssig als irgend denkbar ist, denn wir haben alle drei nur Poissons Bestes im Auge, das er, nebenbei gesagt, seiner Begabung und seiner Energie halber vollauf verdient.”

“Ja, das haben wir, Onkelchen, und wenn ich erst da bin, wo ich bald sein werde”, - sie tauschten einen raschen Blick des Einverständnisses - „soll der Vater bald zu hoher Gunst und Ehre gelangen!”

Madeleine Poisson umarmte gerührt ihr schönes Kind.

“Ja du, du wirst uns alle glücklich machen”, schluchzte sie, dann, fast in demselben Atem in ihren heftigen Ton zurückfallend, fing sie aufs neue auf Binet zu schelten an: “Wäre nur dieser verdammte Dummkopf erst da!”

Tournehem nahm den Faden wieder auf, ohne des weiteren auf den temperamentvollen Ausbruch Madeleine Poissons zu achten. Vierundzwanzig Jahre hatten genügt, ihn daran zu gewöhnen.

“Im übrigen geht es Poisson nichts weniger als schlecht. Seine Reise an den Rhein, wohin ihn die Pâris vorige Woche mit einem geheimen Auftrag geschickt, scheint sich recht einträglich zu gestalten. Klug, ehrgeizig und raffiniert, wie Poisson ist, wird er bald wieder Oberwasser haben.”

“Wollte Gott und die heilige Jungfrau, es wäre so!” Frau Poisson schlug die Augen fromm gegen die Salondecke auf. “Ich habe heut schon dreimal für ihn im Betstuhl gekniet.”

“Hoffentlich nicht vergebens”, tröstete Le Normant ironisch.

Halblaut fügte er hinzu. “Sie wissen doch, Madeleine, daß dem Himmel die Gebete der Sünder wohlgefälliger sind als die der Gerechten!”

Frau Poisson tat, als habe sie ihn nicht gehört, was sie nicht hinderte, ihm einen koketten Blick aus ihren noch immer bezaubernd schönen Augen zuzuwerfen.

Jeanne, die das Talent hatte, alles zu sehen und zu hören, auch wenn sie mit ganz anderen Dingen beschäftigt schien, war die leise Bemerkung Tournehems und das Augenspiel ihrer Mutter nicht entgangen, obwohl sie seit einer ganzen Weile schon gegen das Fenster lehnte.

Wieder schoß ihr ein Gedanke durch den Kopf, der ihr schon öfter gekommen war: Sollte Tournehem, dieser vornehme Kulturmensch, der ihr in Abwesenheit des Vaters eine so gediegene Erziehung gegeben, mit dem sie soviel kluges Verstehen verband, am Ende ihr eigentlicher Vater sein?

Nachdenklich preßte sie die Stirn gegen die gefrorenen Scheiben. Was nützte das Grübeln? Sie würde die Wahrheit vermutlich nie erfahren. Im übrigen würde diese Wahrheit weder an ihren Gefühlen, noch an ihrer Beurteilung der beiden Männer auch nur das geringste ändern.

Sie hatte sie beide lieb, den begabten, gewalttätigen, grobschlächtigen, im Grunde gutmütigen Poisson sowohl als den vornehmen, weltmännischen Tournehem.

Sie würde, wenn sich ihres Lebens Ziel erfüllte, an der Zukunft, an dem Glück und dem möglichen Ruhm beider mit gleicher Willenskraft arbeiten.

Als Jeanne d'Étioles sich zu den anderen zurückwandte, hörte sie, daß Tournehem von ihrem Bruder Abel sprach.

"Was nützt ihm seine Schönheit, Madeleine, wenn er faul und ohne Ehrgeiz ist?"

Die Frau, die in einem Stuhl vor dem Feuer kauerte, meinte müde, daß sie nicht wisse, wie ihr einziger Sohn zu diesem Mangel an jeglichem Temperament komme. In der Hauptsache sei Abel scheu und schüchtern über die Maßen und aus diesem Grunde zu keiner Stellung tauglich.

"Der Effekt bleibt derselbe."

"Ich werde ihn schon aufrütteln. Wartet's nur ab!" rief Jeanne, die wieder zu ihnen getreten war, den schönen Kopf stolz im Nacken.

“Sieh zu, gutzumachen, was dein Vater mit der Knute verschüttet hat!”

“Keine Sorge, Onkel Tournehem, ich weiß schon, wie der Bruder zu nehmen ist.”

“Still!” rief Frau Poisson, aus ihrem Stuhl aufschnellend. “Es biegt ein Wagen in die Rue Croix des Petits Camps.”

Sie stürzte ans Fenster und versuchte, mit den Nägeln den Frostschleier von dem Glase zu schaben.

Dann, als das Geräusch eines auf dem holprigen Pflaster näherkommenden Wagens stärker wurde, flog sie zur Tür, riß sie weit auf und schrie laut nach der Jungfer.

Nanette legte im Erdgeschoß die letzte Hand an Jeannes Maskenkostüm für das Fest in Versailles. Das Kostüm war bis jetzt für jeden tiefes Geheimnis geblieben.

„Nanette! Nanette!”

Der schwarze Kopf der Gerufenen wurde auf der Treppe sichtbar.

“Rasch öffnen! Es kommt Besuch, mach’ den Wagenschlag auf!”

Herr Binet, Kammerdiener Seiner Hoheit des Dauphins, lächelte mit glatten Mienen, als er den Eifer der hübschen Zofe sah.

“Gemach, gemach, Kleine! Sie reißen mir ja den Mantel in Stücke. Eilt’s denn so sehr?”

Dann rief er dem Kutscher die Weisung zu, in einer Stunde wieder vorzufahren.

Nanette starrte derweilen verzückt auf das kunstvoll gemalte Wappen am Wagenschlag.

Herr Binet schritt ihr mit großen, majestätischen Schritten voraus, die Treppe hinauf.

“Meine schöne Cousine zu Haus?” fragte er nachlässig zurück.

Auf den oberen Stufen wurde Frau Madeleines scharfe Stimme laut. “Wir erwarten Sie schon, Vetter. Mit Ungeduld erwarten wir Sie.”

Binet zuckte vornehm die Schultern unter dem dunklen Mantel. “Hofdienst, meine liebe Madame Poisson, geht vor Frauendienst!”

Auf der obersten Stufe angelangt, küßte er Madeleine galant die Hand.

“Ich grüße Sie, Madame Poisson!”

“Warum so steif, mein lieber Binet, weshalb nicht Cousine - Tante?”

“Weil ich mit den d’Étioles, nicht mit den Poissons verwandt bin”, gab der Kammerdiener Seiner Hoheit des Dauphins mit Würde und starkem Nachdruck zur Antwort.

Frau Poisson hielt ihren Gast an den weit ausfallenden Spitzen seines Ärmels fest.

“Gleichgültig! Die Hauptsache, bringen Sie die Einladungskarte?”

Wieder zuckte der große Mann die Schultern.

“Wäre ich sonst hier?”

Frau Poisson atmete erleichtert auf und bekreuzigte sich.

“Gott sei Dank! Gott sei Dank!”

Als sie in den blauen Salon traten, in dem die Holzscheite zusammengesunken waren und nur noch einen schwachen Lichtschein gaben, fanden sie das Zimmer leer.

Während Frau Poisson den vielarmigen Lüster entzündete, fragte Binet ungeduldig nach Madame d'Étioles.

"Mein Auftrag geht an meine schöne Cousine."

"Sie wird bei der Kleinen sein. Jeanne ist eine zärtliche Mutter!"

"Ein Vorzug mehr", meinte Binet vieldeutig, mit zynischem Lächeln.

Nanette, die den schon vorher beorderten Muskateller und die kleinen Körbchen mit süßem Kuchen, Binets Lieblingskuchen, vor dem Gast niedersetzte, erhielt den Auftrag, Frau d'Ètioles zu rufen.

Kaum daß Madeleine ausgesprochen hatte, trat Jeanne schon ins Zimmer, strahlend, erwartungsvoll.

Binet küßte die schöne, schlanke Hand länger, als nötig gewesen wäre.

"Alles steht zum besten!" flüsterte er. "Ich habe Ihnen viel zu sagen."

Jeanne nickte und ersuchte ihre Mutter, sie mit Herrn Binet allein zu lassen

Als Madeleine zögerte zu gehen, fragte Binet ungeduldig:

"Darf ich fragen, Madame, wer im Hôtel des Chèvres Herrin ist? Sie, die Sie nur Gast sind, oder Madame d'Étioles, der das Haus gehört?"

Frau Poisson wollte heftig werden. Ein bittender Blick der Tochter besänftigte sie sofort. Schweigend und verärgert verließ sie das Zimmer.

"Und nun erzählen Sie, Vetter", bat Jeanne mit heißen

Wangen. “Hab’ ich dem König wirklich gefallen? Will er mich wirklich beim Fest haben? Seine blauen Augen, bei Gott, die schönsten blauen Augen Frankreichs, wie man sie nennt, sahen mich bei der Audienz sehr gütig an. Haben Sie Seiner Majestät gesagt, daß ich schon um ihn geweint, als er in Metz auf den Tod lag?”

Binet streichelte die schöne Hand seiner Cousine.

“Alles hab’ ich ihm gesagt, direkt oder durch den Herzog von Ayen. Seine Majestät hat die bezaubernde Amazone aus dem Walde von Sénart nicht vergessen. Übrigens dürfen Sie Ayen getrost als Ihren Bundesgenossen betrachten.”

Binet griff in die Tasche.

“Hier die Einladungskarte für die Schlußfeierlichkeiten der Hochzeit. Morgen Maskenball in Versailles, übermorgen Ball im Stadthaus.”

Jeanne wiegte mit triumphierendem Lächeln die Karte in der Hand. Laut las sie ihren Namen und das Datum der Tage.

“Man wird ihn sich merken müssen, diesen 25. Februar 1745, an dem eine gewisse Madame d’Étioles zum erstenmal das Parkett von Versailles betrat”, meinte Binet vielsagend.

Jeanne saß nachdenklich das das feine Oval ihres Gesichtes in die Hand gestützt.

Nach einer kleinen Pause, während Binet wohlgefällig und seiner Sache gewiß das schöne Geschöpf betrachtete, sagte sie zögernd:

“Wir haben in unserem Optimismus eins nicht bedacht,

Binet. Ich gehöre nicht zur Hofgesellschaft, ich bin eine Bürgerliche. Wird der König darüber fortkommen?"

Binet bewegte mit der Miene des Besserwissers den Kopf.

"Gerade darin liegt ein neuer Anreiz für Seine Majestät. Er hat die Mailly, die Vintimille, die Châteauroux gründlich satt. Diese drei Schwestern Nesle haben ihm genug zu raten aufgegeben. Die Zeit der vornehmen Damen ist für ihn vorüber. Sie haben ihm zuviel Ungemach eingetragen."

"Immerhin, er hat sie geliebt. Seltsam - drei Schwestern - eine hat die andere abgelöst." Und bei sich dachte sie: Dieu merci, daß ich keine Schwestern habe!

"Der König liebäugelt mit dem Bürgertum. Er braucht den Bourgeois und will ihn dadurch ehren, daß er keine Frau von Geburt mehr zur Geliebten nimmt. Aber das alles wird Ihnen der Herzog von Ayen oder - der König selbst viel besser erklären, als ich es vermag."

Er hielt einen Augenblick inne.

"Sie sind sehr klug, Jeanne, und dabei, leugnen sie es nicht, im Grunde eine kalte Natur. Sie werden, wenn Sie die Gunst Louis des Vielgeliebten erringen - und ich zweifle nicht daran - sehr bald tiefer und klarer in die Dinge hineinschauen als wir, trotzdem wir seit Jahren am Hofe sind. Nur auf eines möchte ich Sie von vornherein aufmerksam machen: Des Königs Gedanken und Sinne bleiben bei keinem Gegenstand, auch bei keiner Frau, lange stehen. Wer ihn halten will, muß es verstehen, ihn dauernd zu beschäftigen und zu amüsieren, mit einem Wort: es verstehen, ihn über sich selbst hinauszubringen, damit er den unwiderstehlichen Anwandlungen der melancholischen Langeweile, die ihn wie eine Krankheit gefangen hält, nicht unterliegt."

Jeanne nickte verständnisvoll.

"Ich weiß von diesen Anwandlungen. Abbé Bernis und der Herzog von Nivernois, die ich auf den Montagen der Madame Geoffrin kennenlernte, und die dann später in Étioles viel bei mir verkehrten, haben mir öfter davon erzählt. Auch Voltaire weiß ein Lied davon zu singen. Wo mag der alte Spötter stecken?"

"Wie man sagt, in Cirey bei seiner Freundin."

"Der weisen Marquise von Châtelet!" lachte Jeanne. "Ich kann sie mir lebhaft vorstellen, die beiden, wie sie in ihrer geliebten Champagne Mathematik und Naturwissenschaften miteinander treiben - anstatt -" Sie biß sich auf die Lippe und verhielt ein Lachen.

Binet blickte nach der Bouleuhr auf dem Kaminsims.

"Gleich neun! Um zehn hab' ich Dienst. Übrigens fragt Seine Hoheit, sonst die Präzision in Person, momentan nicht viel nach Pünktlichkeit, so verliebt ist er in die Infantin, seine Braut."

Um so besser, dachte Jeanne. So wird er sich nicht um andere Dinge kümmern, bei denen man den frommen Herrn ganz und gar nicht brauchen kann. -

Binet war aufgestanden, nachdem er den letzten der kleinen süßen Kuchen zwischen die Lippen geschoben.

"Nur eine Frage noch, schönste Cousine! Haben Sie für ein interessantes Kostüm gesorgt, und was ist es, was Sie tragen werden?"

Jeanne legte den Zeigefinger auf den Mund.

"Pst!" machte sie. "Staatsgeheimnis, Herr Vetter!"

"Oh! Oh! Ich werde es doch erfahren dürfen?"

"Trotz aller schuldigen Dankbarkeit - nein!"

"Wirklich unerbittlich?"

"Unerbittlich!"

Jetzt sah Jeanne auf das Zifferblatt.

"Der Dienst ruft, Herr Vetter. Selbst ein verliebter Dauphin braucht seinen Kammerdiener. - Vielleicht erst recht -"

Sie knickste und öffnete ihm die Tür.

"Ein Tausendsassa, diese schöne Frau. Zehn gegen eins, sie gewinnt das Spiel", dachte Binet, während er die Treppe hinunterstieg.

Kaum war die Tür hinter Binet zugefallen, als Jeanne den kleinen Schreibtisch zwischen den brokatnen Fenstervorhängen aufschloß und ihm eine Rolle entnahm. Sie trug sie zu dem Tisch mit dem vielarmigen Kerzenleuchter und entfaltete sie. Die Gravüre zeigte das Porträt Athenais von Montespans nach dem berühmten Gemälde von Mignard. Jeanne hatte ihr Kostüm zum morgenden Maskenfest genau nach dem Kostüm anfertigen lassen, das die Geliebte Louis' XIV. auf diesem Bilde trug. Nur die Kostbarkeit der Edelsteine und Spitzen hatte sie nicht imitieren lassen können. Dazu reichten die Mittel Herrn d'Étioles, trotz der Freigebigkeit Onkel Tournehems, nicht aus.

Lange und nachdenklich blickte Jeanne auf das Blatt, das sie heimlich einer der Sammlungen des Onkels entnommen hatte.

Würde der König Gedanken und Absicht erkennen, die sie dazu verführt hatten, gerade dies Gewand zu wählen? Aufmerksam betrachtete sie das wundervolle Blau der spitzenverzierten, seidenen Schoßtaille, den reich gestickten Seidenrock, den von den Schultern fallenden, braunroten Samtmantel, die Perlenschnur, die sich durch das gewellte, hoch aufgetürmte Haar, von ähnlicher Farbe wie das ihre, schlang.

Jeanne wußte nicht, sollte sie es wünschen oder fürchten, daß der König ihre Absicht erriet?

Wie siegesgewiß Mignard dies schöne Weib, das eine La Vallière zu verdrängen imstande gewesen, auf das Blatt gezaubert hatte!

Und doch war dem Sieg die Niederlage gefolgt! Nach der Montespan war eine Maintenon gekommen und hatte ihr das Zepter entrissen.

Jeanne fröstelte und trat näher zu dem Kamin, in dem die schwache Flamme am Erlöschen war. Ihre Augen blickten mit tiefem Ernst in die sterbende Glut.

Dann warf sie den Kopf in den Nacken und biß mit den weißen Zähnen in die schön geschwungene Unterlippe, daß sie blutete.

Nein, in dem Frankreich Ludwigs XV. durfte es keine Maintenon geben!

Zweites Kapitel

Durch die eiskalte Februarnacht führte der Wagen Herrn von Tournehems Jeanne d'Étioles nach Versailles.

Die Sterne funkelten strahlend an dem blau schwarzen Himmel. Auf den Wegen lag der Schnee hart und festgefroren.

Wie in weiße, glitzernde Silbertücher gehüllt, standen die Bäume an den Straßenseiten, schimmernde Wegzeichen, die schon von weitem nach dem Königsschlosse wiesen, dessen strahlendhell erleuchtete Fassaden weit ins Land hinein funkelten.

Jeanne lehnte aus dem Fenster des Wagens. Ihre Augen öffneten sich weit. Die Flügel ihrer feinen Nase bebten. Sie las aus den glänzenden Lichtlinien ein Symbol ihrer glänzenden Zukunft. -

Im ganzen Umkreis des Schlosses staute sich die Menge. Die Pariser, immer bereit, zu sehen, dabei zu sein, gutlaunig im furchtbarsten Gedränge auszuhalten, standen zusammengedrängt wie eine Mauer. Die Wagen der Geladenen konnten nur mit Mühe vor das angegebene Portal gelangen.

Jeanne blickte strahlenden Auges auf die lange Reihe goldstrotzender, wappengeschmückter Karossen, mit ihren in Samt- und Seidenlivreen gekleideten Lakaien und

Läufern, den Dreispitz auf den gelockten Puderperücken.

Kavaliere, die die Zeit nicht erwarten konnten, um in den Ballsaal zu gelangen, sprangen ungeduldig aus den Seidenpolstern ihrer Kaleschen auf. Jeanne sah Wagentüren sich öffnen, im Schein der strahlenden Beleuchtung gold- und silbergestickte Habits, Spitzenjabots, Schärpengürtel mit schimmernden Degenknäufen, weiße Seidenstrümpfe und hohe Lacklederschuhe mit roten Hacken über dem hellen Schnee leuchten.

Den Hut samt dem langen Elfenbeinstock mit dem Goldknopf in der Hand, die große Perücke ohne Puder über Hals und Schulter fallend, schritt die Noblesse gravitätisch einem der Schloßaufgänge zu.

Vorsichtiger waren die Masken. Sie hielten sich geduldig in den Karossen. Nur ab und zu sah Jeanne einen à la Watteau frisierten, gepuderten Frauenkopf, ein mit blaßfarbenen Bändern garniertes Seidenhütchen, einen - der jungen Dauphine zu huldigen - à l'espagnole kostümierten Kavalier, der sich weit aus dem großen Glasfenster seiner Kutsche beugte.

Langsam, Schritt für Schritt, rückten die beiden Reihen der Karossen vor.

Ganz Paris schien sich auf den Weg nach Versailles gemacht zu haben, um das Hochzeitsfest des Dauphins und der jungen spanischen Infantin mitzufeiern, das wie kein anderer Bund die allgemeine Sympathie der Nation auslöste. -

Der Empfang und das Spiel der Königin in der Spiegelgalerie, das um sechs begonnen hatte, war längst vorüber.

Louis und Maria Leszinska hatten um neun Uhr an der Galatafel teilgenommen. Um Mitternacht war der Beginn des Maskenballes angesagt.

Die Massen, die auf das Schloß zudrängten, schienen noch immer zu wachsen. Längst hatten die Wagenreihen sich geteilt. An der großen Marmortreppe sowohl wie am Kapellenhof stiegen die Gäste aus und betraten von beiden Seiten die feenhaft erleuchteten Schloßgemächer.

Endlich war die Reihe auch an Jeanne d'Étioles gekommen. Vorwärts gedrängt und geschoben stand sie, ohne recht zu wissen, wie sie so weit gelangt, in der Tür der von Lichtströmen überrieselten Spiegelgalerie.

Mit weit geöffneten Augen starrte sie hinein.

Höher hob sich die Brust, stärker schlug das Herz des schönen Weibes.

Das war wahrhaft königliche Pracht! Mit hungrigen Augen trank sie den Anblick dieser unzählbaren Kerzen, deren Glanz in den Spiegeln tausendfach widerspiegelte und sich über kostbare Seidenmöbel, über goldene und silberne, edelsteingeschmückte Ziergeräte und schwere brokatene Stoffe ergoß.

Unter den Deckengemälden von Lebrun stoben die Masken, sich neckend, miteinander schäkernd, durcheinander. An Jeanne vorüber, die ein wenig zurückgetreten war, um besser beobachten zu können und etwa bekannte Gestalten herauszufinden, zogen Kostüme aller Nationen: Armenier, Türken, Chinesen, Afrikaner.

Zwischendurch trieben Harlekins und Kolombinen, Pilger und Pilgerinnen ihre tollen Kapriolen. Gravitätisch schritten Ärzte und Gelehrte mit hohen Perücken, lange goldknöpfige Stöcke in den Händen, durch die Menge, als seien sie geradeswegs den Komödien Molières entstiegen.

Frauen in weiten Reifröcken, mit Blumenfestons und einer unzählbaren Menge von Volants und Falbalas geschmückt, mit Paniers von einem Umfang, daß die kleinen Frauen wie Kugeln, die großen wie Glocken aussahen, trugen der Mode des Tages mit einem leichten Anflug des Karikaturistischen, wie ein Maskenfest es gestattet, Rechnung.

Männer in kostbar gestickten Röcken aus drap d'argent oder drap d'or stelzten an Jeanne vorbei. Sie trugen die Hoftracht Louis' XV. und hatten nur Masken vorgelegt und die Perücke leicht gepudert.

Als die Gruppe vorüber war, hörte Jeanne hinter sich sagen:

"Haben Sie die Hofherren gesehen, Komtesse?" Eine vergnügte junge Stimme gab bewundernd zurück:

"O, prachtvoll waren sie. Es müssen sehr reiche Leute sein."

Der Sprecher dämpfte den Ton, aber Jeannes hellhörige Ohren verstanden ihn doch, als er der kleinen Komtesse antwortete:

"Ein großer Irrtum. Die Herren sind arme Landjunker, vom König zu den Vermählungsfeierlichkeiten befohlen. Da sie die Prachtliebe des Monarchen kennen und Kleider, wie sie sie tragen und tragen müssen - keines ist unter 2.000 Livres herzustellen - nicht bezahlen können, haben sie mit einem Pariser Schneider das Abkommen getroffen,

Anzüge für die drei Hauptfesttage zu entleihen. Zu einem Extramaskenanzug reichte es dann wohl nicht mehr aus."

Jeanne hatte aufmerksam zugehört. Ein jedes Wort, das sie über die Verhältnisse am Hof Louis' XV. aufklärte, war ihr von größter Wichtigkeit.

Jetzt stürmte eine Gesellschaft von Polen an ihr vorüber, schlanke, geschmeidige Gestalten, die der Königin zu Ehren die Nationaltracht ihres Geburtslandes angelegt hatten.

Durch eine Verschiebung der Gruppen rückte sie selbst nach und nach mehr in den Vordergrund.

Ihre zierliche, ebenmäßige Gestalt in dem interessanten Kostüm, der reizende Nacken, die Rundung des zarten Kinns, das wundervolle Haar, das in seiner natürlichen Farbe goldbraun im Glanz des Lichtmeers schimmerte, begannen aufzufallen.

Zwei Harlekins umtanzten sie mit gewagten Sprüngen und gewagteren Reden.

Einer der Ärzte schritt mit langen Schritten auf sie zu und bestand darauf, ihr den Puls zu fühlen. Ein venezianischer Doge machte sich von seiner Dame, einer rotblonden Kolombine, los und trat rasch auf Jeanne zu.

"Schönste Athenais, darf ich Sie um einen Tanz bitten?"

Jeanne lächelte unter ihrer Maske, aber sie bewegte verneinend den Kopf.

Niemand sollte ihre Aufmerksamkeit ablenken.

Dieses Fest hatte für sie nur ein Ziel - und dieses Ziel hieß der König!

Der Doge ließ sich nicht so ohne weiteres abweisen.

“Der lebendig gewordene Mignard. Die goldene Zeit Ludwigs XIV. wird wieder wach. Seien Sie nicht grausam, schönste Athenais! Die Montespan war es auch nicht - und wenn ich mir leider nicht schmeicheln kann, der Sonnenkönig zu sein -”

Jeanne wurde aufmerksam. Diese junge Stimme kam ihr plötzlich sehr bekannt vor. Die wundervollen, blendend weißen Zähne, die stattliche, ein wenig zur Fülle neigende Gestalt; die galanten Manieren dieses Dogen - nein, sie irrte nicht - in dem pomphaften Prunkgewand steckte Abbé Bernis, ihr guter Freund aus d’Étioles.

Es galt doppelte Vorsicht. Bernis hatte ihr stets eine sehr warme Verehrung entgegengebracht, ja beinahe mehr. Sie durfte sich mit keinem Wort, mit keiner Bewegung verraten. Er würde ihr sonst nicht von der Seite gehen.

Nicht Freund noch Feind durfte ihr heute abend in die Karten sehen.

Zu Jeannes Glück entstand gerade in diesem Augenblick eine starke Bewegung unter der noch immer wachsenden Menge der Masken.

All ihre Nerven spannten sich. Sollte der König -?

Binet hatte ihr heute morgen, im letzten Augenblick noch, verraten, welch ein Kostüm der schöne Herrscher tragen würde.

Eine der Spiegeltüren öffnete sich. Jeanne fühlte, daß ihre Hände eiskalt wurden. Dann strömte das Blut ihr wieder zum Herzen zurück. Nein, es war nicht Louis der Vielgeliebte!

Eine Reihe unmaskierter Personen betrat die Galerie.

Jeanne erkannte den Dauphin mit seiner jungen Gemahlin. Dem Paar voran schritt, am Arm eines Kammerherrn, Maria Leszinska, unvorteilhaft wie stets gekleidet. Wie stets schien auch an diesem Tage ein Hauch von Langeweile von ihr auszugehen.

Der Dauphin in der Tracht eines ländlichen Gärtners hielt glückstrahlend die Fingerspitzen seiner Gemahlin, die als Blumenmädchen kam. Beide waren im Stil Watteaus kostümiert. Hinter dem jungen Paar schritten der Herzog und die Herzogin von Chartres.

Eine Weile blickte Jeanne der Gruppe nach, die langsam, von den Masken umdrängt und neugierig betrachtet, durch den Saal schritt und sich dann auf den erhöhten Estraden verlor, auf dem die Königspagen Erfrischungen reichten.

Ringsum begann man, unruhig zu murmeln. Wo blieb der König?

Jeanne stand gerade und reglos wie eine Statue. Selbst wenn sie keine Maske getragen, würde niemand ihrem Gesicht angesehen haben, was in ihrer Seele vorging. Ihr Auge hing an einer Gruppe unmaskierter Damen mit ihren Kavalieren, die in ungeduldiger Aufregung lebhaft konversierten, die edelsteingeschmückten Fächer in steter, nervöser Bewegung haltend.

Jeanne hörte dicht hinter sich sagen, daß die reizendste der Frauen die Prinzessin von Rohan sei, die kleinere, ihr zunächst stehende, die Herzogin von Lauraguais. Beide Damen hatten, wie man sich zuraunte, es darauf abgesehen, den schönsten der Monarchen zu fesseln, ihm die

Châteauroux zu ersetzen. Wie eine geheime Parole schien es durch den festlichen Saal zu laufen, daß der König gewillt sei, gerade heute seine Gunst aufs neue zu verschenken. Madame d'Étioles lächelte nur. Aber niemand sah dies kalte, beinahe grausame Lächeln.

Da plötzliche laute, lachende Zurufe in der lichtüberströmten Galerie. Von der Seite der Königsgemächer kommt ein gar merkwürdiger Zug. Acht Taxusbäume, im Geschmack der Zeit - die noch immer von den Einfällen Le Nôtres zehrte - zugeschnitten, setzen sich langsam, gravitätisch in Bewegung. Eine Gruppe schöner Frauen, die wohl ahnen mochten, wer in einem der Taxusbäume steckte, umschwärmte die dunkelgrünen Wandelgestalten.

Wie Jeanne die Gruppe gewahrt, geht ein Ruck durch ihren schönen Körper. Die große Stunde ihres Lebens ist gekommen. Sie findet Louis den Vielgeliebten auf den ersten Blick an Gang und Haltung zwischen seinen Kavalieren heraus. Ihr scharfes Auge hätte ihn unter Hunderten erkannt.

In der Mitte der Galerie teilt sich die Gruppe der Taxusbäume, laufend, hüpfend, tanzend. Mit dem gravitätischen Gang ist es zu Ende. Minder lebhaft als die anderen schreitet der König, den Jeanne nicht aus den Augen läßt. Er begrüßt die Damen Rohan und Lauraguais mit jener lässigen, ein wenig müden Grazie, die ihm eigen ist.

Eine Gruppe von Kolombinen umhüpft ihn und macht sich dreist an ihn heran.

Augenscheinlich wissen die Übermütigen nicht, an wen sie ihre lockeren Späße richten.

Eine kurze, gebieterische Handbewegung läßt sie erschreckt auseinanderstieben.

Dem Hof auf den Estraden dreht der königliche Taxus wie absichtlich den Rücken. Leises Lachen schüttelt ihn, als er ein leichtlebiges Weibchen, eine lange spanische Seidenmantille um die runden Schultern, nach seinen grotesken und wenig hoffähigen Manieren zu urteilen eine Bürgersfrau, erblickt, die sich an einen Taxus hängt, der ihm selbst an Gestalt und Bewegungen am meisten gleicht. Wahrhaftig, die Kleine hat Courage. Kein Zweifel, sie hält den Taxus, den sie umgarnt, für den König. Laut auf lacht Louis. Der Kavalier, Maria Leszinska verschwägert, wird warm. Er läßt sich nicht lange bitten und entführt die Leichtsinnige in die kleinen Kabinette.

Eine Weile sieht der König den beiden Entschwundenen nach, dann seufzt er gepreßt auf.

In ihm gähnt plötzlich wieder jene große qualvolle Leere, der er um alles zu entfliehen trachtet. Was gäbe er um ein Abenteuer, wie es seinem Vetter eben so mühelos in den Schoß gefallen ist! Er weiß, er braucht nur die Hand auszustrecken. Schneeige Nacken, weiße Hände, lockende Augen winken ihm von überall her. Ungezählte schöne Frauen sind bereit, sich auf den ersten Wink hinzugeben, ihm in den heimlichsten Winkel seiner "petits cabinets" zu folgen.

Aber gerade das langweilt ihn. Irgend etwas, das anders als alles bisher Gewesene ist, schwebt ihm vor. Er hascht danach, er wähnt, es zu greifen, und wenn er es zu halten glaubt, entschwindet es ihm. Er möchte die Maske herunterreißen, die ihm vor einer Stunde noch so lustig schien, und die ihm jetzt unsäglich läppisch scheint. Aber er will das Fest nicht stören, den anderen, die die gleiche Maske tragen, das Glück nicht schmälern, für den König gehalten zu werden.

Er blickt um sich, unschlüssig, matt in der Haltung, beinahe verlegen. Seine Gedanken schweifen ah. Er ist nicht mehr in Versailles, nicht mehr in dem feenhaft strahlenden Festsaal.

Irgendwo klingen Königsfanfaren - ein schattender Wald - die Jagd - die Jagd in den Wäldern von Sénart. Neben ihm reitet die Châteauroux. Aber er sieht sie nicht. Drüben am Waldrand hält ein leichtes Phaeton, ein schlanker Rappe. Ein reizendes junges Weib hält die Zügel. Flimmernde rosa und blaue Seidenstoffe schmiegen sich eng um eine entzückende Gestalt. Die schönsten und pikantesten Augen, Augen voller Rätsel und Tiefe, blicken ihn an. Die Châteauroux spricht ein scharfes Wort, der Zauber ist gebrochen.

Nachdenklich grübelnd steht der König, gegen eine der Spiegeltüren gelehnt.

Irgend jemand hat ihm von dieser reizenden Amazone aus Sénart gesprochen. Wer war es nur? Plötzlich besinnt er sich. Der Herzog von Ayen - und ein anderer noch - der pfiffige Binet muß es gewesen sein. Die Gedankenkette schließt sich. Eine andere Stunde steigt plötzlich auf, da er sie hier in Versailles gesehen und gesprochen, die holde Fee von Sénart, in einer kurzen, ach viel zu kurzen Audienz, die ihm mit der Uhr zugemessen war.

Hat man ihm nicht gesagt, daß diese Frau, wenn er sich recht erinnert die Herrin von d'Étioles, eine Einladung zu dem Fest in Versailles erhalten hat? Ist sie der Einladung gefolgt? Ist sie hier? Wie soll er sie finden unter den vielen hundert Masken? Weshalb hat ihm dieser Binet nicht gesagt, welche Maske sie tragen wird?

Ein leises "Sire", hinter ihm geflüstert, unterbricht seine Gedanken. Der Herzog von Ayen ist zu dem König getreten.

Er deutet mit der Hand unauffällig auf ein mit Gold ausgelegtes Konsoltischchen, neben dem eine im Stil der Zeit seines Ahnen gekleidete schlanke Frau steht.

Überrascht halten seine Augen das reizende Bild fest. "Die Montespan, wie sie leibt und lebt! Wissen Sie, Herzog, wer auf den originellen Einfall gekommen ist?"

Der Herzog flüstert ihm etwas zu. Erregt richtet der König sich aus seiner gedrückten Haltung auf. Rücksichtslos durchteilt er die Gruppen, die sich zwischen ihm und Jeanne d'Étioles stauen.

Jetzt steht er vor ihr und verneigt sich tief. Ein paar Augenblicke lang fehlt ihm das Wort. Dann reicht er ihr die Hand und fragt beinahe ehrerbietig:

"Darf ich um die Ehre eines Rundganges bitten, schönste Marquise?"

Unter der knisternden Seide ihres blauen Gewandes schlägt Jeannes Herz laut und unregelmäßig, aber keine Bewegung verrät, was in ihr vorgeht. Leicht und graziös bewegt sie zustimmend den Kopf und überläßt ihre Hand der des Königs. Mit leisem Druck umspannt Louis der

Vielgeliebte diese schönste Frauenhand, die er je in der seinen gehalten.

Einen Augenblick wartet Jeanne auf eine neue Anrede. Da der König schweigt, sagt sie mit ihrer zarten, wohlklingenden Stimme: "Welch eine Ehre und Freude, Sire, daß Euer Majestät meine Maske gleich erkannt haben!"

Der König wird lebhaft.

"Meine Gedanken sind so oft, so mit ganzer Seele bei meinem großen Ahnen, daß ich alles, was mich an jene goldene Zeit Frankreichs erinnert, mit Freuden begrüße."

Er ließ Jeannes Hand einen Augenblick aus der seinen und stellte sich vor sie hin, sie mit entzückten Blicken zu betrachten.

"Sie haben Geschmack, Madame, einen exquisiten Geschmack. Einen künstlerischen und historischen Blick zugleich."

Jeanne lacht leise mit ihrem verführerischen Lachen und überlegt klug jedes Wort, das sie spricht.

"Wenn es so ist, Sire, wie Sie zu urteilen geruhen, so danke ich es der Erziehung meines Onkels, Herrn Le Normant de Tournehem. Er ist eine Künstlernatur und hat mich ganz nach seinen persönlichen Grundsätzen ausbilden lassen. Jélyotte gab mir Musikunterricht."

"Das hört man Ihrer Stimme an, Madame, sie klingt wie eitel Musik."

Der König hat aufs neue ihre Hand ergriffen und führt sie in der Richtung auf die Königsgemächer zu.

"Und was hat dieser treffliche Onkel Sie weiter lernen lassen, Madame?"

“Bei Guibandot tanzen, bei Crébillon dramatischen Unterricht und Deklamation.”

“Das läßt sich hören, Madame. Sie müssen mir gelegentlich einmal vorlesen, wenn meine melancholische oder heftige Laune mich überkommt, so etwa wie David König Saul mit seinem Harfenspiel besänftigte.”

“Es wird mir eine hohe Ehre sein, Sire.”

“Oder ziehen Sie vor, sich dramatisch zu betätigen?”

Lebhaft sagte Jeanne: “Das Theater ist meine Leidenschaft, Sire. Wir haben in Étioles eine große Bühne, die Herr von Tournehem neben dem Schloß erbauen ließ. Es sind dort Aufführungen veranstaltet worden, an denen selbst der gestrenge Herr Voltaire nichts zu tadeln fand, es sei denn, Crébillon lobte sie.”

Der König lachte ein heiteres unbefangenes Lachen, wie man es selten von ihm hörte.

“Haben Sie die beiden Kampfhähne wirklich zusammen bei sich gesehen? Und sind sie nicht mit Furor aneinandergeraten?”

Nun lachte auch Jeanne.

“Ich habe mein möglichstes getan, Sire, sie zu besänftigen.”

Louis streichelte ihre Hand. Leise und bedeutungsvoll sagte er:

“Diese schönste und zarteste Frauenhand kann ja nicht anders, als Frieden und Segen spenden.”

“O Sire, ich fürchte, Sie haben eine zu gute Meinung von mir. Ich bin nichts weniger als eine sanfte Taube.”

“Das vermute ich auch nicht in Ihnen, Madame. Dazu

haben Sie viel zu viel Rasse und Verstand. Sie werden ja nicht vergessen haben, wie klug und schlagfertig Sie mich dazu überredeten, Ihrem Gatten die gewünschte Generalpacht zu übergeben."

"Geruhen Euer Majestät, sich noch daran zu erinnern?" fragte Jeanne kokett.

"Vergißt man Augen wie die Ihren? Sphinxaugen, unenträtselbare! Damals war ich besser daran als heute. Damals durfte ich ohne Maske in den reizendsten Zügen lesen." Louis zog seine Dame gegen die große Spiegeltür, die zu seinen Gemächern führte.

"Legen Sie die Maske ab, Madame", sagte er warm und drängend, mit den Augen die reizende Gestalt verschlingend.

Jeanne schüttelte den Kopf und machte Miene, sich ihm zu entziehen.

"Seien Sie nicht grausam, Madame! Mein Arbeitsgemach ist jetzt still und leer. Meine Minister sowohl als meine Pagen haben heute Besseres zu tun."

Aber Jeanne machte keine Miene, ihm zu folgen. Heute noch nicht - nein. Morgen war auch noch ein Tag. Sie sah und fühlte, daß der König in Flammen stand. Sie verlor nichts und konnte nur gewinnen, wenn sie diese Flammen durch ihren Widerstand noch schürte.

"Nur auf einen kurzen Augenblick! Stellen Sie sich vor, Sie seien in Wahrheit Athenais von Montespan und Louis XIV. stände bittend vor Ihnen."

"Ich stelle mir vor, was Sie wünschen, Sire, und gerade deshalb - nein. Die stolze Athenais war nicht so leicht für ein 'Ja' zu gewinnen wie die in Wahrheit sanfte Taube, die La Vallière. Sie ist nicht mein Genre, Sire."

Der König widersprach lebhaft.

"Sie war liebendes, hingebendes Weib vom Scheitel bis zur Sohle. Gibt es Beglückenderes für einen Mann, der liebt, wie Louis Louise von La Vallière geliebt hat? Nehmen Sie ein Beispiel an ihr!"

Aber Jeanne blieb unerbittlich.

Der König zog sich scheu in sich zurück. Er hatte noch nie, als halber Knabe nicht, um Frauengunst gebettelt. Sollte er es als Mann um die Mitte der Dreißig noch lernen? Das Bewußtsein seiner fast grenzenlosen Macht, die er noch eifriger hütete, als der Sonnenkönig die seine gehütet, kam über ihn. Gleichzeitig aber auch das Bewußtsein aller Qualen, welche seine scheue unruhige Seele ihm bereitete.

Er ergriff die Hand Jeannes, die er hatte fallen lassen, aufs neue. Er hatte sich ja nach etwas anderem als allem bisher Erlebten gesehnt! Hier war es, was er heiß gewünscht. Sollte er es zurückstoßen aus gekränkter Eitelkeit? "Ich will Sie nicht drängen", sagte er leise, sich zu Jeanne niederbeugend. "Aber morgen, Sie werden auf dem Stadthausball sein? Dort tanzt man unmaskiert. Dann, nicht wahr, werde ich das Glück haben, Ihr reizendes Gesicht wiederzusehen?"

Jeanne nickte Gewähr. Sie hatte mit ihren scharfen Augen, mit ihren rasch auffassenden Sinnen des Königs Kampf beobachtet, hatte triumphierend ihren Sieg erkannt. Sie wußte, morgen durfte sie gewähren.

Der König flüstert ihr Ort und Stunde des Rendezvous zu. “Sie werden kommen - bestimmt?”

“Ich werde kommen - bestimmt!”

Er drückte heiß ihre Hand, daß die kostbaren Ringe, die er trug, sich beinahe schmerzhaft in ihre zarte Haut eingruben. Dann entschwand sie ihm rasch mit den zierlich schnellen Bewegungen einer Lazerte in dem Gewühl der nächsten Gruppe.

Scheu blickte der König zu Boden. Er kam sich plötzlich mitten im Glanz seines Festes grenzenlos allein und vereinsamt vor.

Zu seinen Füßen liegt ein feines weißes Spitzentuch mit Gold- und Seidenfäden gestickt. Er hebt es auf. Es atmet denselben feinen Rosenduft, der das reizende Geschöpf umschwebt hatte. Er will ihr nach, ihr das Taschentuch zurückstellen, aber schon hat sich ein Wall von Menschen zwischen ihn und Jeanne d’Étioles geschoben.

Geschickt, mit einer groß ausholenden Geste, wirft er ihr das Tuch, über die Köpfe der Masken fort, zu.

Geschickt fängt sie es auf.

Hunderte von Augen haben dem langen, leisen Gespräch der beiden, dem Spiel mit dem Tuch zugesehen.

Ringsum flüstert es erregt, zustimmend oder voll Neid und Missgunst:

“Das Taschentuch ist geworfen.”

Ganz Paris und das herbeiströmende Landvolk feierte die Hochzeit seines Dauphins mit. Seit Menschengedenken war kein Fest so populär gewesen als dieses. Vor fünf Jahren hatte man in Paris die Hochzeit Louise Elisabeths, der ältesten Zwillingstochter des Königs, mit dem Infanten Don Philipp begangen. Der Jubel und die Begeisterung der heutigen Februartage war trotz allen damaligen Pomps nicht erreicht worden.

Durch die Verbindung des Dauphins mit der sanften Infantin Maria Rafaela, die der Prinz über alles liebte, wurde nicht nur der Erbgang und die friedliche Übertragung der Krone gesichert, nein, dieses Band löste auch rein menschlich die wärmsten Sympathien aus. - Auf den reich geschmückten Straßen und Plätzen herrschte ein frohes Menschengewimmel, das von Stunde zu Stunde zu wachsen schien. Auf allen freien Plätzen der Stadt waren überdeckte Ballsäle mit außergewöhnlich gutem architektonischen Geschmack errichtet worden. Künstliche Blumengirlanden, vermischt mit frischem Wintergrün, die Wappenschilde Frankreichs und Spaniens, die Porträts der Königsfamilien, große allegorische Figuren schmückten die Säle, Plätze und Straßen. Überall wurden Wein und Speisen gereicht. Fröhliche Hochrufe auf den König und das junge Paar durchzitterten die reine, sonnige Februarluft.

Nicht endenwollende Menschenzüge schritten gruppenweis, Arm in Arm, durch die geschmückten Galerien der Place Louis le Grand, bestaunten den Triumphbogen auf dem Dauphineplatz und die originelle, lustige Dekoration aus Weinranken in der Rue des Sèvres.

An den Marmorpilastern auf dem Bastilleplatz blieben die Menschenmengen laut jauchzend stehen, warfen Blumen in die Luft, und die Rufe "vive le roi", "vive Louis le bien-aime" tönten immer aufs neue, in immer stärkeren

Akkorden. Alle Sorgen, alles Ungemach schien vergessen. Ganz Paris tauchte unter in einer schwellenden, immer neu sich hebenden Glückseligkeitswoge!

Drittes Kapitel

Die Dämmerung brach schon herein, als der König den Herzog von Ayen in sein Arbeitskabinett befahl. Der Ministerrat und die vielen Audienzen hatten ihn ermüdet. Lang ausgestreckt lag Louis auf dem seidenen Diwan im Hintergrunde des Kabinetts und träumte mit offenen Augen.

Die Geschehnisse des gestrigen Maskenballes tauchten wieder vor ihm auf, alles überstrahlend die reizende Jeanne d'Étioles mit ihrer Schlagfertigkeit, ihrem anmutigen Plaudertalent, dem melodischen Fall ihrer zarten Stimme.

Louis' Phantasie malte ihm ihr körperliches Bild in den lockendsten Farben. Die ebenmäßige, schlanke Gestalt, den reizenden Mund mit den schimmernden Zähnen, den die Maske nicht bedeckt hatte, die zarten, vollendet schönen Arme und Hände, den weißen Nacken, der unter der lichtbraunen Haarfülle aufblühte.

Hochauf loderten die Wünsche, die der Widerstand des schönen Weibes gestern zurückgeschlagen hatte.

Seit dem Tode der Châteauroux hatte Louis' trägen Geist ein solches Chaos von Empfindungen nicht durchstürmt. Er sprang auf und straffte die Glieder.

Ach, das tat gut, Wünsche zu hegen, heiße, lodernde Wünsche, die das Blut in Aufruhr brachten, und ein Ziel für diese Wünsche!

Der Herzog trat ein. Frisch ging der König ihm entgegen. Ayen war überrascht. Die Offiziere vom Dienst hatten ihm im Vorzimmer erzählt, der König sei matt und verstimmt, augenscheinlich wieder von melancholischen Anwandlungen geplagt.

"Ich bin glücklich, Euer Majestät so wohl zu sehen!"

"Ich bin es, lieber Herzog, wohl und froh. Ich freue mich wie ein Kind auf den heutigen Stadthausball und mein Rendezvous. Welch ein bezauberndes Geschöpf! Ich hoffe nur, der Dauphin wird sich nicht allzu lange im Stadthaus aufhalten, damit wir freies Feld haben."

Der König sprach erregt. Seine Augen brannten wie im Fieber.

Der Herzog konnte ein leises Bedenken nicht unterdrücken. Der König ging ihm allzu scharf ins Zeug. Die schöne Madame d'Étioles schien es ihm wirklich angetan zu haben, während Ayen sie nur für den Zeitvertreib eines Abends geplant hatte, um den König am Fest des Dauphins bei guter Laune zu halten!

Die Freundschaft des Königs gab Ayen ein Recht, bis zu einem gewissen Grade offen zu sein.

"Madame d'Étioles ist in der Tat eine Frau von großen Vorzügen. Schade nur, daß sie nicht von Geburt ist, daß ganz im Gegenteil diese Poissons -"

Der König fuhr auf.

"Wir sprachen schon einmal davon, Herzog. Haben Sie vergessen, was ich Ihnen vor ein paar Wochen sagte, als Sie und Richelieu mir wohlwollend rieten - ich denke wenigstens, es war wohlwollend gemeint."

“Sire!”

“Eine neue Geliebte an die Stelle der armen Châteauroux zu setzen: Ich will keine Frau von Geburt mehr, so habe ich Sie ausdrücklich versichert. Zwei Gründe leiten mich bei diesem Entschluß: Den Hof und seine Frauen kenne ich zur Genüge. Sie langweilen mich. Die Frau, die ich jetzt lieben werde, soll einem Kreise angehören, der mir Neues sagt. Sie soll mir reinere, weniger selbstsüchtige Leidenschaften entgegenbringen, als eine Frau meiner nächsten Umgebung es imstande ist.”

Der König stockte und machte eine lange Pause. Weniger zornig, aber mit ebenso starker Betonung und tiefem Ernst fuhr er fort:

“Zum zweiten, Sie wissen so gut wie ich, Herzog, mutmaßlich besser noch, welchen Lärm meine Beziehungen zu den Schwestern Nesle verursacht haben. Sie kennen die scharfe Opposition der Frommen im Lande, Sie kennen das Echo, das diese Opposition in der öffentlichen Meinung gefunden hat. Sie hat mich, uns alle belehrt, daß ich am Ende aller Enden mit der Moral des Volkes rechnen muß. Vorsicht ist geboten, mehr Vorsicht als bisher. Ich darf einen neuen Ehebruch nicht an die große Glocke hängen, wenn ich mir den Namen des Vielgeliebten, den mir das Volk während meiner schweren Krankheit in Metz geschenkt, nicht preisgeben will. Wie aber könnte ich das bei einer Geliebten, die mitten in den Hofkreisen steht, auf die aller Augen gerichtet sind?”

Ayen machte eine zustimmende Bewegung.

“Und dann” - ein zynisches Lächeln umspielte den ausdrucksvollen Mund des Königs - “da ist die Königin. Wenn ich auch mit ihren Wünschen nicht rechne, so liegt mir doch daran, die schon so oft verletzten Gefühle Ihrer Majestät zu schonen; allein aus dem Grunde, um mir die Sympathie meiner Töchter nicht zu verscherzen. Mit dem Dauphin rechne ich nicht mehr. Die übertrieben religiösen Anschauungen, die Herr Boyen de Mirepoix ihm beigebracht, die abgöttische Liebe zu seiner Mutter prädestinieren ihn von vornherein zu meinem heftigsten Widersacher. Dieu merci - ich mache mir nichts daraus - ich -”

Louis brach plötzlich ab und legte dem Herzog die Hand auf die Schulter.

Mit ganz veränderter Stimme sagte er: “Genug des ernsten Gesprächs! Sacre nom de Dieu, wir feiern heut Hochzeit. Wahrlich ein Grund zum Fröhlichsein. Wann können wir zum Stadthaus fahren, Herzog?”

Ayen, der die doppelsinnige Bedeutung des “Hochzeitfeierns” wohl verstanden hatte, sann einen Augenblick nach. Er fühlte sich bis zu einem gewissen Grade verantwortlich für des Königs rasches Vorgehen und wollte auch seinerseits alles Auffällige vermieden wissen, vor allem einen Zusammenprall mit dem Dauphin.

“Ich würde vorschlagen, Sire, Versailles vor elf Uhr nicht zu verlassen, wenn es Euer Majestät so genehm, zunächst im Domino einen öffentlichen Ball zu besuchen und zwischen zwölf und ein Uhr auf den Stadthausball zu fahren. Da Seine Königliche Hoheit der Dauphin Gastgeber ist, kann man kaum annehmen, daß Seine Hoheit das Fest früher verläßt.”

Der König stimmte zu. Er hatte nur zwei Wünsche für diese Nacht, nicht mit dem Dauphin zusammenzutreffen und die bezaubernde Madame d'Étioles am Platze des Rendezvous zu finden. -

Der Stadthausball war bedeutend weniger gut organisiert als das Versailler Fest. Undirigiert lief die Menge durcheinander. Für Speisen und Getränke war nicht genügend vorgesorgt worden. Überdies war das Vorhandene planlos aufgestellt. In einigen Sälen fehlten die Büfetts vollständig, an anderen Stellen stand Tafel bei Tafel so eng zusammengerückt, daß die Gäste ihre liebe Not hatten, überhaupt nur an die Tische zu gelangen.

Binet hatte es übernommen, seine schöne Cousine auf den Ball zu führen und an ihrer Seite zu bleiben, bis die Stunde des Rendezvous schlug.

Sie hatten Mühe, durch das Gedränge in die Nähe des kleinen Zimmers hinter den Ballsälen zu gelangen, in dem Jeanne den König erwarten sollte.

Während sie die Säle passierten, hatte Jeanne vergeblich Umschau nach zwei Personen gehalten, die sie schon gestern auf dem Maskenfest gern entdeckt hätte, den Maler Boucher, den sie flüchtig kannte, und des Königs Liebling, Karl Vanloo.

Binet hätte ihr den berühmten Mann zeigen können, den Louis XV. mit wahrem Fanatismus verehrte. Aber auch heute schien sie nirgend eine Spur der beiden Maler zu entdecken.

In einer Ecke des Hauptsaales, nahe der Tür, fanden sie endlich einen Platz.

Jeanne trug ein Kleid in den Lieblingsfarben des Königs, aus zartem Rosa, mit Blumengirlanden durchwirkt, mit Blumenfestons und Falbalas in zartestem Blau überdeckt. Darüber einen Domino aus schwarzer Seide mit Silberstickereien, dessen Kapuze sie über den Kopf gezogen hatte.

Trotz der fast unerträglichen Hitze im Saal riet Binet, den Domino nicht abzulegen, der Jeanne wenigstens einigermaßen davor schützte, von den vielen Bekannten, die das Fest besuchten, gesehen zu werden.

Es war ihm durch dritte Hand die strengste Order zugegangen, größte Vorsicht walten zu lassen. Der König hatte sich gestern im ersten Rausch schon zu einer viel zu langen Unterhaltung mit Madame d'Étioles vor Hunderten von Augen hinreißen lassen.

Gestern aber hatte die schöne Jeanne eine Maske getragen. Überdies war sie der Hofgesellschaft, mit wenigen Ausnahmen, fremd gewesen. Der Stadthausball aber war von einer Menge Menschen aus allen Kreisen besucht. In keinem Fall durfte auch nur ein Schein der verabredeten Zusammenkunft mit dem König bekannt werden.

Binet lag außerordentlich daran, diese Order mit peinlicher Genauigkeit durchzuführen. Er hatte ganz und gar nicht den Ehrgeiz, als Gelegenheitsmacher zu gelten.

Dieses Ehrenamt überließ er den Kammerdienern des Königs, den Herren Bachelier und Lebel. Es lag ihm nicht das geringste daran, gelegentlich von der frommen Partei für geleistete Kuppeldienste zur Rechenschaft gezogen zu werden, vielleicht gar seinen Dienst beim Dauphin zu verlieren.

Er hatte ohne jede selbstsüchtige Absicht, ohne jeden verlangten oder versprochenen Lohn die Wünsche seiner schönen Cousine erfüllt. Weiter wollte er in keinem Falle gehen. Daß er Madame d'Étioles heute hier beschützte, geschah nach dem Willen des Königs. Dem hatte er unbedingt zu gehorchen.

Jeanne war an einer Unterhaltung mit Binet nicht viel gelegen. Er hatte seine Schuldigkeit getan, damit genug. Gelegentlich würde sie daran denken, ihn für seine Dienste zu belohnen. Sie schaute ungeduldig und ein wenig verdrossen in die Menge. Ihre kleinen Füße mit den aufwärtsgebogenen, energischen Zehen wippten in den schmalen, hochhackigen rosa Atlasschühchen in immer rascheren Pendelbewegungen auf und nieder.

Der Dauphin hatte den Ball längst verlassen. Von den nahen Türmen hatte es die Mitternacht geschlagen. Wo der König nur blieb? War das die heiße Ungeduld, die er gestern verraten hatte? War sie doch töricht gewesen, seine Wünsche nicht gestern schon zu erfüllen? Hatte sich zwischen gestern und heute schon eine jener raschen Wandlungen in Louis XV. vollzogen, vor denen man sie gewarnt hatte? -

Dumpf klang die Ballmusik zu ihr herüber, ein altes Menuett. Merkwürdig vertraut schien ihr die Melodie, an irgendeine Erinnerung geknüpft. Wo konnte sie die Weise nur gehört haben?

Sie dachte nach. Langsam kam die Erinnerung. Sie täuschte sich nicht, an ihrem Hochzeitsfeste war's gewesen, kurz ehe sie mit Charles Guillaume aufgebrochen war.

Merkwürdig, daß ihr gerade in diesem Augenblick diese Gedanken kommen mußten. Jeanne wollte sie abschütteln, die unbequemen Mahner, aber immer wieder, mit jedem Geigenton kamen sie ihr zurück, deutlich, immer deutlicher.

Sie fühlte, wie ihr Herz geklopft hatte, da die Tür des Hochzeitsgemaches sich hinter ihnen geschlossen. In Liebe? Was wußte sie von Liebe, als Charles Guillaume gekommen war! Es war wohl nur die heiße Erwartung auf das geheimnisvolle Unbekannte gewesen, das jeden Mädchens Herz schlagen macht, wenn ihm die große, dunkel geahnte Stunde kommt! Zagend tasteten ihre Gedanken weiter.

War aus der großen Stunde, der ersten, da sie sich einem Mann gegeben, das Glück, die Liebe aufgeblüht? Jeanne schüttelte den Kopf. Ein kurzer Rausch, kaum geahnt, schon verflogen, und dann war die lange, nüchterne Enttäuschung gekommen.

Nein, sie hatte ihren Gatten nie geliebt. Seine gutmütige Anspruchslosigkeit hatte sie gelangweilt, das Bewußtsein, ihm in allen Dingen überlegen zu sein, hatte sie kalt gemacht. Nichts hatte ihre Ehe ausgefüllt, als die hoffende Erwartung auf das eine Große, die hoffende Erwartung, die sich um Minutenfrist erfüllen sollte.

Und zwischen die drängende Gewalt ihres brennenden Ehrgeizes, der heißen Wünsche nach Größe und Glanz rann wie eine warme, kosende Welle die Hoffnung ihres jungen Frauenherzens, daß Louis XV. die Liebe anders verstehen möge, als Charles Guillaume d'Étioles es vermocht!

Die Geigen schwiegen. Jeanne schreckte auf. Neben ihr stand ein Herr im schwarzen Seidendomino.

Binet war aufgeschnellt und hatte sich tief vor dem Fremden verneigt.

"Der Herzog von Richelieu", flüsterte er Jeanne aufgeregt zu.

Sie war sofort wieder Herrin ihrer Gedanken, ihrer Haltung.

Mit nachlässiger Grazie, ohne die geringste Verlegenheit hob sie den Kopf.

"Sacre nom de Dieu", murmelte der Herzog, des Königs Ratgeber in allen Liebesangelegenheiten, und noch einmal "sacre nom de Dieu!"

Diese kleine Bürgerin übertraf freilich alles, was Richelieu an Schönheit und Charme bisher in Paris gefunden hatte. Er gab Madame d'Étioles galant den Arm. Binet wurde kurz verabschiedet.

"Gestatten Sie, Madame, daß ich Sie zu dem kleinen Kabinett geleite, in dem - Ihr Ritter in wenigen Augenblicken erscheinen dürfte."

Jeanne atmete erleichtert auf. Sie hatte einen Augenblick lang gefürchtet, der Herzog bringe eine Absage des Königs.

In dem kleinen Zimmer standen Champagner, Früchte, Eis und süße Kuchen in kleinen Silberkörben bereit.

Der Herzog machte galant den Wirt. Er schenkte zwei Kristallbecher voll und nötigte Jeanne zum Trinken.

"Ihr Gesicht ist blaß, Madame. Mutmaßlich von der Hitze im Saal und der Anstrengung des Wartens. Der Champagner wird Ihnen gut tun."

Er hob das Glas gegen sie.

"Ihr Wohl, Madame, und das Ihres Ritters."

Er trank ihr zu und sah dann auf die Uhr, die eine halbe Stunde nach Mitternacht zeigte.

"Euer Ritter, schönste der Frauen, muß jeden Augenblick eintreffen. Er ist auf der Straße nach Sèvres seinem Sohn begegnet, der ihm mit Klagen über den Stadthausball in den Ohren gelegen hat. Ungeduldig hat er den Störenfried rasch genug abgeschüttelt. Keine zehn Minuten werden vergehen -"

Richelieu hatte noch nicht ausgesprochen, als die Tür von der Treppe zum Kabinett sich öffnete. Zwei schwarze Dominos traten ein. Der König und Ayen. Die beiden Herzöge zogen sich in die Fensternische zurück.

Louis beugte sich tief auf Jeannes Hand und küßte sie.

"Ich habe Sie warten lassen, Madame, ich bin untröstlich. Mißgeschick über Mißgeschick. Nachdem ich den Dauphin fortgeschickt, habe ich mit meinem Wagen dasselbe getan und bin in einer Mietskutsche hergekommen, um nicht noch einmal auf halbem Weg zum Glück aufgehalten zu werden."

Er beugte sich so dicht zu ihr nieder, daß der Hauch seines Mundes sie traf. Heiß flüsterte er "Den Weg zum Glück, Jeanne, von dem ich seit gestern nacht unablässig geträumt, wollen wir ihn zusammen gehen?"

In Jeannes Augen brannten Flammen. Die Farbe kam und ging in ihrem zarten Gesicht. Ihre Zähne gruben sich in die Unterlippe. Fast zu schnell war der Sieg errungen. Würde, konnte er von Dauer sein?

Er griff nach ihrer Hand und hielt sie fest zwischen seinen heißen, fiebernden Fingern.

Nur nicht wieder zurück in die grausame Öde müder Wunschlosigkeit. Nur sie halten, die ihm Leben, Bewegung, Aufrüttlung aus unerträglicher Lethargie bedeutete.

Immer stürmischer wurde sein Werben.

Er hatte die Gegenwart der Herzöge in der Fensternische, die Vorsicht, die er sich gelobt hatte, vergessen.

Jeanne gab vor, ihn nicht zu verstehen. Sie senkte den Blick, auf daß er den Triumph nicht sähe, der aus ihren Augen leuchtete.

“Es ist hohe Zeit, Sire. Ich muß nach Haus. Meine Mutter wartet auf mich.”

“Und Ihr Gatte, Madame?”

Er fragte es gereizt und ungeduldig.

Nur jetzt kein Hemmnis, keinen Widerstand!

“Mein Gatte ist auf Reisen, Sire. Er hat meiner Mutter die Fürsorge für mich übergeben.”

Louis lächelte, seiner Sache gewiß. Eine Madeleine Poisson würde ihm nicht im Wege sein.

Er wendete sich zu den Herzögen um.

“Meine Herren, einen Mietswagen! Wir haben Madame unverantwortlich lange warten lassen. Bei dem wüsten Treiben, das noch immer auf den Straßen herrscht, ist es undenkbar, daß Madame den langen Weg von der Place de Greve bis ins Hôtel des Chèvres allein zurücklegt. Wir haben um die Erlaubnis gebeten, Madame nach Haus begleiten zu dürfen.”

Es war fast zwei Uhr, als der Wagen, immer wieder

durch das Gewühl der Straße aufgehalten, vor dem kleinen Palais der d'Étioles hielt.

Richelieu, der mit Ayen den Rücksitz eingenommen, war herausgesprungen, dem König den Wagenschlag offen zu halten. Lebhaft war Louis dem Herzog gefolgt. Jetzt hob er Jeanne aus der Kalesche. Er hielt die leichte Last einen Augenblick in der Luft und flüsterte dem schönen Weibe ein heißes, begehrliches Liebeswort zu.

Dann, ohne sich des weiteren um seine Begleiter zu kümmern, gab er Jeanne den Arm und führte sie die verschneite Steintreppe zum Haustor hinauf.

Auf der obersten Stufe angelangt, zog Jeanne ihren Arm aus dem des Königs und verneigte sich tief.

"Ich danke Euer Majestät für alle Huld und Gnade. Ich bin ja nun zu Haus. Ich möchte Euer Majestät um keinen Preis weiter bemühen."

Er riß sie an sich und küßte ihren schwellenden Mund, ihre schimmernden Zähne.

"Kleine Närrin!" flüsterte er. "Wollten wir nicht den Weg zum Glück zusammen gehen?"

Er schlang den Arm um ihren Nacken und öffnete die nur angelehnte Tür.

Das Treppenhaus war von sanftem Lichtschein erhellt.

"Führ' mich in dein Heiligtum, süßes Weib!" Er hielt sie bei der Hand, ohne sie zu lassen; sie schritten leise, stumm.

Plötzlich stutzte der König. Irgendwo im Dunkeln wurde vorsichtig eine Tür geöffnet. Er verhielt den Schritt. Ihm war, als sähe er den Umriß eines weit vorgestreckten, weiblichen Kopfes. Gleich darauf herrschte wieder tiefe Stille.

"Komm!" flüsterte er heiß.

Jeanne öffnete die Tür neben dem Salon. Das Kaminfeuer brannte.

Auf goldenen, mit blaßfarbener rosa Seide überzogenen Tischen standen Blumenkörbe und Girandolen mit blaßblauen und rosa Kerzen.

Im Hintergrund des Zimmers leuchtete, vom roten Feuerschein sanft überstrahlt, ein schimmerndes Spitzenlager - Jeanne d'Étioles' Ehebett.

Zwischen seinen seidenen Kissen feierte Louis XV. die Brautnacht seines Sohnes.

Und als des Königs schöner Mund sich heiß begehrend auf Jeannes zarte Lippen preßte, als die brennende Glut seiner Sinne und seines Herzens sie im Sturme nahmen, da wußte sie, nicht nur ihr Ehrgeiz, auch ihr Weibeshoffen war erfüllt.

Viertes Kapitel

Die Märzsonne schien. Die Fasten waren vorüber. Zugleich mit dem beginnenden Frühjahr, das seinen ersten Zauber über die Gärten von Versailles ausgeschüttet hatte, begannen die höfischen Festlichkeiten von neuem.

In einem Vorzimmer zu den "petits cabinets" saßen die Herren von des Königs Begleitung, die vor einer Stunde mit ihm von der Jagd gekommen waren und nun auf den Befehl Seiner Majestät zum Jagdsouper warteten.

Der Herzog von La Vallière, dessen größter Ehrgeiz es war, Leiter der Bühnen Seiner Majestät zu werden, wandte sich an Richelieu und Ayen.

"Darf ich fragen, meine Herren, wie Ihnen gestern abend das Ballett von Rameau gefallen hat?"

Richelieu tauschte einen raschen Blick mit dem Herzog von Ayen, der eine ebenso boshafte als geistreiche Bemerkung auf der Zunge hatte.

"Nicht übel", meinte Richelieu, "obwohl mir alles in allem der Zuschauerraum bedeutend interessanter erschien."

"Ganz meine Meinung", spöttelte Ayen.

La Vallière lächelte verständnisvoll.

"Ich kann Ihnen nur Recht geben, meine Herren. Vor allem dünkte mich der Platz interessant, auf dem die schönste der Frauen mitten zwischen den Hofdamen Ihrer Majestät saß."

La Vallière trat dichter an die Herzöge heran, damit ihn der junge polnische Edelmann nicht hören sollte, der gestern mit Aufträgen Stanislaus' an seine Tochter, die Königin, in Versailles eingetroffen war.

"Sie werden nach diesem Eklat nicht mehr bestreiten wollen, meine Herren, daß die Gemächer der Mailly neben den kleinen Kabinetten wieder bewohnt sind."

Richelieu zuckte die Achseln.

La Vallière wandte sich an Ayen.

"Sie als Vertrauter Seiner Majestät -"

Richelieu fuhr mit frivolem Lächeln dazwischen.

"Zeichnen natürlich verantwortlich für die Erfolge Madame d'Étioles', wenn man auch geneigt ist, dem armen Binet die ganze Geschichte in die Schuhe zu schieben."

"Ich habe gar keine Ambitionen, mich gegen Ihre Angriffe zu verteidigen, meine Herren. Ich wollte den König während der Festlichkeiten für den Dauphin bei guter Laune halten, das ist mir gelungen. Weiteres -"

"Weiteres ist Ihnen noch besser gelungen, Ayen. Nämlich die Prinzessin von Rohan zu ärgern, die Sie nicht ausstehen können, Herzog."

Richelieu legte Ayen die Hand auf die Schulter, und sagte in scherzhaftem Ton:

"Sie sehen, mein lieber Ayen, es gibt immer noch Leute, die selbst dem gewiegtesten Kartenmischer ins Spiel zu gucken vermögen. Im übrigen -"

Richelieu sprach leiser fort und sah sich nach dem

Polen um, der seitab am Fenster stand und melancholisch in den Halbdämmer der Gärten hinuntersah. "Im übrigen haben die Dinge einen ernsteren Charakter angenommen, als man voraussehen konnte."

"Ich weiß", gab Ayen zurück. "Der Bischof tobt über die neue Favoritin; eine Favoritin ohne Religion, aufgewachsen unter den Einflüssen Fontenelles, Maupertuis' und Voltaires. Einstweilen ist der Dauphin noch zu sehr von seinen jungen Ehefreuden hingenommen, um sich seinem Erzieher anzuschließen. Auch das wird kommen!"

"Wie man mir aus sicherer Quelle mitteilt, fürchtet Mirepoix eine lange Dauer des Verhältnisses. Was ist Ihre Meinung, meine Herren?" fragte La Vallière.

"Ich erlaube mir, die gegenteilige zu haben", entgegnete Richelieu rasch und entschieden. Ayen stimmte zu.

"Heut ist der König noch im ersten Rausch, im Bann der Schönheit und Jugend der d'Étioles. Aber rascher, als man glaubt, wird der Rausch verflogen sein. Ob der König sich auch tausendmal verschworen hat, keine Frau von Geburt mehr anzusehen, er wird, und das sehr bald, zu einer von ihnen zurückkehren. Ich kenne den König im Punkt der Liebe besser als irgend jemand sonst. Nie und nimmer wird ihn eine Frau aus dem Bürgerstand dauernd fesseln. Bei allen Vorzügen fehlt der d'Étioles doch, was jeder Frau fehlt, die nicht zu uns gehört, jene echte Vornehmheit, die der König nicht entbehren kann, die Noblesse der Manieren, an die er gewöhnt ist. Wo soll sie auch herkommen bei dieser geborenen Poisson?

"Vergessen Sie nicht, meine Herren", mischte sich La

Vallière ins Gespräch, "die d'Étioles ist nicht nur schön, sie soll auch für alle Künste begabt und ungewöhnlich geistreich sein. Der Bischof steht auf dem Standpunkt, daß nicht die Geburt, sondern die Erziehung den Ausschlag gibt, und daß nichts sich leichter erziehe als eine geistreiche Frau, wenn sie sich nämlich erziehen lassen will."

"Und der bürgerliche Name?"

"Namen und Titel kann der König bis zu jeder beliebigen Höhe verleihen."

"Hat der Bischof auch mit Ihnen gesprochen, La Vallière?"

Der Herzog zuckte die Achseln.

"Vielleicht. Jedenfalls steht er auf dem Standpunkt, daß wir Hofleute die Gefahr unterschätzen, die in dieser leidenschaftlichen Hingabe des Königs liegt, weil wir es für ausgeschlossen halten, daß der König sich dauernd an eine bürgerliche Favoritin attachiert. Wer weiß, vielleicht hat Mirepoix recht."

"Ich bleibe bei meiner Meinung."

Ayen pflichtete Richelieu bei.

In der Tür erschien einer der Offiziere vom Dienst und brachte die Mitteilung, daß Seine Majestät den Herren danken lasse. Er beabsichtige, allein zu soupieren.

Als die Tür sich hinter dem Offizier wieder geschlossen hatte, begegneten die Augen Richelieus und Ayens sich in einem betroffenen Blick.

La Vallière aber sagte:

"Alle Achtung vor dem Scharfblick des Bischofs!"

Während die Herren von der Jagdgesellschaft unten auf die Befehle ihres Monarchen warteten, durchstreifte der König Arm in Arm mit Jeanne d'Ètioles das Gewirr der kleinen Gemächer, der Geliebten alle Herrlichkeiten und Wunder dieses königlichen Schlupfwinkels unter den Dächern von Versailles zu zeigen.

Er führte sie von Treppe zu Treppe, durch alle Irrgänge, die nur dem König selbst und wenigen seiner Vertrauten bekannt waren. Er zeigte ihr seine reiche Bibliothek, seine Bilder und Landkarten, seine Drechselbank, seine Bäckereien und Küchen.

Er führte sie auf die oberen Terrassen mit ihren kunstvollen Gartenanlagen und den großen goldenen Vogelhäusern, in denen es hundertstimmig durcheinander pfiff, sang, schmetterte.

Jeanne hatte die Augen überall. In ihrer lebhaften Art zu sprechen, sich zu geben, zeigte sie für alles Verständnis, fragte sie mit unfehlbar sicherem Instinkt nach dem, wonach der König gefragt werden wollte.

Er streichelte zärtlich ihr schönes Haar; küßte den lächelnden, lebhaft plaudernden Mund.

"Höre nur, wie sie singen, meine kleinen Hofsänger! Tu's ihnen nach und laß mich endlich deine liebe Stimme hören. Sing mir die alten Lieder von Lully, die man am Hof des Sonnenkönigs so gern hörte."

Jeanne machte ein trauriges Gesicht. "Sobald diese unartige Kehle wieder geschmeidig ist, Sire. Die kleinen Sänger haben es besser. Sie leiden nicht an Katarrhen und haben von den bösen Märzstürmen nichts zu fürchten."

Louis schüttelte besorgt den Kopf.

"Der Katarrh noch immer nicht behoben? Du solltest einen Arzt fragen, Jeanne. Ich würde dir einen meiner Leibärzte schicken, wenn ich nicht fürchtete -"

Jeanne wußte sofort, worauf der König hinauswollte.

"Nein, nein, Sire. Um keinen Preis. Der Arzt, der mich schon als Kind behandelte, hat in solchen Fällen viel warme Milch verordnet. Ich werde ganz gehorsam sein."

Sie waren inzwischen durch ein paar reich dekorierte Räume in die "kleine Galerie der kleinen Gemächer" gekommen, die der König besonders bevorzugte.

Neben der Galerie lag das "grüne Gewölbe", in dem nach der Jagd des öfteren gespeist wurde.

Jeanne bewunderte die Jagdbilder von Lancret, Vanloo, Boucher und De Troy mit eingehendem Verständnis.

"Woher hast du all deine Weisheit, meine kleine Jeanne?" Und Jeanne erzählte von den Sammlungen Onkel Tournehems, von ihren Zeichnungen und Gravüren und bat, gelegentlich ein Porträt Seiner Majestät nach Nattier gravieren zu dürfen.

Sie entwickelte ihm im Augenblick der Unterhaltung in ihrem klugen Kopf entstandene Ideen zu neuen Kunstsammlungen, sprach ihm von Plänen zu umfangreichen Kunstbauten, so sachlich und präzise, als habe sie jahrelang über diese Probleme nachgedacht.

Der König war ganz Ohr. Die Zeit ging ihm im Fluge dahin. Er fühlte sich wohl und glücklich wie lange nicht. Welch ein Vergnügen, mit einer so schönen und dabei so grundgescheiten Frau zu plaudern!

Ein Schatten ging über sein Gesicht, wenn er daran dachte, wie wenig Interesse seine Familie für seine Liebhabereien, für seine stillen, ausschließlich nach seinem Geschmack eingerichteten Winkel zeigte.

Selten nur kamen seine Kinder in diesen seinen köstlichsten Schlupfwinkel; von Maria Leszinska ganz zu schweigen, die die kleinen Gemächer seit Jahren nicht mehr betreten hatte. Ja selbst zu der Zeit, da ihre Ehe noch eine glückliche gewesen, hatte sie niemals an seinen Liebhabereien teilgenommen.

Während Jeanne aufmerksam die Skulpturen betrachtete, die außerordentlich geschickt der geringen Zimmerhöhe angepaßt waren, fragte sie den König, ob Ihre Hoheit die Dauphine nicht begeistert von allen Herrlichkeiten der kleinen Kabinette sei.

Ein bittrer Zug stand um den Mund des Königs.

"Wirst du es mir glauben, Jeanne, daß Maria Rafaela meine väterlichen Aufmerksamkeiten mit der auffälligsten Gleichgültigkeit entgegennimmt?"

"Wie ist das möglich, Sire?"

"Was wäre nicht möglich bei Personen, die unter dem Einfluß des Dauphin und seiner Jesuiten stehen. Wahrscheinlich haben mein Sohn und Mirepoix Maria Rafaela so viel furchtbare und abschreckende Märchen von den kleinen Kabinetten erzählt, daß sie es mit ihrer Moralität nicht vereinbar hält, sie zu betreten. Nach dreimaliger Aufforderung hat meine Schwiegertochter geruht, gestern endlich im Schutz des Dauphins in die Höhle des Löwen zu gehen."

Louis lachte erbittert auf.

Dann schlang er den Arm um Jeanne, und sich wie schutzsuchend an sie lehnend, sagte er mit tiefer Melancholie: “Du weißt nicht, du kannst nicht ahnen, wie grenzenlos einsam und traurig ich mich oft fühle, wie von Todesangst und Todessehnsucht zugleich gepackt. - Du darfst mich nie verlassen, du mußt immer um mich sein. Versprich mir das, Jeanne!”

“Sire, wie gern verspreche ich das!” Sie sah zu ihm auf, ob sie ein freies Wort wagen dürfe. Er war ganz Schwäche, haltlose Hingebung. “Wenn ich nur verstünde, weshalb Euer Majestät bei so liebevollen Gesinnungen für meine Person geruht haben, mich aus meinen Gemächern in Versailles wieder in das Hôtel des Chèvres zurückzuschikken?”

Louis schwieg nachdenklich und streichelte ihr zärtlich Arm und Hände.

“Wir wollen jetzt speisen, zum erstenmal unter vier Augen, Jeanne. Dann sprechen wir davon.”

Sie nahmen die Mahlzeit ganz allein. Die Lakaien in ihren blauen Livreen stellten Speisen und Getränke auf den Tisch, der mit Frührosen aus den Treibhäusern über und über bedeckt war, und verschwanden dann lautlos wieder.

Die Kerzen, die aus einer Onyxschale strahlten, verbreiteten ein mildes Licht.

Des Königs Mienen waren noch nicht wieder heller geworden. Jeanne versuchte auf alle Weise, ihn zu zerstreuen, ihn wieder heiter zu stimmen.

Sie erzählte ihm drollige kleine Geschichten aus dem Kloster und allerhand Neuigkeiten, die ihr die Mutter zugetragen hatte, und die auf einem anderen Gebiet als die Neuigkeiten Lebels lagen, der seinen König allmorgendlich beim Lever mit den Intimitäten des Pariser Stadtklatsches versorgte.

Jeanne sprach von Voltaire und legte es dem König nahe, ihren alten Freund gelegentlich wieder nach Paris kommen zu lassen.

"Trotz aller Liebe zur Marquise muß es ihm doch am Ende langweilig werden, jahraus, jahrein tagsüber mit der Châtelet über Mathematik und Naturwissenschaften zu reden und des Abends mit ihr Schach zu spielen. Er soll übrigens ein neues Drama 'Semiramis' unter der Feder haben, aus dem er Euer Majestät vielleicht einige Bruchstücke vorlesen darf. Es liegt Monsieur Voltaire viel am Urteil Euer Majestät."

Louis antwortete nicht; Madame d'Étioles war in liebenswürdigen Eifer geraten. Er mochte sie nicht mit der Bemerkung kränken, daß ihm im Grunde an einem Besuch Voltaires in Versailles nichts gelegen sei.

Jeanne fragte nach der heutigen Jagd. Sie war nicht besonders ergiebig gewesen. Geschickt spielte sie das Gespräch auf die Jagden von Choisy im Walde von Sénart hinüber.

Sie packte den König bei seiner Eitelkeit. Sie erzählte ihm, wie bezaubert sie und alle anwesenden Frauen damals von seinem Anblick, von der Liebenswürdigkeit und Güte seines Wesens gewesen seien.

Langsam löste sie ihn aus seinem lethargischen Schweigen.

Er legte seine Hand heiß auf die ihre.

"Und du hast mich damals schon liebgehabt?"

Sie ließ die verführerischen, rätselhaften Augen in die seinen sinken.

"Grenzenlos, Sire."

Er zog sie dicht an sich heran und küßte sie leidenschaftlich.

"Narr, der ich war, dich wieder gehen zu lassen. Wer versteht mich wie du? Wer liebt mich wie du? Wer bringt mich wie du über mich selbst hinaus? Wer ist so klug, so schön wie du? Höre, Jeanne. Ich habe dich nach den ersten heißen Tagen wieder aus Versailles fortgeschickt; ich wollte Vorsicht üben, dich nicht unter meinem Dach behalten. Diese Vorsicht galt in erster Stelle der Rücksicht auf meine Familie. Ich wollte keinen neuen Skandal heraufbeschwören. Sie haben es mir schlecht gelohnt! Herr Boyer de Mirepoix, dieser Jesuit, mitsamt dem Dauphin haben es bereits gewagt, sich in diese meine Angelegenheit zu mischen. Mutmaßlich haben sie ihren Klatsch schon vor das Forum der Königin gebracht. Man wagt es, mich zur Rede stellen zu wollen. Mich dem Willen der Frommen im Lande zu unterwerfen.

Ich aber lasse mich nicht leiten, auch nicht dem Anschein nach", rief er zornig. "Ich bin der König. Ich will es ihnen beweisen. Kein Jota meines Glückes sollen sie mir rauben. Ich werde ihnen zeigen, daß niemand Herr über mich ist.

Morgen abend haben wir italienische Komödie im Schloß. Nicht wie gestern im Reithaus wirst du zwischen den Hofdamen der Königin sitzen. Ich werde in der kleinen vergitterten Loge unterhalb der Loge der Königin sein. Du wirst die Loge neben der Bühne, mir und der Königin gerade gegenüber erhalten. Mag das Aufsehen so groß sein, als es wolle. Sie haben es nicht besser verdient. Ich werde Ayen noch heute abend von allem verständigen. In zwei, drei Tagen kehrst du in deine alten Gemächer neben den meinen zurück - vorläufig. Im Sommer wird die Wohnung der Châteauroux für dich restauriert werden. Einstweilen, wenn ich nicht bei dir sein kann, magst du von deinen hochgelegenen Fenstern hinausträumen über die Bäume von Versailles nach dem Wald von Marly hinüber. Im Herbst werden wir die Jagd in Marly zusammen reiten. Mein königliches Wort darauf!"

Er zog sie mit sich auf das Ruhelager im Nebengemach. Er kränzte ihr junges schönes Haupt mit den ersten köstlichen Frührosen. Er schwur ihr Liebe ohne Ende.

Und während sie seine heißen Liebkosungen mehr duldete, als daß sie sie erwiderte, verwandelte sich ihr das Wort Liebe in den Begriff "unumschränkte Macht", eine Macht, wie sie nie vordem eine Königsgeliebte besessen hatte.

Fünftes Kapitel

Die Hauptfreude, die Jeanne im Hôtel des Chèvres erwartete, war ihr Kind.

In jeder Morgenfrühe, ehe sie nach Versailles fuhr, schaukelte sie die Kleine auf den Knien, überzeugte sie sich von ihrem Wohlsein und gab der Amme und der Mutter tausenderlei Anordnungen für das Gedeihen des kleinen Wesens.

Madeleine Poisson sprang gewöhnlich schnell von dem Thema der Kinderpflege ab. Einstweilen war Alexandra noch kein Faktor, mit dem man rechnete. Später, wenn ihre Enkelin ein schönes Mädchen zu werden verhieß und man sich mit Heiratsplänen für sie beschäftigen mußte, würden die Dinge anders aussehen.

Jetzt sprach Madeleine Poisson nur vom König und wieder vom König.

Als kluge und in allen Liebesdingen wohlerfahrene und gewitzte Frau kargte sie nicht mit ihren Ratschlägen: "Zeige ihm ein immer neues Gesicht; nichts langweilt die Männer so sehr als Monotonie. Laß ihn in Liebesstunden lange werben, dann aber zwinge deiner Natur die heißeste Glut ab! Der Mann will fühlen, daß er geliebt ist. Du mußt seiner Art jedes Geheimnis ablocken, damit du ihn in der Hand behältst und die Glut, wenn sie am Erlöschen ist, neu zu schüren verstehst. Du begreifst, Jeanne! In deinem besonderen Falle bezähme deinen Ehrgeiz, deine Machtgelüste. Du weißt, was Binet uns gesagt hat: Schon der Gedanke, daß eine Frau trachten könnte, ihn zu beherrschen, macht den König erkalten. Zeige dich ihm nur als liebendes Weib, und du wirst sehen, du erreichst spielend, wonach du dich sehnst!"

Madeleine Poisson reckte die mageren, einst so herrlichen Arme.

"Ach, wenn ich's erlebte, dich in Ruhm und Glanz und Pracht als des Königs von aller Welt anerkannte Geliebte zu sehen! Jeanne, meine Jeanne."

Madeleine stürzte sich auf ihr Kind.

Jeanne wehrte kaltblütig ab und warf den Kopf stolz in den Nacken.

"Ich denke, Sie werden nicht allzu lange zu warten brauchen."

Madame Poisson sah bewundernden Blickes auf ihre Tochter.

"Ich glaube es gern, mein Kind. Wer könnte dir widerstehen! Und der arme Binet, der deinen Erfolg büßen muß!"

Jeanne wehrte ab. "Der Bischof hat ihn zur Rede gestellt, ist scharf mit ihm ins Gericht gegangen, das stimmt. Aber Binet hat alles geleugnet, das beste, was er tun konnte. Im übrigen ist er schlau genug, sich beim Dauphin zu halten."

Jeanne lächelte siegesbewußt.

"Wenn es nötig sein sollte, werde ich mich beim König für ihn verwenden."

Sie hob die Stimme. Ein drohendes Licht funkelte in ihren Augen.

"Der Jesuit mag sich hüten. Die Stunde wird kommen, wo ich ihn, wo ich ihnen allen jeden Stein heimzahle, den sie mir in den Weg zu werfen wagen. Ich hab's ihnen nicht vergessen, wie die schwarzen Gesellen mir schon bei den Ursulinerinnen die Kindertage zu vergiften trachteten. Wie sie mich zur Beichte zwangen, mir Worte in den Mund legten, die ich nie gedacht, geschweige denn gesprochen hatte. Wie sie die unschuldigsten Dinge zu ungeheuerlichen Selbstanklagen ausspannen.

Und das hämische Siegerlächeln, mit dem sie mich heimlich streiften - besonders dieser Pater Cölestin - wenn er bei der Messe mit seinen Katzenschritten an mir vorüberschlich. Seine kleinen boshaften Augen zwinkerten, als wollten sie sagen: Warte nur du - wir kriegen dich auch noch in unsere Fänge, wenn deine Zeit gekommen ist."

Jeanne war aufgesprungen, zornig und erregt. Einen Augenblick stand sie hoch aufgerichtet, in königlicher Haltung da.

"Sie sollen sich verrechnet haben!"

Ihre Zähne gruben sich tief in die Unterlippe. Madeleine Poisson schüttelte mißbilligend den Kopf.

"Du solltest dir das endlich abgewöhnen, Jeanne. Du verdirbst deinen reizenden Mund."

Jeanne hörte nicht auf sie.

"Ich muß nach Versailles zurück. Der König erwartet mich nach der Ministeraudienz. Der Wagen ist schon vorgefahren."

In der Tür blieb sie noch einmal stehen und fragte kalt und nachlässig: "Was sind für Nachrichten von Charles da? Ich habe seine letzten Briefe nicht mehr geöffnet. Es ist so zwecklos, immer wieder von seiner Liebe, seiner Sehnsucht zu lesen. Ist er noch in Mageanville bei Monsieur de Savalette? Oder hat er seinen Osterbesuch abgebrochen? Ich hoffe, Onkel Tournehem wird ihn noch eine Weile bei den Savalettes festhalten. Ich kehre erst in einigen Tagen ganz nach Versailles zurück."

"Nach dem, was Tournehem schrieb, werden sie zusammen Anfang der Woche von Mageanville kommen."

Die Zeit drängte. Jeanne verabschiedete sich kurz und herzlich von ihrer Mutter und stieg raschen Schrittes zu dem Mietwagen hinab, den der König ihr zur Verfügung gestellt hatte.

Kaum eine Stunde später trat Herr von Tournehem in den blauen Salon des Hôtel des Chèvres.

"Zurück? Was ist geschehen?" rief Madeleine aufgeregt.

"Charles war nicht mehr zu halten. Er behauptet, die Sehnsucht nach seiner Frau bringe ihn um. Er folgt mir auf dem Fuß. Er muß irgendeinen Verdacht geschöpft haben. Wo ist Jeanne? Er sucht unten nach ihr."

"In Versailles, Gott sei Dank!" rief Madeleine Poisson atemlos. "Sie muß dort bleiben. Er bringt sie sonst um."

"Nur ruhig, wir müssen ihn vorbereiten. Rücksicht nehmen. Schließlich ist er der Ehemann."

In diesem Augenblick riß d'Étioles die Tür des Salons auf. Er hielt die kleine Alexandra auf dem Arm, die er aus ihrem Mittagsschlaf gerissen hatte. Das Kind schrie jämmerlich.

"Wo ist Jeanne?" rief er aufgeregt mit lauter Stimme. "Wo ist meine Frau?"

"Schrei nicht wie ein Tier!" drang Madeleine wütend auf ihn ein und riß ihm das Kind aus den Armen. "Was sind das für Manieren?"

"Meine Frau will ich! Wo ist Jeanne, Madame?" Tournehem machte Madeleine ein Zeichen, zu schweigen.

"Gehen Sie, Madame. Bringen Sie die Kleine wieder zu Bett."

D'Étioles stürzte sich auf seine Schwiegermutter und hielt sie mit beiden Armen wie in einer Eisenklammer fest.

"Sie soll nicht gehen. Sie soll mir Rede stehen. Nanette sagt, Jeanne ist vor einer Stunde fortgefahren, in einem fremden Wagen, in dem sie schon öfter gefahren ist. Was ist das für ein Wagen, wohin ist sie gefahren?"

Charles Guillaume tobte.

Die zarte, schwächliche Frau weinte laut auf vor Schmerz und versuchte vergebens, sich aus der Umklammerung ihres Schwiegersohnes zu befreien. Leise, schon wieder halb im Schlaf greinte das Kind.

"Laß sie los, Charles! Gehen Sie, Madeleine. Ich werde mit ihm sprechen."

Madeleine Poisson, das Kind im Arm, schwankte mehr, als sie ging. Sie konnte sich vor Angst kaum auf den Füßen halten. "Welche Bestie, welche wilde Bestie", murmelte sie zwischen den Zähnen. "Dieu merci, daß Tournehem da ist."

Charles war in einem der schweren blauen Sessel zusammengesunken. Er hielt das Gesicht in den Händen und stöhnte laut.

Tournehem trat zu ihm und legte ihm die Hand auf die Schulter.

Er war entschlossen, dem Unglücklichen die Wahrheit zu sagen, die er ja doch einmal erfahren mußte.

"Mein lieber Junge, höre mich so ruhig an, als du es vermagst."

"Wo ist meine Frau? Um Gottes willen, Onkel, wo habt ihr meine Frau?" schrie Charles, ohne auf Tournehem zu hören.

Er saß da wie gebrochen. Die Tränen stürzten ihm aus den Augen.

Tournehem hatte sich einen Stuhl nahe zu dem Sitz seines Neffen geschoben und hielt den jungen Mann bei beiden Händen, fest, liebevoll.

"Was nützt es, mein lieber Junge, dir die Wahrheit länger zu verschweigen."

"Sie ist tot!" schrie Charles auf.

"Nein, sie lebt, aber du wirst gut tun, sie als eine Tote zu betrachten. Du mußt dich von ihr trennen; sie als ewig für dich verloren ansehen."

D'Étioles war aufgesprungen. Weiß bis in die Lippen, mit verglasten Augen stierte er seinen Onkel an.

"Was - was sagst du da?"

"Die einfache Wahrheit, mein Junge. Trachte, sie zu fassen."

Charles brüllte auf wie ein Stier. Er hob die Faust gegen Tournehem. “Das ist Ihr Werk, Onkel, und das dieser verfluchten Poisson. Ihr habt mich fortgeschickt, um sie zu verkuppeln. Aber wartet nur - wartet! Das soll euch schlecht bekommen! Schafft mir Jeanne zurück - oder -” Er suchte in seinen Taschen nach einer Waffe.

Auch Tournehem hatte sich erhoben. Er legte beide Hände auf die Schultern seines Neffen so fest, daß Charles vergebens versuchte, ihn abzuschütteln.

“Du kennst Jeanne, oder vielmehr du kennst sie nicht, denn du hast es trotz aller Leidenschaft für sie niemals verstanden, sie an dich zu fesseln. So weit aber kennst du sie, um zu wissen: Es gibt nur einen Willen für sie - den eigenen!”

D’Étioles stöhnte laut und ließ sich von Tournehem auf seinen Sitz zurückdrücken.

“Sie wollte gehen, und niemand vermochte, sie zu halten.”

“Sie ist bei einem Mann! Er soll es büßen! Mit seinem Leben soll er es büßen!”

Rasend vor Eifersucht stieß Charles es hervor.

“Du hast recht, ja. Jeanne ist bei einem Mann. Sie liebt diesen Mann über alles - und dieser Mann liebt sie über alles wieder - und dieser Mann -”

“Ist ein Schuft - ein Ehrloser -”

“Pst!” machte Tournehem. “Dieser Mann steht hoch über uns allen. Keine Rache und keine beleidigte Gattenehre reicht an ihn heran.”

D’Étioles begriff nicht. “Den Mann möchte ich sehen!” höhnte er.

Tournehem wies auf den blauen Seidengrund der Wand über dem Kamin, auf dem ein Bild Louis' XV. hing.

"Da, sieh ihn!"

D'Étioles verstand noch immer nicht. Verwirrt starrte er auf das Bild.

Er war ein guter Patriot und konnte nicht begreifen, was der Monarch mit dem Jammer und dem Schmutz seines Hauses zu tun haben sollte.

"Laß den König aus dem Spiel!" herrschte er.

"Schlecht möglich, mein Junge, denn er ist es, den Jeanne liebt, und von dem sie wiedergeliebt wird."

Charles stieß einen unartikulierten Laut aus. Dann brach er zusammen. Mit den Händen in die Luft greifend, fiel er zu Boden. Eine lange, schwere Ohnmacht umfing ihn.

Eine Stunde vor dem Souper, das Jeanne, ehe die italienische Komödie begann, allein mit dem König nehmen sollte, erreichte sie ein Bote Tournehems, der sich sofort nach Abgabe des Briefes wieder entfernen wollte.

Jeanne hielt ihn zurück.

"Ist Herr Le Normant de Tournehem wieder in Paris?"

"Seit heute mittag, Madame.

"Ist keine Antwort?"

"Nein. Wenn Madame fragen sollte, soll ich sagen: Es sei dringend notwendig, daß Madame sich den Anordnungen fügt, die in dem Brief stehen."

"Es ist gut."

Jeanne, die soeben ihre Toilette mit Hilfe einer Kammerfrau der Königin in dem Zimmer Frau von Maillys beendet hatte, öffnete das Schreiben des Onkels, das mit dem Bemerk "sekret und persönlich" versehen war.

Sie sah auf den ersten Blick, daß es nichts Gutes bedeutete. Tournehem schrieb ziemlich lakonisch, Charles sei heute mittag in seiner Gesellschaft zurückgekommen. Er sei nicht mehr zu halten gewesen. Da kein anderer Ausweg übriggeblieben, habe er ihm die volle Wahrheit gesagt. Er habe wie ein Rasender getobt, sei dann in eine tiefe Ohnmacht gefallen, aus der er, wenn möglich, noch rasender erwacht sei.

Man habe ihm alle Waffen fortnehmen, ihn in sein Zimmer einschließen müssen. Es sei dringendst geboten, daß sie nicht wieder nach Hause zurückkehre, sondern in Versailles bleibe; er könne sonst für nichts gutsagen. Ihre Sehnsucht nach Alexandra möge sie bezwingen. Es würden sich Mittel und Wege finden, das Kind zu sehen. Briefe Charles' möge sie unbeantwortet lassen und im übrigen ihm die Entwirrung der Angelegenheit anvertrauen.

"Gott sei Dank, daß wir Tournehem haben", dachte Jeanne, wie die Mutter es zuvor gedacht hatte.

Trotzdem sie dem Onkel ganz vertraute, überlief sie doch ein leises Gruseln. Sie kannte ihren Mann und die rasenden Ausbrüche seiner Eifersucht. Wenn er sich heimlich davonstähle, ihr auflauerte, einen Skandal provozierte, der sie bei Hofe unmöglich machte!

Sie mußte den König um Schutz anflehen. Nur bei ihm fühlte sie sich sicher. Sie mußte ihm das Versprechen ablocken, sie gleich heute nach der Komödie in Versailles zu behalten. Dorthin zu dringen, würde Charles nicht wagen.

Dazu fehlte ihm denn doch der Mut. -

Um zu erreichen, was sie erreichen wollte, mußte sie heute doppelt schön, doppelt heiter und unterhaltend sein.

Sie seufzte leise auf. Sie fühlte sich nicht besonders wohl diesen Abend. Ein leichter Husten quälte sie noch immer, und die Rauheit der Kehle wollte nicht weichen. Dazu der Brief Tournehems mit seinen aufregenden Nachrichten!

Jeanne wurde sehr nachdenklich. Bei einem zarten Körper wie dem ihren würde es nicht immer leicht sein, den Anforderungen gerecht zu werden, denen sie gerecht werden mußte, um den König dauernd zu fesseln.

Rasch schüttelte sie diesen Gedanken wieder von sich ab. War sie nicht jung? Hatte sie nicht einen starken Willen, stark genug, alles körperliche und seelische Ungemach spielend zu bezwingen?

Sie trat vor den Spiegel. Sie sah erschreckend blaß aus. Sie legte wider ihre Gewohnheit ein wenig Rot auf, zupfte die Spitzen um den runden Ausschnitt und die weit ausfallenden Ärmel ihres Kleides zurecht, betrachtete die mit Blumen und Seidengaze durchwundene Frisur, die die Kammerfrau Ihrer Majestät heute geordnet hatte, und ließ im Schein der Kerzen die Brillanten spielen, welche der König ihr zur Erinnerung an die erste Liebesnacht geschenkt.

Dann trank sie das Glas Milch leer, das auf dem Toilettentisch für sie bereit stand, und nahm ein paar von den Tropfen, die der Hausarzt ihr schon als Kind gegen Heiserkeit verschrieben hatte.

Sie wußte, der König legte Wert auf den melodischen Klang ihrer Stimme.

Louis war nicht zum besten gestimmt. Sie sah es auf den ersten Blick. Irgend etwas bedrückte ihn, eine Einbildung oder ein wirkliches Geschehnis. Er war so zerstreut, daß er ihre Gegenwart kaum zu bemerken schien.

Jeanne schickte die Blaulivrierten mit einer kurzen, herrischen Gebärde aus dem Zimmer.

Sie zerlegte ihm selbst das Wildbret und das zarte Geflügel, sie forderte ihn auf, von dem Ragout zu nehmen, das er besonders gern aß, sie schenkte ihm von dem schweren Burgunder, den er mehr als den Champagner liebte, ein. Wie von ungefähr streifte sie mit der Hand an die seine.

Er blickte sie an. Wie schön sie war! Schöner dünkte sie ihn denn je.

"Jeanne", sagte er, "du! Komm näher, ganz nahe! Welch ein elender Tag!"

Er stöhnte laut und blickte wie abwesend vor sich hin.

"Die Königin suchte mich nach der Messe in meinen Gemächern auf. Es ist ihr Recht. Ich ahne nicht, ob sie etwas weiß. Sie langweilte mich unerträglich. Wie recht hat König Stanislaus, der mir einmal schrieb: lch begreife dich, mein Sohn, und verzeihe dir alles. Meine Frau war genau so langweilig, wie meine Tochter, deine Gemahlin, es ist. Man kann schwer zwei langweiligere Königinnen finden. Du tust mir aufrichtig leid."

Jeanne, die ihr Gesicht sonst vollkommen in der Gewalt hatte, konnte ein Lächeln nicht unterdrücken. Diese

Aufrichtigkeit der Monarchen untereinander hatte entschieden einen belustigenden Beigeschmack.

Der König sah es, aber er zürnte ihr nicht.

"Du lächelst, unartiges Kind! Ach, ich sage dir, es ist nicht viel Heiteres dabei. Übrigens war der sehr ausgedehnte Besuch der Königin nicht alles. Herr Boyer, Bischof von Mirepoix, hatte um eine Audienz nachgesucht. Ich hatte keine Ursache, mich vor ihm zu verstecken. Als er anfing, mir Moral zu predigen, auf den verderblichen Einfluß der Philosophie und ihrer Anhänger anzuspielen, habe ich ihn sanft vor die Tür befördert. Auch Maurepas, der auf den Bischof folgte -"

Er unterbrach sich.

"Nichts von Politik!"

Jeanne war enttäuscht. Sie hatte ganz und gar nicht die Absicht, sich mit dem König nur über Liebe und Kunst zu unterhalten.

Sie wußte, Louis arbeitete gern mit Maurepas. Er war einer von den wenigen Ministern, der es verstand, ihm die Arbeit leicht und angenehm zu machen. Was hatte es heute zwischen ihnen gegeben?

Sie brannte darauf, die Räder der Staatsmaschine surren zu hören, in ihre Geheimnisse einzudringen, zu sehen, was andere nicht sahen, heute und morgen.

Übermorgen sollte das Räderwerk bereits stoppen oder laufen nach ihrem Belieben. Der Atem stockte ihr vor heimlicher Wonne.

Zunächst aber hieß es geduldig sein! Ohne daß der König ihre Absicht spürte, mußte sie der Politik nahe und näher kommen. Dazu war der Tag noch nicht da. Und heute vor allem mußte sie Vorsicht üben. -

Louis hatte die Speisen beiseite geschoben und sein Glas in einem Zuge leergetrunken. Schon lagen neue Schatten über seinen schönen, blauen Augen, die in guten Stunden so hinreißend blicken konnten.

Jeanne füllte ihm den Kristallkelch aufs neue mit dem schweren Burgunder, während sie selbst von dem süßen Muskateller nippte.

Er behielt ihre Hand mit dem Glase zugleich zärtlich in der seinen.

"Auf dein Wohl, mein Kind!"

"Ich habe die guten Wünsche Euer Majestät sehr nötig. Auch für mich war der Tag ein trauriger."

"So, so", meinte der König. "Was ist überhaupt am Leben! Am besten, man wäre nie geboren oder aber würde bald von hinnen gerufen, wie es mir beschieden ist."

Er fiel wieder in sein dumpfes Schweigen zurück.

Jeanne senkte mutlos den reizenden Kopf. Gleich aber riß sie sich wieder zusammen. Es mußte sein; sie mußte ihn heute ganz auf ihrer Seite haben. Er durfte nichts denken, nichts fühlen als sie.

Ihre rege, niemals müde Phantasie kam ihr zu Hilfe.

In der melancholisch mystischen Stimmung, in der er sich befand, aufs neue von Todesahnungen gequält, was konnte sie Klügeres tun, als seinen Aberglauben zu Hilfe rufen!

"Majestät erzählten mir kürzlich von einem Spazierritt an einem nahen Dorfkirchhof vorüber. Majestät hatten, nach Euer Majestät Gewohnheit, einen Herrn der Begleitung auf den Kirchhof geschickt, zu sehen, ob frische Gräber aufgeschüttet seien. Als Herr von Sainteville zurückkam und die Frage Euer Majestät bejahte, überfiel Euer Majestät aufs neue die Furcht vor einem nahen Tode, in der Meinung, das offene Grab mahne an einen solchen."

Louis, der ihr anfangs nur sehr zerstreut zugehört hatte, stieß das Glas heftig von sich.

"Weshalb erzählst du mir das?"

"Weil ich heute nacht einen seltsam schönen Traum hatte, Sire", sie sah ihn zärtlich an, "und weil ich weiß, daß Euer Majestät an Träume geliebter Personen glauben!"

"Erzähle, Jeanne!"

"Wir ritten zusammen ins offene Land. Niemand sonst, wir beide allein. Es war ein Frühlingsmorgen, hell und lachend, wie der heutige es war. Von fern ragten Kreuze auf, golden in der Sonne funkelnd. Sie griffen nach meiner Hand, Sire, und sagten fröhlich: 'Komm, Jeanne, wir reiten geradeswegs auf den Kirchhof zu. Das Leben ist schön, wir sind jung, sind glücklich, der Tod kann uns nichts anhaben.' Wir zogen die Zügel straffer und sprengten dahin, daß Sand und Rasen hinter uns aufflogen. Wir hielten an der Kirchhofsmauer. Drei offene Gräber! Majestät erschraken einen kurzen Augenblick. Aber kaum, daß das Auge Euer Majestät die Gräber getroffen, schlossen sie sich wie durch einen Zauber. Tausend bunte Blumen überblühten die kahlen Stätten und leuchteten wie das Leben selbst in der goldenen Morgensonne."

Des Königs Augen strahlten. Mut, neue Lebenshoffnung stand darin. Er riß das junge Weib an sein Herz.

“Meine Jeanne, meine geliebte Jeanne, was du sagst, muß ja Wahrheit werden. Komm, wir wollen glücklich sein, weil das Leben so schön, der Tod so weit ist.”

Er hielt sie an sich gepreßt. Sie machte sich sanft von ihm los.

“Und mein Kummer, Sire! Soll mir für den kein Trost werden?”

“Jeder, den du haben willst!”

Er schlang seinen Arm um sie, sie ins Nebengemach aufs Ruhelager zu führen, sie aber widerstrebte und sah ihn traurig an.

Sie hob die Hände zu ihm auf mit einer Gebärde, die sie unwiderstehlich machte.

“Mir ist ein großes Unglück widerfahren, Sire. Mir droht Gefahr, vor der nur Euer Majestät mich schützen können.”

“Gefahr?” Er rief es erschreckt.

“Mein Gatte ist zurückgekommen. Er tobt vor Eifersucht und Wut. Er will mir ans Leben. Er will mich Euer Majestät mit Gewalt entreißen. Ach, was will er nicht!”

Sie sank, am ganzen Leibe bebend, schluchzend an seine Brust.

Einen Augenblick lang war ihm sehr unbehaglich zumute gewesen.

Kaum daß er aufgeatmet, drohte neues Unheil!

Sobald er den jungen, geliebten Leib aber wieder an seiner Brust fühlte, empfand er nur den einen Wunsch, Jeannes Kummer so rasch als möglich ein Ende zu machen.

“Ich kann nicht wieder nach Hause!” schluchzte sie.

“Komm, beruhige dich, mein Kind. Du bleibst heute nacht schon in Versailles. Verläßt es niemals wieder. Du schläfst wieder in deinen Gemächern. Ayen soll alles ordnen. Ich bin bei dir. Ich beschütze dich. Dein Mann erhält morgen meine königliche Weisung, daß er unverzüglich in die Scheidung von dir zu willigen hat.”

Sie küßte seine Hand.

“Dank, heißen Dank, Sire. Nie werde ich diese Stunde vergessen.” Dann seufzte sie tief. “Nur eines, eines möchte ich vergessen.”

“Was denn, mein Kind?”

“Den Namen, den ich mit dem Verhaßten gemeinsam trage.”

Louis wurde ungeduldig. Heiß drängte sein Blut.

“Auch dafür wird sich Rat finden. Der Name d’Étioles sei ausgelöscht durch einen neuen Namen, einen neuen Rang.”

Jeanne jubelte. Erreicht! Die erste Staffel zu Glück und Größe erreicht!

Sie warf sich ihm stürmisch in die Arme. Ihre Küsse und Liebkosungen waren nie so heiß und aufrichtig gewesen als in dieser Nacht.

Sechstes Kapitel

In den letzten Tagen des schon beinahe sommerlichen April, die Jeanne fast ausschließlich allein oder in der Gesellschaft des Königs auf den Dachgärten von Versailles zubrachte, erhielt sie zwei Briefe, die sie ebenso beglückten, als sie ihren Stolz hoben.

Der erste, den ein Bote schon in aller Morgenfrühe, kaum daß sie sich vom König getrennt hatte, brachte, kam von Onkel Tournehem. Wieder und wieder las sie die Schrift:

Mein liebes Kind,
ich freue mich, Dir meine wärmsten Glückwünsche entbieten zu können. Wie ich auf indirektem Wege vom Herzog von Luynes erfahre, steht es außer jedem Zweifel, daß der König über das Marquisat von Pompadour für Dich verhandelt und Dir der Name des Marquisats bestimmt ist. Die Besitzung soll 10 bis 12.000 Livres Rente tragen. So wird denn mit diesem großmütigen Akt des Königs Dein bürgerlicher Name, der Dir zuletzt so viel Kummer bereitet hat, auf alle Zeiten getilgt sein. Im übrigen kann ich Dir mitteilen, daß es eine Partei in Paris gibt, die Deiner Abkunft und der bürgerlichen Wahl des Königs durchaus nicht gram ist. Das Urteil des berühmten, sonst so bissigen Advokaten Barbier

über diesen Punkt dürfte Dir nicht uninteressant sein, meine liebe Jeanne.

Barbier sprach sich kürzlich in größerer Gesellschaft darüber aus, daß diese Madame d'Étioles wohlgebildet und äußerst hübsch sei, vortrefflich singe, hundert lustige Liedchen könne, wunderschön reite und alle mögliche Bildung genossen habe, ohne auf den geringsten Widerstand zu stoßen.

Du siehst also, daß Du die Dinge viel zu schwer genommen hast, und daß es Personen von Bedeutung gibt, die Deine Vorzüge auch als Madame d'Étioles zu würdigen wissen. Und nun nochmals meinen Glückwunsch, liebe Jeanne, von dessen Aufrichtigkeit Du ohne weiteres überzeugt sein wirst.

Der zweite Brief kam von Voltaire, von dessen vorübergehender Anwesenheit in Paris Jeanne nichts gewußt hatte.

Nach dem Souper, bei dem der König keinen Anstand mehr nahm, die Geliebte seiner nächsten Umgebung vorzustellen, und an dem heute Richelieu und Ayen, die Herzöge von Boufflers und Luxembourg und die Hofdame Maria Rafaelas, Madame de Bellefonds, teilgenommen hatten, wurde Jeanne der Brief Voltaires überreicht.

Sie erbrach das Schreiben, das Verse über Cäsar und Kleopatra enthielt, erst in ihrem Schlafzimmer.

Nachdem sie gelesen, lehnte sie lange am offenen Fenster. Berauscht sog sie die warme Frühlingsluft ein. Trunkenen Auges blickte sie über die dunklen Gärten von Versailles. Siegesgewiß hob und senkte sich ihre Brust. Nichts schien ihr in diesem hochgeschwellten Augenblick unerreichbar.

Voltaire aber schrieb:

Ich bin überzeugt, Madame, daß es in Cäsars Tagen keinen jansenistischen Frondeur gegeben hat, der zu tadeln gewagt hätte, was alle braven Leute entzücken muß, und daß die Geistlichen in Rom keine fanatischen Dummköpfe gewesen sind. Davon hätte ich Sie zu unterhalten gern die Ehre gehabt, ehe ich aufs Land gehe. Ich nehme an Ihrem Glück mehr Anteil, als Sie glauben, und vielleicht gibt es in Paris niemand, der herzlicheren Anteil nimmt. So spreche ich nicht etwa als alter, galanter Schmeichler der Schönen, sondern als guter Bürger, und ich bitte Sie um die Erlaubnis, Ihnen in Étioles oder Brunoi im Mai ein paar Worte sagen zu dürfen. Lassen Sie mich gütigst wissen, wann und wo. Ich bin, Madame, mit Hochachtung vor Ihren Augen, Ihrer Gestalt und Ihrem Geiste

Ihr ergebenster und gehorsamster Diener.

Nachdem der König und die Damen sich zurückgezogen hatten, waren die Herren noch zusammengeblieben. Sie schritten in dem langen Taxusgang oberhalb der Orangerien, lebhaft disputierend, auf und ab.

Mit leichter Selbstironie meinte Ayen, daß er und Richelieu wohl oder übel zum Rückzug blasen müßten. Es scheine doch, daß die Partei der Mirepoix und La Vallière im Recht sei. Das in der Luft schwebende Marquisat und etliche andere Anzeichen deuteten darauf hin.

"Ja", meinte Richelieu, "falls der Krieg nicht einen Strich durch die Rechnung macht."

“Denkt der König daran, jetzt nach Flandern zu gehen?”

“Ob es ihm, wie die Dinge hier liegen, besondere Freude macht, bezweifle ich. Aber er wird nicht anders können. Er hat dem Marschall von Sachsen sein königliches Wort gegeben, sich persönlich an die Spitze der Truppen zu stellen, sobald die Situation es erfordert.”

“Wenn ich nicht irre, sollte der Laufgraben vor Tournay zuvor eröffnet sein?” fragte Boufflers. “Nach den neuesten Nachrichten ist es bereits der Fall.”

“Und der Dauphin wird den König begleiten, sich von seinem jungen Eheglück trennen?”

Richelieu zuckte die Achseln.

“Der König hat sein und des Dauphins Kommen zur Armee zugesagt, und er pflegt sein Wort zu halten.”

“Ihre Hoheiten die Dauphine, die Königin, die Prinzessinnen werden außer sich sein. Zweifellos wird Maria Leszinska den König mit Tränen beschwören, den Dauphin zurückzulassen, das Leben des Prinzen nicht mit dem eigenen zugleich aufs Spiel zu setzen. Frankreich nicht möglichenfalls des Herrschers und des Thronfolgers zu berauben.”

Leise rund spöttisch meinte Ayen: “Wir wissen ja, was der König auf die Vorstellungen Maria Leszinskas zu geben pflegt.”

Wirklich kam es, wie Richelieu vorausgesagt. Der Bericht des Marschalls, der Anfang Mai in Versailles eintraf, war durchaus dazu angetan, den König zu sofortigem Aufbruch zu drängen.

Ein Teil der französischen Armee, unter dem persönlichen Befehl Moritz' von Sachsen, belagerte Tournay. Das Heer der verbündeten Engländer, Holländer, Hannoveraner und Österreicher rückte unter dem Kommando des Herzogs von Cumberland aus dem Lager von Brüssel zum Ersatz heran. Der Marschall wurde dazu gedrängt, mit dem größten Teil seines Heeres südöstlich von Tournay eine Stellung zu nehmen, deren rechter Flügel sich an die Schelde lehnte. Er hielt den König dazu ausersehen, sich mit dem Dauphin zu dem Teil der Armee zu begeben, der Fontenoy, vor der Mitte der Front gelegen, stark befestigte.

Moritz von Sachsen drängte zur Eile. Das Einsatzheer schloß die Belagerer so eng ein, daß ein Angriff jeden Augenblick zu erwarten war.

Die Abreise des Königs und des Dauphins sollte in aller Frühe des 6. Mai erfolgen.

Der König wollte seinen Abschied von Jeanne am voraufgehenden späten Nachmittag nehmen. Er hatte ihr sagen lassen, ihn in ihrem Boudoir zu erwarten. Die abgelegenen Gemächer der Mailly, die sie bewohnte, gaben während der herrschenden Aufregung in Versailles die einzige Sicherheit vor Störungen.

Louis war sehr bewegt. Der Abschied von dem leidenschaftlich geliebten Weib ging ihm nahe zu Herzen.

Er hatte daran gedacht, sie mit nach Flandern zu nehmen wie die Châteauroux, die im vorigen Sommer der Armee gefolgt war. Schweren Herzens unterdrückte er diesen Wunsch. Er hätte in diesem Fall den Dauphin zurücklassen müssen.

Er war Jeanne dankbar, daß sie bisher ein Verlangen, ihn zu begleiten, nicht ausgesprochen hatte, ihn nicht in Versuchung geführt hatte.

Würde sie es heute, in der Abschiedsstunde, tun? Er wußte nicht, ob er es wünschen oder fürchten sollte. Beides würde seine schwache Natur in einen neuen Kampf stürzen.

Und doch wollte er stark bleiben, wollte Moritz von Sachsen sein königliches Wort halten, mit dem Dauphin zu rechter Stunde in Flandern einzutreffen.

Jeanne hatte den König nicht so zeitig erwartet. Sie saß an ihrem Arbeitstisch nahe dem offenen Fenster, den Stichel in der Hand, eifrig mit einer Gravüre beschäftigt, die sie Boucher nächsten Tages zur Begutachtung vorlegen wollte. Sie bemerkte des Königs Kommen nicht gleich.

Er blickte über ihre zarten Schultern fort auf die feinen, schönen Hände, die den Stichel über die Kupferplatte führten.

Mein Gott, wie sehr würde er sie entbehren, diese geliebten, kosenden Hände, das kluge Auge, das jetzt ganz hingegeben an der Arbeit hing, den schlanken, geschmeidigen Körper, der sich über den Arbeitstisch beugte.

Er griff sie bei den Schultern und zog sie zu sich hinauf. "Jeanne, meine Jeanne", sagte er leidenschaftlich, "ich bin gekommen, Abschied zu nehmen, für lange, vielleicht für immer!"

"Oh, Sire, wer wird so schwarz sehen!"

"Der Tod lauert überall, im Kriege am nächsten und tückischsten."

Sie legte ihre Arme liebkosend und tröstend um seinen Hals.

“Haben Sie meinen Traum vergessen, Sire?”

Er schüttelte den schönen Kopf. Seine Augen blickten sie mit zärtlicher Melancholie an.

“Wie könnte ich je etwas vergessen, meine Jeanne, was von dir kommt! Wenn nur diese entsetzliche Trennung nicht wäre!”

Er wartete, ob sie die Bitte aussprechen würde, ihn begleiten zu dürfen. In diesem Augenblick, da er sie zum Abschied im Arm hielt, hätte er den Dauphin ohne Besinnen in Versailles zurückgelassen. Mochte er die Kriegskunst bei anderer Gelegenheit erlernen!

Aber Jeanne sprach keinen Wunsch, sprach keine Bitte aus. Sie tröstete nur und sprach von Siegen, die seinen Kriegsruhm mehren würden.

In seinen Augen standen Tränen.

Warum bat sie nicht?

Wurde die Trennung ihr so leicht? Andere Frauen hatten geweint, gefleht, wenn er Abschied genommen.

Sie küßte ihm die Tropfen aus den Augen.

“Hier, sollen keine Tränen fließen, Sire! Ist es nicht genug, daß die Königin Euer Majestät mit Tränen und Jammer und Klagen quält? Ich möchte Euer Majestät niemals Jammer, stets nur Zuversicht, Kraft, Mut und einen unerschütterlichen Glauben an sich selbst bringen.”

Er sah sie bewundernd an. Wie stark sie war, wie in sich gefestigt bei all ihrer holden Jugend! Wie voll sprühenden Lebens!

Hätte er solch ein Weib unter seinen Nächsten gehabt! Unendlich viel mußte sie ihm ersetzen!

Er zog sie neben sich auf die kleine Ruhebank unter dem Fenster. Ihre Hände zwischen den seinen sprach er auf sie ein.

"Du wirst bei mir sein und bleiben, wenn auch nur im Geiste, Tag für Tag. Ich muß immer wissen: 'Meine Jeanne denkt an mich', dann wird der Sieg nicht fehlen. Du wirst mir schreiben, jeden Tag. Ich werde dir Nachricht geben, sooft ich irgend kann. Und nun höre, mein Kind, ich habe alles reiflich überlegt; du wirst morgen gleich nach mir Versailles verlassen und nach Étioles fahren. Dort wird dich niemand stören, niemand dir auch nur den leisesten Kummer bereiten. Hier oder in Fontainebleau stehe ich, wenn ich fern bin, nicht dafür ein."

"Es war auch mein Wunsch, nach Étioles zu gehen, Sire."

Der König lächelte schwach.

"Deine Wünsche sind immer vernünftig, mein Herz, zuweilen zu vernünftig!"

Er seufzte gepreßt.

"Ich möchte nicht, daß du während meiner Abwesenheit viel Leute um dich siehst. Ich will nur erprobte Freunde um dich wissen. Dein Kind, deine Eltern, dein Bruder, Herrn von Tournehem und wer sonst; mit Ausnahme Herrn d'Étioles, zur Familie gehört. Ayen wird dann und wann nach dir sehen. Bernis mag ein paar Wochen auf deinem Landsitz zubringen. Ich habe es ihm schon angedeutet. Er ist ein honetter Mensch und ein guter Gesellschafter. Ebenso Monsieur de Gontaut. Beide mögen dich ein wenig in die Geheimnisse des Hoflebens einweihen. Wenn du mit Boucher weiterstudieren willst oder er an einem Porträt von dir malen möchte, um so besser. Auch gegen Voltaire habe ich nichts, schon darum, weil sein Besuch die Königin und den Dauphin ärgern wird. Der lange, häßliche Kerl wird meiner Jeanne nicht gefährlich werden, ebensowenig Fontenelle.

Liebenswürdige und standesgemäße Damengesellschaften magst du dir nach eigenem Belieben aussuchen. Langeweile sollst du nicht haben, nur Zeit genug, dich nach mir zu sehnen."

"O Sire, was und wer könnte sich zwischen mich und meine Sehnsucht stellen?"

Eine Uhr schlug sieben. Der König fuhr auf. Er hatte um diese Stunde den Ministerrat befohlen.

Er riß sie an sich und küßte sie, daß der Atem ihr versagte. Zum letzten Mal! Zum letzten Mal!

"Meine Jeanne, mein Kind, mein süßes Weib!"

Mit weißem Gesicht und traurigen Augen stand sie vor ihm. Auch ihr wurde der Abschied schwer. So, wie sie lieben konnte, liebte sie diesen Mann, gab ihm von ihrer Seele, ihrem Herzen, was sie zu geben hatte, hing an ihm, wie sie an keinem Manne noch gehangen.

"Wie blaß du bist! Schone dich! Pflege dich! Liebe mich!"

Eine lange Umarmung. Ein langer, heißer Kuß. Dann war er gegangen.

In Étioles duftete der Flieder, blühten die Rosen, hing

der Jasmin in schweren, weißen Blüten, schlugen Fink und Nachtigall.

Jeanne hatte die kleine Alexandra über die mit weißen, gelben, roten und blauen Blumen bunt durchstickten Wiesen getragen. Sie war mit dem Abbé Bernis, der gestern abend gekommen war, plaudernd zwischen den alten Kastanien hinter dem Schlößchen auf und nieder geschritten. Sie hatte dem Gärtner aufgetragen, frische Sträuße für die Zimmer zu schneiden. Sie hatte die Mutter, die mehr Unruhe ins Haus brachte, als Jeanne erwünscht war, mit Bruder Abel auf eine Spazierfahrt geschickt.

Jetzt saß sie in ihrem luftigen weißen Morgenkleid, eine zartrosa Rose im Haar, vor ihrem Schreibtisch.

Ihre schönen Hände spielten mit dem Brief des Königs, den der Kurier heute morgen aus dem Felde gebracht hatte.

Lächelnd hing ihr Auge an dem Siegel mit den galanten Emblemen und der Umschrift "Discret et fidèle".

Ja, er war ihr treu, heute noch war er ihr treu!

Ihr Gesicht wurde ernst und nachdenklich. Würde er es bleiben? Oder würde, wie nach der Mailly die Vintimille, und nach der Vintimille die Châteauroux auch nach ihr, der Pompadour, wie sie sich im geheimen schon nannte, eine folgen, die über des Königs Neigung zu ihr Macht gewann, sie verdrängte, ihn ihr raubte?

Jeanne war aufgesprungen. Einen Augenblick lang hatte heiße Angst sie gepackt.

Gleich darauf atmete sie wieder auf. Nein, niemals durfte das sein! Und es würde nicht sein. Sie war aus anderem Holz geschnitten als diese drei Schwestern Nesle, sie hatte andere Ambitionen, andere Waffen, ihre Position zu verteidigen, auch dann noch, wenn die Zeit der heißen Leidenschaft des Königs vorüber sein würde.

Freilich durfte ihr ganzes Dasein nur das eine Ziel haben, den König zu halten, immer größere Macht, immer gefestigtere Herrschaft über ihn zu gewinnen.

Jeanne lächelte spöttisch. Wie wenig man sie doch kannte! Wie falsch man selbst in ihrer nächsten Umgebung die Gründe beurteilte, die sie leiteten!

Im Hôtel des Chèvres, in Versailles und jetzt in Étioles rühmte man sie dafür, daß sie nicht darauf bestanden, den König ins Feld zu begleiten, daß sie den ehrgeizigen Wunsch unterdrückt habe, Louis XV. möge sich bei dieser Gelegenheit öffentlich zu ihr bekennen.

Niemand wußte, daß sie diesen Wunsch niemals gehegt, daß sie im Grunde zufrieden war, Wochen, Monate vielleicht, sich selbst und dem Ausbau ihrer Zukunft leben zu können.

Des Königs Liebe würde durch die Trennung nur wachsen. Davon überzeugte sie jeder seiner Briefe.

Sie selbst bedurfte der Ruhe nach allen geistigen und körperlichen Strapazen der ersten Liebeswochen.

Étioles sollte ihr die Frische ihrer Schönheit wiedergeben. Sie war entschieden blaß und ein wenig müde geworden. Vor allem aber wollte sie die Zeit in Étioles nützen, die Gruppe der Philosophen, die sie nach und nach um sich zu versammeln dachte, eng an sich zu fesseln. Auf sie setzte sie die große Hoffnung zur Befestigung ihrer Macht.

Voltaires Brief, die Lobsprüche Barbiers hatten den ersten Anstoß zu dem Plan gegeben, den Jeanne zähe zu verfolgen gedachte. Sie wollte sich zur Beschützerin der Philosophen machen, ihnen die Bahn bereiten. Zum Dank dafür sollten sie ihre Macht stützen und befestigen helfen.

Jeannes Wangen brannten, ihre Augen leuchteten.

Was sollte sie im Felde? Hier gab es lohnendere Aufgaben!

Sie strich über das heiße Gesicht und machte sich daran, des Königs Brief ein zweites Mal aufmerksam zu lesen.

Über die Hälfte der Seiten nahmen seine leidenschaftlichen Liebesbeteuerungen, seine Sorge um sie, seine brennende Sehnsucht nach ihr ein.

Dann folgte eine Schilderung des Sieges von Fontenoy.

Lebhafter, als es sonst seine Gewohnheit war, beschrieb Louis den feindlichen Artillerieangriff, seine und des Dauphins Stellung, von der aus sie der ganzen Schlacht, von feindlichen Geschossen rings bedroht, beigewohnt hatten.

Er schilderte die rasche Wendung, die die Schlacht anfangs zugunsten der Feinde nahm, die Gefahr, jeden Augenblick vom Rückzug abgeschnitten zu werden, obwohl der Marschall von Sachsen, dessen Führung das höchste Lob gebührte, alle Vorsichtsmaßregeln gegen einen vereitelten Rückzug getroffen hatte.

"Mitten im Getümmel, in der furchtbaren Erregung der Niederlage", fuhr der König fort, "hatte der Marschall mit bewunderungswürdiger Kaltblütigkeit den Plan zu einem neuen Angriff entworfen. In seinem leichten, von vier Grauschimmeln bespannten Korbwägelchen, seiner berühmten 'Wiege', fuhr er die Front der Truppen entlang, machte den Soldaten neuen Mut und ermahnte sie daran, daß sie unter den Augen ihres Königs kämpften. Ich will Dich nicht mit den Details der Schlacht langweilen, die nichts für ein schönes Frauenauge wie das meiner Jeanne sind, genug, daß Moritz von Sachsens Plan, die siegesgewisse Kolonne von allen Seiten zugleich anzugreifen, endgültig zu einem vollen, glorreichen Sieg führte -"

Der Schlachtbericht, den der König durch einen Pagen nach Versailles an die Königin sandte, lautete ungleich lakonischer:

Auf dem Schlachtfelde von Fontenoy
am 11 Mai, halb drei Uhr

Der Feind griff uns heute früh fünf Uhr an. Er wurde gänzlich geschlagen. Mir geht es gut und meinem Sohne auch. Ich habe keine Zeit, Ihnen mehr davon zu sagen; es reicht, glaube ich, hin, Versailles und Paris zu beruhigen. Sobald ich kann, schicke ich Ihnen Näheres.

Liebevoller klang der Brief des Dauphin.

Liebe Mama!
Ich beglückwünsche Sie von ganzem Herzen wegen des Sieges, den der König soeben gewonnen hat. Er befindet sich Gott sei Dank vortrefflich, ich auch, ich hatte immer die Ehre, ihn zu begleiten. Ich werde Ihnen heute abend oder

morgen mehr darüber schreiben, und ich schließe mit der Versicherung meiner Ehrerbietung und meiner Liebe.

Ludwig.

Ich bitte Sie, meine Frau und meine Schwestern bestens zu grüßen.

Beide Briefe waren auf der Unterlage von Trommeln geschrieben worden.

Jeanne beantwortete die lange Epistel des Königs nur kurz mit einem warmen, aufrichtigen Glückwunsch für den Sieg und das fernere Kriegsglück des Königs. Sie schloß mit den Worten:

"Ich habe keinen heißeren Wunsch, Sire, als Euer Majestät nach einem raschen und glorreichen Ausgang des Krieges wieder in meine Arme schließen zu dürfen."

Dann ging sie aufs neue an ihr Tagewerk.

Voltaire war in Étioles ganz in seinem Element. Nichts war ihm Fremdland dort. Schon im ersten Jahr von Jeannes Ehe war er ein willkommener Gast des Schlosses gewesen.

Er machte Jeanne nach allen Regeln der Kunst den Hof und konnte sich an Schmeicheleien nicht genugtun. Seine Huldigungen galten nicht nur dem in der Luft schwebenden Marquisat, sondern einer Gunst, die er kurz zuvor von ihr erbeten, und die er hoffte, sich in Étioles verwirklichen zu sehen.

Es galt die Ämter eines königlichen Kammerherrn und eines Hofhistoriographen. Beides waren gut dotierte Stellungen, die Voltaires Ehrgeiz ebenso wie seine Gewinnsucht lockten.

Gleich nach seiner Ankunft hatte Madame d'Étioles ihrem alten Freunde beglückende Hoffnungen auf Erfüllung seiner Wünsche gemacht, ja mehr als das, sie ließ durchblicken, daß ein Sitz in der Akademie, nach dem er schon lange vergebens getrachtet, ihm so gut wie sicher sei.

Was Wunder, daß der Philosoph dem Herzog und der Herzogin von La Vallière, von deren Schloß er nach Étioles gekommen war, schrieb, er würde seinen Aufenthalt in Étioles wichtiger Dinge halber auf unbestimmte Zeit ausdehnen.

Die "wichtigen Dinge" bestanden zunächst darin, die Herrin von Étioles, in deren schönen Händen er vorausblickend Frankreichs Schicksal liegen sah, vollkommen zu kaptivieren, sie von der Gesellschaft ihrer übrigen Gäste so viel als möglich abzuschneiden.

Die lebendige Beweglichkeit, die gefällige Anmut seiner geistreichen Unterhaltung machten ihm seine Aufgabe nicht schwer.

Jeanne ließ nichts davon merken, wie sehr Voltaires ausschließliche Beschäftigung mit ihrer Person ihren eigenen Plänen entgegenkam.

Sie selbst sprach bei diesen Unterhaltungen wenig, merkte aber um so aufmerksamer auf alles, was Voltaire sagte. Ihr scharfer Verstand, ihr vorzügliches Gedächtnis faßten und hielten fest, was ihr für heute und zukünftig von Wert und Wichtigkeit dünkte.

Was ihr überflüssig schien, stieß sie von sich ab. Wenn Voltaire bei den Mahlzeiten mit seinem betäubenden Wortschwall, in der bei den Jesuiten erlernten blühenden

Rhetorik ihre Gäste mit den Erzählungen seiner Erfolge berauschte, wenn er in seiner witzigen Bosheit bekannte Personen glossierte, Pariser Klatsch schonungslos zum besten gab, schaltete Jeanne ihre Aufmerksamkeit zuweilen gänzlich aus.

Unter vier oder sechs Augen aber - Bernis war häufig der Dritte im Bunde - verstand sie es geschickt, Voltaire von seinen Schmeichelkünsten sowohl als von seinen spielerischen Spötteleien abzulenken und ihn auf ein Gebiet zu drängen, das dem ihres ehrgeizigen Wissensdurstes näher stand: auf seine politischen und philosophischen Ansichten.

Eines seiner Lieblingsthemen war das Verhältnis der Fürsten zu Priester und Volk.

"Die Fürsten sollten sich nicht auf die Geistlichen, sondern auf die Philosophen stützen", so begann Voltaire mehr als eine seiner Diskussionen, die er zumeist in Monologform kleidete.

Bernis nahm es nicht übel, wenn der Scharfzüngige bei solchen Gelegenheiten gegen die Geistlichkeit die blänksten und schärfsten seiner Waffen zog und mit schneidender Ironie gegen die Priester losbrach. Und Voltaire genierte sich nicht vor dem Abbé, schwarz schwarz zu nennen, wenn er es dafür hielt, und weiß weiß.

"Die Philosophen werden den Fürsten einmal alles das wieder verschaffen, was ihnen die Priester gestohlen haben, aber die Fürsten werden darum doch die Philosophen in die Bastille schicken, wie wir die Ochsen schlachten, die unsere Äcker bearbeitet haben", pflegte der Philosoph zu sagen und der Priester, der im Grunde seiner Seele kein Priester war, widersprach ihm nicht.

Bernis hatte den geistlichen Stand mehr aus Not denn aus Überzeugung erwählt. Unter den dürftigsten Verhältnissen aufgewachsen, hatte er einen alten Namen, alte Traditionen zu hüten. Die meiste Aussicht auf ein rasches Emporkommen, das er mit allen Fibern anstrebte, bot ihm der geistliche Stand. Die Priesterweihe hatte er nicht empfangen, weil er ohne Rückhalt zugestanden, daß er den Beruf dazu nicht in sich fühle.

Zuweilen auch, wenn sie zu dritt durch den Park von Étioles schritten, hörte Bernis kaum auf das, was Voltaire sprach. Seine Augen hingen dann verstohlen an Jeanne, die von der Leidenschaft, die in unbewachten Momenten in ihm loderte, noch nie etwas bemerkt zu haben schien.

Bernis huldigte dem wundervollen Weibe, das er im stillen anbetete wie Voltaire es tat.

Aber so hoch die Wünsche des Abbés nach einer raschen, glänzenden Karriere sich auch verstiegen, in der künftigen Marquise von Pompadour sah er im geraden Gegensatz zu Voltaire keine Sprosse zu seinem künftigen Ruhm, sondern einzig das schöne Weib, das er insgeheim vergötterte, um das er den König brennend beneidete.

Zwei Huldigungsgedichte zugleich flogen an einem dieser blaugoldenen Frühlingstage in Étioles, zwischen duftige Rosen versteckt, in Jeannes Hand.

Voltaire sang:

Sincère et tendre Pompadour,
(Car je peux vous donner d'avance

Ce nom, qui rime avec l'amour
Et qui sera bientôt le plus beau nom de France)
Ce tockai, dont Votre Excellence
Dans d'Étioles me régala,
N'a-t-il pas quelque ressemblance
Avec le Roi, qui le donna?
Il est, comme lui, sans mélange;
Il unit, comme lui, la forte et la douceur
Plaît aux yeux, enchante le cœur,
Fait du bien et jamais ne change.

Jeannes Lippen schürzten sich zu einem kleinen ironischen Lächeln, als sie die Verse ihres alten Freundes las. Sie waren ganz Voltaire. Liebenswürdig berechnende Schmeichelei für den König und sie, in der nicht zu verkennenden Absicht niedergeschrieben, daß sie das Gedicht dem König in die Hände spielen und somit die allerhöchste Gunst aufs neue auf den Dichter lenken möge. Einstweilen verschloß Jeanne die Verse zu anderen wichtigen Papieren in ein geheimes Fach. Vielleicht kam einmal eine Stunde, wo sie sie würde brauchen können.

Bernis' Gedicht, das nur die Schönheit des Weibes besang, war um vieles zarter gehalten. Jeanne wußte recht gut, daß der schöne junge Mensch eine heftige Leidenschaft zu ihr gefaßt hatte. Aber sie stellte sich blind und taub. Keinen Schritt weit durfte sie abweichen von dem gesteckten Ziel, des Königs Liebe in nichts zu gefährden, seiner stets wachen Eifersucht auch nicht den Schatten einer Beunruhigung zu geben.

Und doch trat ein sanftes Licht in ihre unergründlichen Augen, als sie Bernis' Rosen in der Hand hielt und seine Verse las.

Ainsi qu'Hébé, la jeune Pompadour
A' deux jolis trous sur sa joue,
Deux trous charmants, où le plaisir se joue,
Qui furent faits par la main de l'amour.
L'Enfant ailé sous un rideau de gaze
La vit dormir, et la prit par Psyché.

Siebentes Kapitel

Graf Bussy, einer der elegantesten jungen Lebemänner des Pariser Adels, saß mit seinen Freunden auf der weinumrankten Terrasse seines kleinen versteckten Landhauses beim Spiel.

Der Comte Jourdain, seiner raschen, zappligen Bewegungen und seines affenartig zugeschnittenen Gesichtes halber "le singe" genannt, schob ungeduldig die Karten beiseite.

"Kommt die kleine Loulou heute nicht?" fragte er seinen Gastgeber. "Das Spiel fängt an, langweilig zu werden, ohne Weiber."

Die anderen lachten. Sie kannten die unersättliche Passion Jourdains für alles, was raschelnde Seidenröcke trug.

"Du wirst dir heute schon an uns genügen lassen müssen, mein lieber Jourdain. Loulous Tag war gestern."

"Und morgen, Bussy?" fragte der kleine Grevin mit zynisch wissendem Lächeln.

Bussy legte den Finger auf den Mund.

"Aha! Morgen ist der Tag der grande dame bei verschlossenen Türen und verhängten Fenstern! Ein unerhörtes Glück hat er bei den Weibern, dieser Bussy", knirschte Jourdain bissig.

"Du kennst sie ja gar nicht, seine grande dame; woher

willst du wissen, daß sie ein Glück ist", rief der lange Épinay, Sekretär im Staatsministerium und Intimus Bussys.

"Ich wette, es ist die blonde Frau des -"

"Pst", machte Bussy ärgerlich. "Keine Indiskretionen, wenn ich bitten darf! Wir müssen heute doppelt vorsichtig sein."

"Weshalb, wenn man fragen darf?"

"Eine große Neuigkeit, meine Freunde. Ich erwarte noch einen Gast, der empfindsam ist wie ein junges Klosterfräulein. Die reine Mimose. Ratet einmal!"

Sie zuckten die Achseln, einer nach dem anderen. Empfindsam? Mimose? Wer konnte das sein? Keinesfalls einer ihres Kreises.

"Ich will euch auf die Spur helfen. Es ist der Gatte einer Frau, die bald die meistgenannte Frau Frankreichs sein wird, wenn sie es nicht heute schon ist."

"Charles Guillaume d'Étioles!"

Sie riefen es wie aus einem Munde.

"Bah! Er ist noch nicht hier, und er wird schwerlich kommen, dieser Trauerkloß, dieser jämmerliche", spöttelte Jourdain.

"Es ist kein Spaß, wenn einem so mir nichts dir nichts die Frau fortgestohlen wird, noch dazu eine so schöne Frau!" rief Graf Saint Enghien, der schlimme Erfahrungen im Punkt der Ehe gemacht hatte.

"Wenn der König einem die Frau fortnimmt, ist es ein Spaß und mehr als das. Und darüber wollen wir dem guten d'Étioles heute die Augen öffnen", rief Bussy. "Dummer Kerl, der er ist! Anstatt seinen Vorteil aus der Affäre zu ziehen, sitzt er und flennt und möchte sich am liebsten ans Leben! Aber seht! Ich glaube wahrhaftig, er kommt."

Sie waren alle aufgestanden und die Stufen der Terrasse in den kleinen verwachsenen Weingang hinuntergeeilt, der von der Straße zum Hause führte. Wahrhaftig, es war d'Étioles, der da in gedrückter Haltung, widerwillig fast, auf Bussy zukam, der ihm entgegenging.

Die meisten der jungen Leute kannten ihn, aber alle nur obenhin und aus der Zeit vor seiner Ehe mit Jeanne Poisson. Seit seiner Verheiratung hatte er sich von diesem Kreise, dem man in Paris den Spitznamen "la société des viveurs" gegeben hatte, völlig ferngehalten. Eigentlich gehörte er ja auch nicht zu ihnen, dieser Bourgeois, aber da er ein gutmütiger, anständiger Kerl war, der neben seinen Vorzügen eine offene Hand hatte, hatten sie eine Ausnahme mit ihm gemacht.

Mit schwer verhehltem Spott begrüßten sie den neuen Gast, den Bussy nur mit Gewalt am Umkehren verhindern konnte.

Jourdain streckte ihm als erster seine langfingrige Hand entgegen. Indem er sich mit gemachter Ehrerbietung vor ihre verbeugte, sagte er:

"Herr Generalpächter, ich habe die Ehre, Ihnen meine ergebensten Glückwünsche darzubringen."

Charles Guillaume sah den Spötter verständnislos an.

Bussy kam d'Étioles zu Hilfe.

"Le singe gratuliert Ihnen zu der Ehre, die Ihnen widerfahren ist."

"Eine Ehre - mir?" stöhnte der gebrochene Mann.

“Ist es etwa keine Ehre, wenn der König, dessen subtilen Geschmack man kennt, sich gerade Ihre Frau zur Mätresse wählt?” rief der kleine Grèvin voll ehrlicher Überzeugung.

D’Étioles machte eine Bewegung, als ob er dem Kleinen an die Gurgel wollte. Bussy hielt ihn zurück und sagte liebenswürdig:

“Lieber Freund, es gibt wirklich verschiedene Ansichten über diesen Punkt. Lassen Sie endlich Ihren Bourgeois-Standpunkt fahren. Sie blieben rückständig, wenn Sie den unsrigen nicht annehmen wollten. Parole d’honneur, wir meinen es gut mit Ihnen.”

D’Étioles, noch immer betäubt und verwirrt von dem jähen Schicksalsschlag, der ihn betroffen, wußte nicht, was er aus alledem machen sollte.

Willenlos ließ er sich von Bussy zu dem Tisch führen, an dem die anderen nach und nach wieder Platz genommen hatten, und sich den Kristallkelch mit Champagner füllen. Willenlos setzte er ihn an die Lippen und trank ihn in raschem Zuge aus. Und noch einmal und zum drittenmal. Er fühlte, daß ihm leichter wurde, daß der Schmerz, der wie ein erdrückender Alp auf seiner Seele lag, sich mählich um ein Geringes zu lösen schien.

Wirklich, sie schienen es hier gut mit ihm zu meinen! Sie nannten ihn nicht “Bestie”, wie Madame Poisson es tat, wenn der Schmerz ihn rasend machte, sie predigten ihm nicht Vernunft und abermals Vernunft wie der Onkel.

Wenn er nur verstanden hätte, was sie eigentlich von ihm wollten. Ihm anrieten.

Alle zusammen sprachen sie auf ihn ein. Worte wie:

"Vorteile wahrnehmen, Verzicht hoch bezahlen lassen" schlugen unverstanden an sein Ohr.

"Einer nach dem anderen", rief Bussy endlich. „Ihr macht den armen Jungen ja ganz verdreht.

"Also rede du!"

"Ja, Bussy soll es ihm klarmachen."

"Sie sind doch am Ende Generalpächter, d'Étioles", hänselte le singe, das Wort wieder an sich reißend, "wenn Sie auch bei der Pachtsumme, die Sie dem Staate zahlen müssen, nicht gerade fett dabei werden, so bleibt es doch eine Stellung, gegen die Sie Verpflichtungen haben."

Das Wort Generalpächter ging d'Étioles wie ein Stich durchs Herz. Nicht zum erstenmal dachte er, daß das Amt eines Generalpächters es gewesen, das ihm die Frau gekostet! Hätte Jeanne diese Erhöhung nicht persönlich beim König durchgesetzt, wer weiß, ob Louis XV. sein Weib jemals kennen gelernt hätte!

Der Gastgeber füllte Charles Guillaume fürsorglich den Kelch aufs neue, ehe er zu sprechen begann.

Auch dann zögerte Bussy noch. Es blieb eine mißliche Sache, die Empfindungen und Ansichten eines Menschen wie Charles Guillaume d'Étioles binnen Stundenfrist auf den Kopf zu stellen. Immerhin, man war es ihm schuldig, am meisten freilich sich selbst - nachdem man diesen Bourgeois nun einmal in seinen Kreis gezogen - ihn dem Sittenkodex der Noblesse zugängig zu machen.

"Mein lieber d' Étioles, ich denke, Sie sind überzeugt, wir alle meinen es gut mit Ihnen", begann Bussy zögernd.

Charles Guillaume nickte befangen.

“Seien Sie klug, befolgen Sie unseren Rat. Schließen Sie sich den Vorbildern an, die der Adel Frankreichs Ihnen gibt, der in dergleichen Beziehungen Hoch- und Höchstgestellter zu ihren Gattinnen keine Schande, sondern eine Ehre sieht und aus dieser Ehre reiche Vorteile an Stand und Vermögen zieht. Seien Sie kein Narr, d’Étioles. Gehen Sie hin und tun Sie desgleichen! Sagen Sie Louis XV.: ‘Mit allem schuldigen Respekt, Sire, Sie haben mir meine Frau genommen. Behalten Sie sie, aber geben Sie mir zum Ersatz einen Grafentitel, eine Stellung am Hof und nicht zuletzt ein Vermögen von -’”

In scheinbar eisiger Ruhe hatte d’Étioles bisher vor sich hingestarrt, während die anderen bewundernd an Bussys Lippen gehangen hatten. Ein Schrei, ein klirrender Laut störte die andächtigen Hörer auf. Charles Guillaume hatte bei Bussys letzten Worten den gefüllten Kelch ergriffen und ihn gegen den Sprecher geschleudert, daß ihm der Schaum ins Gesicht spritzte und das Glas klirrend neben ihm zu Boden fiel.

Weiß bis in die Lippen, hoch aufgerichtet stand Charles Guillaume da und maß sie, einen nach dem anderen, mit verzweifelten, verächtlichen Blicken.

Dann schritt er, ohne noch einmal umzusehen, die Stufen der Terrasse hinunter, durch den verwachsenen Weinweg auf die Straße zurück, die er von Paris gekommen war.

Zwei Wochen nachdem sein Neffe, schwerer noch niedergebrochen, als er ihn im Hôtel des Chèvres verlassen hatte, zu ihm auf sein kleines Landhaus in die Nähe von Paris gekommen war, traf Herr von Tournehem in Étioles ein.

Als Mitschuldiger an dem ehelichen Unglück Charles Guillaumes hatte er nichts unversucht gelassen, den Bedauernswerten, seit kurzem überdies noch schwer Verbitterten, zu trösten.

Das, was Charles von ihm erheischte, ihm Jeanne zurückzugeben, vermochte er freilich nicht für ihn zu tun.

Nicht einmal die gerichtliche Entscheidung, welche die Trennung der Gatten aussprach, hatte Tournehem aufzuhalten vermocht.

Am 16. Juni brachte Advokat Collin das ausgefertigte Urteil nach Étioles: Charles Guillaume verlor außer der Gattin die eingebrachte Mitgift von 30.000 Livres.

Jeanne atmete erleichtert auf. Auch dieser Stein war endgültig aus dem Wege geräumt!

Die Familie Poisson feierte in aller Stille ein kleines Freudenfest, bei dem Madeleine, die trotz der Landluft täglich elender wurde und zum Erbarmen hustete, gerührte Tränen vergoß, und François seinem Sohn Abel eine lange, geschwollene Rede hielt, deren Kernpunkt war, der Bruder möge der Schwester an Ehrgeiz und Zielbewußtsein nacheifern.

Voltaire, der von dieser väterlichen Ansprache hörte, dachte boshaft: "Vielleicht machen die Poissons ihren Sprößling zum Geliebten Madame Henriettes! Schön genug ist der Bengel für diesen Posten! Das wäre ein Bissen für Maria Leszinska, den ich der frommen Dame gönnte."

Aber der schlaue Fuchs hütete sich, seine Gedanken laut werden zu lassen. -

Auf eine Einladung Jeannes hatte Herr von Tournehem seine Nichte, Frau d'Estrades, mit aus Paris gebracht. Die junge Witwe, deren Gatte in der Schlacht von Dettingen gefallen, war die Schwiegertochter seiner Schwester Charlotte Lenormant und gehörte so zu der weiteren Familie, deren Besuch in Étioles der König gestattet hatte.

Diese häßliche und zu unermüdlichen Intrigen neigende Frau verstand es vortrefflich, ihr wahres Gesicht zu verbergen, sich bei Madame d'Étioles einzuschmeicheln, ja beinahe freundschaftliche Gefühle in ihr auszulösen.

In dem Hochgefühl, das des Königs täglich heißer werdende Briefe, die stetig sich mehrenden Siegesnachrichten vom Kriegsschauplatz in Jeanne erweckten, bemerkte sie nichts davon, wie scharf Madame d'Estrades' Augen beobachteten, wie genau sie die Zahl der Briefe, die aus Flandern kamen, kontrollierte, wie sie, wenn auch vergebens, alles daran setzte, einen dieser königlichen Briefe abzufangen.

Auch Richelieu schrieb oft, wie die d'Estrades gleich in den ersten Tagen ihres Aufenthaltes in Étioles festgestellt hatte.

Er war der Freund aller Mätressen seines königlichen Herrn gewesen. Daß er endlich, wohl oder übel, auch Madame d'Étioles als solche anerkannte, hatte ihn dem König nahegebracht, der während des Feldzuges auf sehr ver trautem Fuß mit dem Herzog lebte und dessen beginnende Freundschaft für Jeanne aufs eifrigste schürte. -

Während so auf Schloß Étioles feine und grobe Fäden für die Zukunft gesponnen wurden, heimliche Leidenschaften glühten, die Intrige auf unhörbaren Sohlen einherschlich, der Marquis de Gontaut und Abbè Bernis auf Befehl ihres königlichen Herrn Jeanne die Sprache und die Sitten des Hofes lehrten, zog Louis XV. als Sieger in Tournay ein.

Andere, immer neue Siege brachte der Verlauf der nächsten Wochen.

Gent wurde von Lowendal überrumpelt, Brügge ergab sich, Dendermonde und Ostende fielen in die Hände des Herzogs von Harcourt und Lowendals.

Flandern bescherte Louis dem Vielgeliebten die Kriegslorbeeren, die seiner Regierung bisher versagt geblieben waren. Das Volk feierte jubelnd den Eroberer. In allen Kirchen Frankreichs erklang das Tedeum für die Siege Seiner Allerchristlichsten Majestät.

Auch in Étioles jubilierte man. Man beglückwünschte und feierte Jeanne, als sei sie die legitime Gemahlin, die Königin, die den Thron Frankreichs mit Louis XV. teilte.

Gegen Mitte Juli traf der Kurier aus Flandern mit einer Botschaft ein, die Jeannes heißeste Wünsche krönte.

Er brachte das Patent, das sie zur Marquise von Pompadour ernannte, nach Étioles.

Freudenfeuer leuchteten, Fanfaren tönten, Raketen stiegen zum blauen Sommerhimmel auf, der Champagner floß.

Mit königlicher Galanterie hatte Louis das Patent vom 11. Juli, dem Tage der Einnahme von Gent, datiert.

Voltaire, eingedenk seiner Pflichten als Hofhistoriograph, dichtete:

A Étioles, juillet 1745.
Il sait aimer, il sait combattre:
Il envoi en ce beau séjour
Un brevet, digne d'Henri quatre,
Signé: Louis, Mars et l'Amour.
Mais les ennemis ont leur tour;
Et sa valeur, et sa prudence
Donnent à Gand (Gent) le même jour
Un brevet de ville de France.
Ces deux brevets, si bien Vénus,
Vivrons tous deux dans la mémoire:
Chez lui les autels de Vénus
Sont dans le temple de la Gloire.

Am 7. September kehrte der König, an seiner Seite der Dauphin, nach Paris zurück.

Von der Porte Saint-Martin bis zum Karussell war die ganze Hauptstadt in einen einzigen großen Triumphbogen umgewandelt.

Bunte Teppiche, wappendurchwirkte Gobelins ließen ihre Farben in der strahlenden Herbstsonne spielen, Flaggen und Girlanden wehten.

In den Tuilerien wurde der König von seiner Familie begrüßt. Tränen der Rührung flossen. Die Glücklichste von allen war die Königin, als sie den Sohn heil, gesund und siegreich wieder in die Arme schloß.

Ein Dankgottesdienst in Nôtre-Dame, ein glänzendes Feuerwerk auf dem Greveplat, Geigen- und Sinfoniekonzerte, ein Souper im Stadthaus, das Paris der königlichen

Familie bot und bei dem genau hundert Gerichte serviert wurden, folgten während der nächsten Septembertage.

Im Rausch der Feste hatte Louis keine Zeit gefunden, den köstlichsten Empfang, der ihm bereitet worden, den Empfang in den Armen der Geliebten, auszukosten.

Seine Sehnsucht nach dem trauten Beisammensein, das ihn vor der Abreise nach Flandern so tief beglückt und seine melancholischen Gedanken wie mit einem Zauberschlage gebannt hatte, wurde immer brennender.

Seine Natur, die keinen Zwang vertrug, bäumte sich gegen die lauten Festlichkeiten auf, die ihn von der Marquise fernhielten.

Während er sich an der zeremoniellen Hoftafel im Stadthaus feiern lassen mußte, saß Jeanne nur um ein Stockwerk von ihm getrennt. Er hatte ihr in einem der oberen Räume ein kleines Souper arrangiert, zu dem sie Onkel Tournehem, Bruder Abel, ihre Cousine, Madame d'Estrades und Frau von Sassenage, eine Verwandte Frau von Saissacs, mit der Jeanne im Sommer öfter zusammengekommen, geladen hatte.

Der König litt Qualen der Eifersucht. Die Herren seiner Umgebung schienen nichts Wichtigeres zu tun zu haben, als der Marquise im oberen Stock ihre Aufwartung zu machen.

Der Gouverneur von Paris, Herzog von Gesvres, Macville, der Polizeikommandant, Bouillon, ja, selbst der Vorsteher der Kaufmannschaft, Monsieur de Bernage, der des Königs persönlichen Dienst bei der Tafel versah, benutzten jede Gelegenheit, den Saal zu verlassen, um die schöne Jeanne, von der alles flüsterte, bei ihrem kleinen Souper zu besuchen.

Der König wurde erst ruhiger, als Richelieu und Ayen ihm geheime Botschaft von der Geliebten brachten.

Er sprach sich selbst Geduld zu. Nur wenige Tage noch, dann bezog Jeanne die Zimmer der Châteauroux, die er aufs prunkvollste für sie hatte herrichten lassen, dann war sie offiziell bei Hofe eingeführt.

Er konnte sie jede Stunde im geheimen oder öffentlich sehen; nichts würde es mehr in seinem Dasein geben, an dem die Marquise von Pompadour nicht teilhaben würde.

Er setzte das Glas schweren Burgunders an die Lippen, das vor ihm stand. Er trank es insgeheim auf ihr Wohl, er zählte die Stunden, da er wieder allein mit Jeanne in seinen kleinen Gemächern sein, da sie ihm den purpurnen Wein und die süßen Lippen reichen würde.

Achtes Kapitel

Auf dem großen Wege zur Auffahrt von Versailles drängten sich die Menschen. Jeder wollte die neugebackene Marquise sehen, die berühmte Madame d'Étioles, die so rasch die Schlangenhaut ihrer bürgerlichen Existenz abgestreift und in wenig Stunden zu den Großen des Hofes zählen sollte.

Jeder wußte etwas anderes von ihr zu erzählen, etwas anderes über sie zu erfragen.

Eine dicke Bürgerin, die in der Nähe des Hôtel des Chèvres einen Spezereiladen hielt, behauptete, Herr d'Étioles habe seine Frau halb tot geschlagen, was ihm im übrigen nicht zu verdenken sei, aber es habe ihm nichts geholfen, er habe den Prozeß gegen sie doch verloren. Was Wunder, wenn ein König dahinter steckt!

"Sie soll geldgierig und geizig sein", schrie es in einer erregten Gruppe.

"Man soll den Gatten aufgehetzt haben, sich eine große Summe vom König für sie zahlen zu lassen."

Eine Faust hob sich drohend. "Sie soll sich hüten, den König und das Land auszusaugen. Sie soll uns kennenlernen."

"Wahnsinnig soll der König sie lieben, ganz beherrschen soll sie ihn, furchtbar interessant soll es sein", flüsterte die kokette, kleine Grisette dem jungen Studenten zu, an dessen Arm sie hing.

"Wenn sie's, wie man sagt, mit den Philosophen hält, wäre es das Schlechteste nicht. Superklug soll sie ja sein, die geborene Poisson."

"Sie soll die Jesuiten hassen, von Kindheit an." -

Die Umstehenden lachten und sangen im Rhythmus eines bekannten Gassenhauers: "Poissonnière, Poissonnière, Pois -"

"Pst, pst, wenn euch jemand hörte", rief warnend ein alter Unterbeamter, dem die Loyalität von Amtswegen im Blute lag.

Die übermütige Bande zog weiter.

Eine Gruppe von Arbeitern murrte.

"Riesensummen und Diamanten für Millionen soll der König ihr und ihrer sauberen Sippe aus Flandern mitgebracht haben."

"Und wir müssen uns schinden ums trockene Brot. Hol' der Teufel die Weiberwirtschaft! Hat er an der einen nicht genug, die ihm zehn eheliche Kinder geboren?"

"Ta, ta, Pierre, ist das ein Grund? Ich kenne Leute, die nicht der König sind und eine weit weniger häßliche Frau haben als diese Maria Leszinska."

Herr Pierre wandte sich getroffen ab.

"Vielleicht ist sie gut, diese Pompadour, und hilft den Armen", beschwichtigte eine sanfte, schmalwangige, hohläugige Frau.

"Die Advokaten rühmen sie", hieß es in einer anderen Gruppe, "sie soll einen freien, feinen Geist haben."

Ein junger Mensch, hektisch und verkommen, zuckte die spitzen Schultern.

“Die Leute, die in Gunst sind, haben immer Geist. Eine alte Geschichte.”

Mit einem neuen Reim fiel ein Witzbold ein:

“D’Étioles, Bestioles! Wie gefällt euch das?”

Man lachte und applaudierte dem plumpen Wortspiel. -

Ebenso wie auf der breiten Zufahrtstraße drängte man sich in den Sälen, Kabinetten, im Oeil de Boeuf und in den Galerien von Versailles.

Jeder wollte Augenzeuge der aufregenden Aktion sein.

Die Medisance schwieg in den Prunkgemächern von Versailles ebensowenig wie auf der Straße.

“Begierig bin ich, wie sie sich verneigt, diese bürgerliche Madame.”

“Zum Lachen wird es sein!”

“Wie die arme Königin sie wohl empfangen wird? Was kann sie ihr nur sagen? Höchstens ein gleichgültiges Wort über ihre Toilette, auf die sie sich versteht. Das muß der Neid ihr lassen.”

“Und der König, was wird er für eine Rolle spielen?”

Im Paradezimmer erzählte man sich, die Rohan solle schäumen.

“Ayen hat sein Spiel gewonnen.”

“Ob der Dauphin sich beherrschen wird? Er soll sie geradezu hassen.”

“Dafür wird der Bischof schon gesorgt haben.”

“Die alte Conti soll nicht eben beglückt sein, daß gerade ihr die Aufgabe zugefallen ist, die d’Étioles einzuführen. Die Prinzessin soll sich in den Tuilerien zur Königin sehr erregt darüber ausgesprochen haben."

"Ein Gerücht, das wohl mit Vorsicht zu genießen ist, meine liebe Gräfin. Die Prinzessin Conti hat dem König schon betreffs der Mailly manchen Liebesdienst geleistet. Sie weiß auch recht gut, warum. Die königliche Schatulle wird nicht verfehlen, auch diesmal die Contischen Schulden großmütig zu begleichen."

"Sie sind boshaft, meine Liebe."

"Aber aufrichtig, chère comtesse."

"Und die Herzogin von Luynes, diese strenge Sittenrichterin?"

"Sie soll ihre Abreise nach Dampierre verschoben haben."

"Aus Neugierde oder aus Mitleid für Ihre Majestät die Königin?"

"Da fragen Sie mich zu viel, meine Beste."

Plötzlich entstand eine große Stille.

Die kleine Komtesse legte den Zeigefinger auf die geschminkten Lippen. "Pst, ich glaube, sie kommt."

In das Paradezimmer trat die alte Prinzessin Conti und wandte sich gegen das Kabinett des Königs.

Mit ihr drei Damen. In der Mitte die neue Marquise, ihr zu Seiten die Gräfin la Chau-Montaubon und Frau von d'Estrades, die der König ihr zur Begleitung bestimmt hatte.

"Alle Wetter, schön ist sie, das muß man sagen!"

Die umstehenden Kavaliere waren enthusiasmiert. Sacre! Wuchs und Haltung des jungen Weibes konnten beinahe königlich genannt werden!

"Und wie sie den wundervollen Kopf trägt! Zum Entzücken!"

"Sapristi, das nenn' ich Diamanten!"

"Und die Robe! Drap d'Argent, Gold und Chantillyspitzen! Gut, daß ich sie nicht zu zahlen brauche."

Nach kurzer Zeit kehrten die vier Damen aus dem Kabinett des Königs zurück. Die erste Sensation war vorüber. Bei der Königin warteten mit der dicht zusammengedrängten Hofgesellschaft der Dauphin und seine junge Gemahlin.

Als die Marquise eintrat, herrschte tiefes, beinahe unheimliches Schweigen. Jeanne klopfte das Herz, aber weder in ihren Zügen noch in ihrer Haltung vermochte man die geringste Erregung wahrzunehmen.

Sie verneigte sich nach dem Zeremoniell und dabei mit vollendeter Grazie vor der Königin.

Alles blickte gespannt, verhielt den Atem, um die Ansprache der Königin nicht zu versäumen.

Man hatte Maria Leszinska in Paris so ungefähr in den Mund gelegt, was sie in ihrer heikeln Lage der Marquise sagen werde, ja müsse: ein paar kalte, konventionelle Worte über die Toilette der Pompadour, die noch exquisiter ausgefallen war, als man es vermutet hatte.

Der Königin mochte zugetragen worden sein, daß man im voraus über ihre Ansprache verfügt hatte. Sie war nicht gewillt, das Echo ihrer Höflinge zu sein. Sie erinnerte sich, daß sie eine liebenswürdige Dame kannte, mit der die Marquise diesen Sommer öfter zusammengekommen sein sollte, und so fragte sie freundlich:

“Wie geht es Frau von Saissac? Ich habe mich sehr gefreut, ihr öfter in Paris zu begegnen. Haben Sie Nachrichten von ihr?”

Zum erstenmal in ihrem Leben geriet Jeanne in Verwirrung, so vollkommen überraschte sie die unerwartete Freundlichkeit Maria Leszinskas. Sie wußte nichts anderes zu erwidern, als die hervorgestammelten Worte:

“Ich habe nur einen Wunsch, Euer Majestät zu gefallen.”

Dann riß sie erregt den Handschuh ab, um den Saum des königlichen Kleides zu küssen. Ihr Armband, das letzte Geschenk ihres Gatten, zerbrach bei der ungestümen Bewegung und rollte auf den Teppich.

Man murmelte ringsum über die seltsame Freundlichkeit der Königin und das noch seltsamere Omen des zerbrochenen Schmuckes.

Der Dauphin dagegen verstieg sich, wie er es sich vorgesetzt, nur zu ein paar eiskalten Worten über die Toilette der Marquise.

Erregt über die ganze Aktion, gereizt durch die unbegreifliche Freundlichkeit seiner Mutter, auf die er nicht gefaßt gewesen war, machte er eine drastisch verächtliche Gebärde mit der Zunge hinter der Marquise her.

Der größte Teil der Hofgesellschaft hatte die Gebärde des Dauphins bemerkt. Aber die wenigsten zollten ihr Beifall. Die Marquise stand nun einmal in allerhöchster Gunst, sie war selbst von der Königin freundlich empfangen worden, damit mußte man rechnen.

In dem üppigen, im Stile Louis XIV. eingerichteten

Boudoir, das noch vor kaum einem Jahr von der Châteauroux bewohnt gewesen, ruhte Jeanne von den Aufregungen des Empfanges aus.

Auf einem der blauen, goldfüßigen Engelbetten, dessen Seide im Lauf der Jahrzehnte blaß geworden, lag sie hingestreckt, die Füßchen in den rosa Atlasschuhen gekreuzt, die Hände unter dem lichtbraunen aufgelösten Haar verschränkt. Glück und Ruhe lagen auf ihrem Gesicht. Sie durfte zufrieden sein mit sich, mit dem, was sie in wenig mehr als einem halben Jahr, seit dem ersten Kuß des Königs erreicht hatte.

Sie ließ die Augen über das Diamantkollier und die blitzenden Ringe, über die Perlenschnüre gleiten, die auf dem kleinen Tisch neben dem Engelbett lagen. Madame du Hausset, die Kammerfrau, die seit gestern den persönlichen Dienst bei ihr versah, hatte den kostbaren Schmuck sorgfältig auf Samt und Seide zurückgebettet. Zwischen den Juwelen hatte die köstliche Rosenfülle Platz gefunden, die der König ihr vor dem Empfang geschickt hatte.

Die Lippen der jungen Marquise lächelten. Wahrhaftig, Louis XV., dem man im allgemeinen nicht nachsagen konnte, daß er seine Mätressen übermäßig mit Geschenken verwöhnt habe, hatte ihr gegenüber nicht gekargt.

Jeanne öffnete das lang herabfallende weiße Hauskleid aus feinster Lyoner Seide über der Brust, unter dem blaßblauen Schleifengürtel.

Auf der schneeigen Haut ihres schönen Körpers lag eine blonde Locke mit rosa Seidenfäden umwunden. Sie ergriff das seidenweiche Haar und preßte es an die Lippen.

Mit sanfter Liebkosung fuhr ihre Hand darüber hin. So ganz versunken war sie in diese zärtliche Tändelei, daß sie nichts davon bemerkt hatte, wie die Tür zum Boudoir sich leise öffnete. Schreckhaft fuhr sie zusammen, als eine Hand über die ihre griff und ihr die Locke zu entwinden suchte. Sie wollte aufspringen. Der König hielt sie zurück.

"Bleib!" sagte er herrisch. "Wessen Haar liebkosest du da so zärtlich? Sprich, aber ich rate dir, lüge nicht!"

Die Eifersucht lohte aus ihm.

Jeanne war zurückgesunken und sah dem König lächelnd ins Gesicht.

"Eine Locke meines Kindes, meiner kleinen Alexandra, Sire. Ich habe sie heute in der feierlichen Stunde auf der Brust getragen, damit sie mir Glück bringen sollte."

Der König war sofort entwaffnet. Er sank neben ihrem Lager in die Knie und küßte sie auf die Stelle, auf der die Locke des Kindes geruht hatte.

"Glückliche Locke", flüsterte er, "könnte ich an deiner Stelle sein!"

Jeanne erhob sich und zog den König neben sich. Sie schloß lächelnd das Kleid über der blaßblauen Gürtelschleife und befestigte eine von des Königs Rosen zwischen der schimmernden Seide.

"So, Sire, nun bin ich wieder einigermaßen hoffähig, meinen Herrn und Gebieter zu empfangen."

Er hatte eine Strähne ihres aufgelösten, seidenfeinen Haares um seine Hand gewickelt. Er zog das schöne Weib ganz dicht zu sich heran und flüsterte ihm einen frivolen Scherz ins Ohr.

“Aber im Ernst, Jeanne, du warst heute in bewundernswertestem Maße hoffähig. Waren Bernis und Gontaut so treffliche Lehrmeister, oder hat die kleine Madame d’Étioles soviel Grazie und Vornehmheit schon mit auf die Welt gebracht?”

“Das zu entscheiden überlasse ich Euer Majestät.” Ihre Nixenaugen lachten kokett in die seinen. “Warte, du Hexe du!” Er küßte sie heiß. Dann dehnte und reckte er sich.

“Ach, wie gut das tut, das langweilige Zeremoniell los zu sein! Übrigens hast du, wie ich höre, sogar vor Maria Leszinska in Gnaden bestanden.”

“Ihre Majestät waren sehr gütig gegen mich.”

“Die Königin ist im Grunde eine gutmütige Person. Sie tut wenigstens alles, um mir zu gefallen, immer noch. Wenn sie nur nicht so tödlich langweilig wäre! Und ihre religiösen Gefühle. Brr! Wer daran rührt, hat verspielt.”

Jeanne dachte bei sich, daß sie nicht die Frau sei, eine solche Torheit zu begehen.

Des Königs Stirn hatte sich umwölkt.

“Desto unflätiger soll sich der Dauphin gegen dich betragen haben. Es hat dem Herzog von Luynes nichts genützt, das Benehmen meines Sohnes bei mir beschönigen zu wollen. Er hat zu viele Zeugen für seine Unanständigkeit gehabt. Ich werde dem Dauphin eine exemplarische Strafe diktieren.”

“Nicht doch, Sire, wollen Sie die Königin aufs neue betrüben?”

Louis war aufgesprungen und hörte nicht auf sie. Erregt und zornig lief er hin und her.

“Das fehlte! Eine Frau, die ich liebe, ungestraft beleidigen dürfen. Er soll sich’s merken, gleich das erstemal, daß ich unbedingte Achtung für jede Person, die es mir beliebt bei Hofe einzuführen, von ihm fordere. Unbedingte Achtung! Er wird auf einige Zeit Paris und Versailles zu meiden haben. Ich werde ihn nach Meudon schicken!”

“Oh, Sire, und die kleine Dauphine, die ihren Mann so abgöttisch liebt!”

“Eine kurze Trennung wird ihrer Liebe keinen Abbruch tun. Haben wir uns nicht viel länger trennen müssen, meine Jeanne? Wenn du wüßtest, wie ich mich nach dir gesehnt! Wie brennend ich dich vermißt habe!”

“Und die Kriegslorbeeren, Sire?”

“Hätte ich sie nicht mit Rosen durchflechten können? Hättest du mir die Nächte nach den harten Tagen nicht süß machen können?”

Er sah sie mit trunkenen Augen an. Wie verführerisch schön sie war mit dem gelösten Haar, dem weißen, weichen Gewand, unter dem jede Form des zarten, weißen Körpers ihm entgegenblühte.

“Jeanne, Jeanne!” Und er erstickte sie mit seinen Küssen.

Neuntes Kapitel

Madame du Hausset, eine kluge und vornehm denkende Frau aus guter Familie, hatte sich rasch das Vertrauen der Marquise erworben. Sie schlief in dem kleinen Zimmer neben Jeanne und ging bald ungerufen in den Gemächern ihrer Herrin aus und ein. Selbst den König, der zum größten Kummer Madame d'Estrades' niemandem begegnen wollte, wenn er bei der Marquise war, genierte ein gelegentliches Zusammentreffen mit der diskreten Madame du Hausset nicht. -

Louis hatte den Entschluß gefaßt, auf kurze Zeit von den Strapazen des Krieges auszuruhen und mit der Marquise nach Choisy zu übersiedeln. Er wollte dort nur die Höflinge seines intimsten Kreises um sich versammeln, damit sie sich in dem Zusammenleben auf dem Lande näher an die Geliebte anschlössen. Er hatte zunächst an Richelieu, d'Ayen, de Meuse und de Duras gedacht.

Louis war überzeugt, Choisy würde Jeanne gefallen. Seit die Châteauroux dort ihre Triumphe gefeiert hatte, war das Schloß durch Gabriel erheblich verschönt und vergrößert worden. Die Terrasse an der Seine war ausgebaut. Gabriel hatte ein neues Wohnhaus errichtet, das Hunderttausende gekostet hatte. Überall war neuer Luxus, waren neue Bequemlichkeiten entstanden.

Der König war gerade im Begriff, bei Jeanne einzutreten, um alle Einzelheiten der Einladungen und des Aufbruchs nach Choisy mit ihr zu besprechen, als ein lautes Stimmendurcheinander aus den Zimmern der Marquise ihm entgegendrang.

Was gab es? Wer war bei ihr und ereiferte sich so unstatthaft laut? Hatte die Marquise vergessen, daß er ihr um elf Uhr seinen Besuch hatte ansagen lassen?

Der König blieb einen Augenblick wie festgewurzelt stehen. Zornig hatten sich seine Brauen zusammengezogen.

Er unterschied die Stimme der d'Estrades, der Hausset und eine angenehm klingende Männerstimme, die ihm fremd war. Von Jeanne hörte er nichts.

Er riß die Tür auf. Ein seltsamer Anblick bot sich ihm dar: Jeanne, die blaß, die Zähne in die Unterlippe vergraben, gegen den Tisch gelehnt stand, die d'Estrades und die Hausset, die zugleich in heftiger Erregung auf einen jungen Offizier seiner Garde einsprachen.

Kerzengerade stand der junge Mensch in abwehrender Haltung mit gezücktem Degen da, auf dessen Spitze ein Stück groben gelben Papieres mit abgerissenen Ecken schwankte.

Beim Eintritt des Königs verstummte die laute Rede. Alles blickte betroffen. Alles verneigte sich tief.

Louis hatte den jungen Offizier, der häufig zum Dienst in den königlichen Gemächern kommandiert war, erkannt.

"Was gibt es, Graf Segnart? Was halten Sie dort auf der Spitze Ihres Degens?"

Der Graf blieb stumm und blaß. Er hätte in diesem

Augenblick sein Leben darum gegeben, das ominöse Blatt ungesehen entfernen und vernichten zu können.

Jeanne trat neben den König.

"Wollen Euer Majestät gestatten, daß Graf Segnart der Entgegnung auf Euer Majestät Frage enthoben werde? Wollen Euer Majestät gestatten, daß Graf Segnart sich entfernen darf?"

Statt aller Antwort riß Louis das grobe gelbe Papier von der Degenspitze herunter und las. Sein Gesicht rötete sich. Er warf den Zettel mit verächtlicher Gebärde auf den Boden und stampfte mit dem Fuße darauf.

"Wie kommt es, Graf Segnart, daß ich Sie mit dergleichen Schmutz bewaffnet in den Gemächern der Marquise finde?"

Der junge Offizier kämpfte schwer. Endlich ermannte er sich. "Euer Majestät wollen verzeihen. Es ist nicht meine Schuld. Ich fand dieses Pasquill an einem Baum im Park von Versailles angeschlagen, als ich zum Dienst ins Schloß gehen wollte. Ich schlug es vor den Augen einer gaffenden Menge mit der Degenspitze herunter. Madame d'Estrades kam dazu und veranlaßte mich wider meinen Willen, das Blatt der Frau Marquise zu präsentieren."

"Man muß die Gefahren kennen, wenn man sich vor ihnen schützen soll, Majestät!" warf die d'Estrades kaltblütig ein, während ein boshaftes Lächeln kaum versteckt um ihre Mundwinkel spielte.

Der König machte ihr ein Zeichen zu schweigen.

"Und weiter, Graf?"

"Madame du Hausset kam dazu. Sie wollte es unter

keiner Bedingung dulden, daß die Frau Marquise den Zettel lese. Leider zu spät. Madame d'Estrades -" Segnart zögerte.

Der König stampfte mit dem Fuß auf das Blatt.

"Weiter!"

"Madame d'Estrades hatte die Frau Marquise bereits mit dem Inhalt des Papiers bekannt gemacht"

"Es ist gut. Sie können Ihren Dienst antreten, Graf Segnart."

Dann wandte er sich zu der d'Estrades: "Ich ersuche Madame, sich auf ihre Gemächer zurückzuziehen; Madame du Hausset, ich bitte Sie, in der Nähe zu bleiben."

Der König war allein mit Jeanne.

"Mein armes Herz", sagte er tröstend, ihr Wangen und Hände streichelnd, "man hätte dir den Kummer sparen können, dieses abscheuliche Pasquill zu lesen."

Er nahm den Zettel mit der boshaften Schmähschrift auf die Geliebte vom Parkett und riß ihn in Stücke.

Jeanne stand stolz lächelnd da. "Viel Feinde, große Ehren, Sire. Ich werde mich an diese Schattenseite gewöhnen müssen, die nicht ausbleiben wird, solange ich das Glück habe, Euer Majestät Neigung zu besitzen."

Er starrte sie an. Welch ein Weib! Wie ihm die Furchtlosigkeit dieses starken Geistes in dem verführerischen Körper gefiel! Wie er sie bewunderte!

Jeanne warf siegesbewußt den Kopf in den Nacken: Mögen sie mich schmähen! dachte sie für sich. Sie schmähen nur, was sie fürchten! Und fürchten sollen sie mich! Nur wer gefürchtet wird, herrscht!

Die Herbsttage in Choisy vergingen wie im Fluge. Jeanne benutzte die stete Gegenwart des Königs, sich seinen heißen Werbungen gefügig zu zeigen und dafür die Pläne zu fördern, die ihr zunächst am Herzen lagen.

Sie hatte es beim König erwirkt, daß er all ihre literarischen und philosophischen Freunde nach Choisy lud. Auch ihr Bruder Abel, den der König "kleiner Bruder" zu nennen pflegte, und dem er den Namen eines Monsieur de Vandières verliehen, um ihn von dem Namen Poisson zu befreien, sowie Onkel Tournehem erhielten Einladungen.

Madame d'Estrades war infolge ihrer Taktlosigkeit in Versailles belassen worden. Der König hatte zur Gesellschaft der Marquise die Damen de Lauragais, de Sassenage und de Bellefonds befohlen.

Louis amüsierte sich ausgezeichnet. Melancholische Anwandlungen waren beinahe zur Sage geworden. Die Unterhaltung mit den Literaten und Philosophen stockte niemals. Ja, er hatte sich sogar mit Voltaires vordringlichem, eiligem, bissigem Wesen abgefunden um der Virtuosität seiner Unterhaltung und der allerliebsten, kleinen, pikanten Huldigungen willen, die der Dichter den Damen erwies. So machte Voltaire es Jeanne leicht, des Königs Gunst für den langersehnten Sitz in der Akademie zu gewinnen.

Der alte Spötter wurde nicht müde, ihr dafür mit immer neuer Versicherung seiner Anbetung zu danken.

Verse und Blumen schüttete er über sie hin, und als er Jeanne eines Tages beim Gravieren eines Porträts ihres Bruders Abel überraschte, schrieb er ein Madrigal nieder, das des Königs ganz besonderen Beifall fand:

Pompadour, ton crayon divin
Devrait dessiner ton visage;
Jamais une plus belle main
N'aurait fait un plus bel ouvrage.

Aber auch die übrigen Freunde Jeannes, mit ihnen Bernis, der in Gegenwart des Königs seine Leidenschaft für die Marquise noch besser hütete als in Étioles, kamen nicht zu kurz. Duclos, Gentil-Bernard, Mortcrif, Abbé Prevost, alle wurden sie vom König mit Liebenswürdigkeiten überhäuft.

Seine gute Laune war unerschöpflich. Er plauderte und spielte L'hombre mit ihnen. Sie begleiteten ihn und die Marquise im Wagen zur Jagd, er zeigte ihnen alle Schönheiten seines königlichen Hauses.

Daß Choisy einstmals für die Vintimille erbaut worden, daß die Châteauroux ihn gerade in Choisy am heftigsten in ihre Reize verstrickt hatte, störte Louis XV. nicht im geringsten.

Mit besonderem Stolz wies er den Gästen die Skizzen zu den Schlachtgemälden, welche seine Siege in Flandern verherrlichen sollten.

Der König hatte sie Parrocel in Auftrag gegeben.

Als Herr Le Normant de Tournehem gelegentlich ein paar außerordentlich zutreffende Bemerkungen über diese Skizzen machte, versuchte Jeanne die geistreiche Kritik des Onkels sofort auszubeuten.

Was sie schon im Hôtel des Chèvres geplant, verwirklichte sie jetzt. Sie schlug dem König vor, Herrn von Tournehem mit dem Amt des Generaldirektors der königlichen Bauten, das Philibert Orry bis jetzt innegehabt hatte, zu betrauen.

Sie machte dem König mit Leichtigkeit klar, wie die durch und durch künstlerische Veranlagung, vereint mit langjähriger kaufmännischer Erfahrung, Herrn von Tournehem für dieses Amt förmlich prädestinierte. Sie stellte ihm vor, mit wie viel Umsicht er die Leitung der königlichen Aufträge, die Bau- und Verschönerungsarbeiten an den königlichen Schlössern führen würde.

Louis, dem die kluge vornehme Art Tournehems gefiel, gab Jeannes Wünschen ohne Widerspruch nach.

Die ganze Persönlichkeit des künstlerisch hochgebildeten Mannes flößte ihm mit Recht Vertrauen ein.

Auch war es ihm durchaus kein unangenehmer Gedanke, daß gerade ein naher Verwandter Jeannes gleich seinen Ministern stets Zutritt in sein Arbeitszimmer haben würde.

Jeanne triumphierte. Sie hatte nicht nur eine neue sichere Stütze bei Hofe gewonnen, sondern auch eine Dankesschuld an Tournehem abgetragen und für die Zukunft Bruder Abels gesorgt.

Die königliche Entschließung galt nicht nur der Anstellung Herrn von Tournehems, sie sicherte zugleich dem "Brüderlein" die künftige Anwartschaft auf das hohe Amt. -

Ein heftiger Fieberanfall des Königs unterbrach die geselligen Freuden von Choisy. Zu Louis' unliebsamer Überraschung meldete Maria Leszinska sich in Choisy an, kaum daß die Nachricht nach Versailles gedrungen war. Der König, der sich schon am zweiten Tage wieder besser fühlte, bestand darauf, abzulehnen. Jeanne hatte Mühe, ihn umzustimmen. Wozu böses Blut machen?

Auch Ayen stand auf seiten der Marquise. Er war überzeugt, ihre Klugheit würde der Situation gewachsen sein.

Im übrigen wußten Ayen und Richelieu durch die Herzogin von Luynes, daß "die kleine Poisson", wie man sie noch zuweilen vertraulich hinter ihrem Rücken nannte, einen Stein im Brett bei der Königin hatte, seit sie ihre und der Prinzessin Bitten unterstützt und den Dauphin von der Verbannung nach Meudon freigebeten hatte.

So schrieb der König seiner Gemahlin, daß er sie mit Vergnügen empfangen werde. "Sie würde ein gutes Diner im Schloß, die Sonntagsvesper und den Segen in der Pfarrkirche finden."

Wirklich zeigte die Königin sich von der liebenswürdigsten Seite. Es tat ihr augenscheinlich wohl, daß das Betragen der neuen Mätresse weitab lag von den beleidigenden Allüren ihrer Vorgängerinnen. Weitab auch von deren verlogener Ehrerbietung, hinter der sich der schlecht verhehlte Triumph verbarg, anstelle der Zurückgesetzten den Platz der Königin an der Seite des Königs zu behaupten.

Die Marquise umgab die Königin mit den zartesten, ehrerbietigsten Aufmerksamkeiten. Sie suchte sie durch ihr munteres Plaudertalent, durch heitere Lieder in Stimmung zu halten. Sie brachte ihr Feldblumensträuße, seit sie erfahren, wie sehr die Königin die Feldblumen liebe.

Der König und die Gäste Choisys staunten über diesen

neuen Erfolg der Pompadour. Lange hatte man Maria Leszinska nicht so zufrieden, so gut aufgelegt gesehen. Niemals in Gegenwart der Mailly, der Vintimille, der Châteauroux! -

"Wie fängst du es nur an, kleine Zauberin, der morosen Langenweile der Königin beizukommen?" fragte Louis, indem er Jeanne aus dem Sattel hob und sie einen Augenblick zärtlich an sich drückte.

Sie waren allein durch den zarten Morgennebel hinausgeritten in den herbstlichen Wald von Choisy.

Nur Mars, des Königs Lieblingshund, war ihnen gefolgt.

Der König hatte seinen Rappen und Jeannes Falben an einen Eichenstamm gebunden. Arm in Arm gingen sie tiefer in den Wald hinein. Die braunen und roten Blätter raschelten unter ihrem schreitenden Fuß.

"Ist es wirklich Zauberei, ein bißchen klug, ein bißchen liebenswürdig zu sein? Ist es nicht viel gescheiter, ein bißchen Freundlichkeit an die arme Königin zu verwenden, als sie mit beleidigendem Hochmut zu verletzen? Hat sie nicht genug zu leiden, Sire? Man wird uns unser Glück leichter vergeben, auch das Volk von Frankreich, Sire, wenn wir durch unser Glück andere nicht unglücklich machen."

Louis hörte ihr aufmerksam zu. Mochte sie recht behalten!

Eine Wolke trat auf seine Stirn und beschattete seine schönen Augen. Er dachte an das Pasquill auf der Degenspitze des Grafen Segnart.

Sie ließen sich auf einen gefällten Baumstamm nieder.

Langsam, wie im Traum, sanken die gold- und braunroten Blätter. Mars hatte den schönen Kopf auf die Knie seines Herrn gelegt. Der König fuhr ihm sanft über das glatte braune Fell. Wie oft in schwermütigen Stunden hatte er das treue Tier für seinen einzigen aufrichtigen Freund gehalten. Froh empfand er, um wie viel besser es um ihn geworden, seit Jeanne an seiner Seite war. Wie er sie liebte!

Er streichelte zärtlich ihre Hand. Jeanne hielt des Königs Finger fest zwischen den ihrigen.

Wie viel seltener sie kamen, diese schwermütigen Stunden, in denen Todesfurcht und Todessehnen zugleich ihn packten! Wie dankbar er ihr war!

"Ich habe eine Bitte, Sire. Sie geht gleichfalls Maria Leszinska an. Wollten Sie sich entschließen, Sire, sich dann und wann der Königin ein wenig freundlicher zu zeigen!"

Louis blickte verwundert. Wie meinte sie das? Kannte sie keine Eifersucht? Die Châteauroux hatte ihm, um jeder Höflichkeit willen, die er der Königin erwies, einen bitterbösen Auftritt gemacht!

Da er schwieg, fürchtete sie, er möchte ihre Bitte abschlagen, und doch lag ihr viel daran, sie gewährt zu sehen!

Jeanne wußte, der König war in den letzten Jahren der Königin gegenüber sehr sparsam mit seinen Aufmerksamkeiten gewesen. Niemand aber sollte sagen dürfen, die Marquise von Pompadour habe die verlassene Frau ärmer noch gemacht.

Im Gegenteil, sie wollte alles daran setzen, die Beziehung der Ehegatten zu bessern. Der Wunsch kam aus einem aufrichtigen Herzen. Die Königin hatte sich gütig gegen sie erwiesen. Es lag nicht in Jeannes Natur, Gutes mit Undank zu vergelten. Nur wer ihr schroff begegnete, ihren Widerspruch reizte, sie beleidigte, durfte auf ihren Haß, ihre Rache gefaßt sein.

Langsam brachte sie den König dahin, wohin sie wollte. Sie hatte Maria Leszinska so manchen Wunsch abgelauscht, an dessen Erfolg der Königin viel gelegen sein mochte.

Jeanne bewegte den König dazu, die Abreise nach Fontainebleau, die nahe bevorstand, für einen Tag zu bestimmen, der der Königin genehm war. Sie vermittelte dem König Wünsche, welche die Königin gar nicht den Mut gehabt hätte, ihm auszusprechen.

Sie nahm ihm das Versprechen ab, daß die Königin bei ihrer Rückkehr von Fontainebleau nach Versailles diese Wünsche erfüllt sehen sollte. Sie schlug ihm vor, das Bett neu zu vergolden, es mit feuerfarbenen Stoffen - der Lieblingsfarbe der Königin - à la duchesse verzieren zu lassen.

Auch von einem neuen Gobelin mit Bildern aus der heiligen Schrift hatte Maria Leszinska andeutend gesprochen. Jeanne erinnerte den König an einen Gobelin nach dem Deckengemälde in Val de Grâce, das Anne d'Autriche von Mignard malen ließ.

Vielleicht wußte Herr von Tournehem Rat, wie man dazu gelangen könne!

Louis wollte zu den Pferden zurück, aber Jeanne war noch immer nicht zu Ende.

"Was gibt es denn noch?" neckte er. "Willst du mich ganz ausplündern?"

“Nur halb, Sire!” Sie lachte ihn an mit ihrem verführerischsten Lächeln. “Ich möchte nur noch an das Wohltätigkeitsdefizit Ihrer Majestät erinnern. Sie wissen, Sire, Wohltun ist die große Passion Maria Leszinskas, sie gibt all ihre Ersparnisse dafür hin.”

Louis murmelte Undeutliches und runzelte die Stirn.

Jeanne strich sanft über seine Hand.

“Sie selbst, Sire, tun so gern Gutes, daß Sie den Drang der Königin begreifen müssen! Soll ich unter anderem an die große Summe erinnern - ich glaube, es waren 600.000 Livres -, die Paris für ein Monstrefeuerwerk zu Ehren der Hochzeitsfeier Seiner Hoheit des Dauphins ausgesetzt hatte? Louis XV. machte der Stadt einen Strich durch die Rechnung und befahl, die Summe als Hochzeitsgut für 600 arme Pariser Mädchen zu verwenden! O, ich könnte noch viel mehr erzählen. Da war zum Beispiel -”

Der König unterbrach sie ungeduldig. Er wollte heute nichts von Wohltun, am wenigsten von dem zu ansehnlicher Höhe angelaufenen Wohltätigkeitsdefizit der Königin hören.

Er hatte sein Geld für andere Dinge nötig.

“Ein andermal”, dachte Jeanne, “man muß nicht zuviel auf einmal verlangen.”

Und sie hing sich in seinen Arm und folgte ihm zu den Pferden, die ihnen schon ungeduldig entgegenwieherten.

Zehntes Kapitel

Maurepas war soeben von Marseille zurückgekommen. Er hatte den Hafen inspiziert und mit den Behörden bezüglich der neuen Seeschule konferiert.

Von den Mathematikern, die in Paris für den praktischen Dienst ausgebildet worden waren, hatten ihn zwei tüchtige junge Menschen begleitet, auf die der Minister große Hoffnungen setzte.

Für den Nachmittag war er von dem König zur Audienz befohlen. Die Zeit reichte gerade noch aus, die Korrespondenzen durchzusehen und die Leute zu empfangen, die sich bei ihm angesagt.

Der Minister hatte einige gleichgültige Schriftstücke beiseite gelegt. Jetzt griff er zu einem, dessen krause Handschrift ihm bekannt vorkam, wenn er sich auch nicht sogleich auf den Schreiber des nicht unterzeichneten Briefes besinnen konnte.

Nachdem Maurepas das Blatt ein paarmal hin und her gewendet, fiel ihm ein, es zeige die etwas verstellte Handschrift eines gewissen Jean Bernard, eines geschickten Geheimagenten, dessen er sich zuweilen bediente, wenn es um Informationen von besonderer Tragweite ging.

Maurepas las den Brief ein-, zweimal. Dann warf er ihn auf den Arbeitstisch.

“Sacre nom de Dieu, das ist stark, zu stark.”

Er las das Schreiben ein drittes Mal mit gerunzelter Stirn.

“Verdammtes Frauenzimmer, diese ‘Poissonnière’. Sie soll die längste Zeit in Versailles gewirtschaftet haben.”

Der Sekretär meldete den Herzog von Richelieu.

“Der Herr Herzog wird in zwei Minuten vorgelassen.”

Richelieu kam dem Minister gerade recht.

Er war auch einer von denen, die an dem Triumphwagen der d’Étioles zogen. Lächerlich, sich für eine vorübergehende Liebschaft des Königs so weit zu engagieren!

Nie und nimmermehr glaubte Maurepas an eine Dauer dieses Verhältnisses. Er war vielmehr davon überzeugt, der König würde das Marquisat, das er dieser bürgerlichen Person in seiner ersten Verliebtheit zum Geschenk gemacht, bereuen, sobald der Rausch verflogen war. Daß dies bald der Fall sein würde, dafür wollte er schon Sorge tragen. Maurepas wußte sehr gut, daß er nicht nur bei der Königin und dem Dauphin - was ihm in diesem Fall gar nichts genutzt haben würde -, sondern auch beim König fest im Sattel saß wie wenig hohe Beamte.

Er verstand es, ihm die Arbeit amüsant und angenehm zu machen, und das wollte bei der Trägheit der königlichen Gedanken viel sagen.

Er durfte schon etwas riskieren.

Der Herzog trat ein. Es war Richelieu lieb, den Minister so schnell nach seiner Rückkehr zu sprechen.

Er brachte sicherlich Neues von Marseille. Richelieu liebte das Herumspionieren bei Personen von Bedeutung, wenn auch nur, um eine Unterhaltung für den König zu haben. Er hatte keine Lust, sich von der Marquise gänzlich den Rang ablaufen zu lassen, nachdem sie sich durchaus nicht als williges Werkzeug in seiner Hand erwies.

Maurepas ließ ihm nicht viel Zeit zum Fragen. Er reichte ihm kurzerhand einen Brief vom Schreibtisch.

"Lesen Sie, Herzog!"

Richelieu entfaltete das Blatt. "Anonym?"

"Jean Bernard ist der Schreiber."

Maurepas verfolgte mit Spannung den Ausdruck in Richelieus Zügen.

Nachdem der Herzog gelesen, warf er den Brief mit ungefähr demselben Kraftausdruck, wie Maurepas es zuvor getan, auf den Arbeitstisch zurück.

Der Minister sah den Herzog mit leis spöttelnder Verwunderung an.

"Was denn, Sie empören sich, Herzog? Ich hielt Sie bisher für den engagiertesten Schleppenträger der Dame Pompadour."

Der Herzog protestierte. "Es hatte vielleicht, ich gebe es zu, kurze Zeit diesen Anschein."

Maurepas lächelte schlau. Er kannte die empfindliche, ebenso leicht aber wieder beschwichtigte Eitelkeit des Herzogs. "Hat die bürgerliche Frau Base des Königs Sie gekränkt?"

"Das will ich keineswegs behaupten. Nur - ich muß sagen, ich habe die Marquise meinen wohlgemeinten Anordnungen und Ratschlägen gegenüber weniger gelehrig gefunden, als ich anfangs anzunehmen Grund hatte."

“Ach, so! Hm, und was sagen Sie zu dem da?”

Maurepas wies auf den Brief.

“Seit fünfzehn Jahren ist Orry im Amt. Nicht nur, daß man ihm die Generaldirektion der königlichen Bauten nimmt und sie einem Verwandten der Pompadour - es heißt übrigens, Tournehem sei ihr Vater - übergibt, jetzt soll Orry auch seines Amtes als Generalkontrolleur der Finanzen entsetzt werden!

Maurepas schlug mit der Faust auf den Tisch.

“Eine heillose Wirtschaft, bei der nicht nur die Poisonnière, sondern allem Anschein nach auch der alte Schwadroneur, der offizielle Vater Poisson, seine Hand im Spiel hat. Orry wird den Brüdern Pâris unbequem geworden sein. Voilà.”

Maurepas nahm den Brief wieder auf und las laut:

Die Pâris wissen, daß sie unentbehrlich sind. Darauf fußend haben sie die Pompadour veranlaßt, dafür Sorge zu tragen, daß ihre Geschäfte von der lästigen Kontrolle Orrys befreit werden. Sie haben kurzer Hand erklärt, kein Geschäft mehr übernehmen zu wollen, solange der Generalkontrolleur im Amt ist.

“Unerhörte Zustände!” rief Richelieu - der dem Minister im Grunde nicht grün war, weil der König Maurepas gelegentlich gegen ihn ausspielte - mit einem Unterton von Sarkasmus. “Man fühlt sich ja in seiner eigenen Haut nicht mehr sicher.”

“Es kommt auf die Haut an, Herzog.” Ernster fuhr

Maurepas fort: "Es gilt an erster Stelle, jedem Kandidaten der Pompadour von vornherein den Weg abzuschneiden. Ich werde mit Fleury sprechen. Er soll dem König d'Arnonville empfehlen."

Es kitzelte den Herzog, Maurepas noch weiter zu reizen. Ihm konnte es nur gelegen sein, wenn der Minister sich so weit in seinen Zorn verstrickte, daß er sich eine Schlinge für den eigenen Kopf aus seinem Haß gegen die Pompadour drehte.

"Wenn Sie ein paar Minuten Zeit haben, Maurepas" - der Minister nickte - "so möchte ich Ihnen eine kleine Geschichte aus Versailles erzählen, die weniger ernst, aber dafür um so pikanter ist."

"Eh bien, ich höre!"

Der Herzog sprach im Ton eines amüsanten Plauderers. Mit keiner Miene verriet er seine eigentliche Absicht, den Minister immer heftiger gegen die Pompadour aufzuhetzen. "Es wird Ihnen bekannt sein, daß seit den Tagen von Choisy und Fontainebleau der König und die Marquise unzertrennlich sind."

"Ob es mir bekannt ist!" rief der Minister heftig. "Hätte sie sonst diesen fatalen Einfluß auf ihn?"

Richelieu ließ sich nicht stören.

"Sobald der König aufgestanden, sucht er die Marquise in ihren Gemächern auf. Sie frühstücken, sie plaudern zusammen. Sie singt und spielt ihm vor, bis er zur Messe geht. Nach der Messe kommt er zurück, nimmt einen Teller Suppe und ein Kotelett bei ihr - der Wahrheit die Ehre zu geben, die Pompadour hat einen famosen Koch."

“Für das Geld des Königs, während die armen Burschen da unten in den Hafenplätzen hungern”, rief der Minister wütend.

“Dann amüsiert er sich bis fünf oder sechs mit ihr, je nachdem die Ministerempfänge stattfinden.”

“Und die angekündigte Pikanterie, Herzog?” rief Maurepas gereizt und ungeduldig.

Der Herzog lachte. “Qui vivra, verra! Vorgestern nacht erkrankt der König im Bett der Pompadour an heftigen Leib- und Magenbeschwerden. Er windet sich vor Schmerzen. In ihrer Verzweiflung ruft die Pompadour nach Madame du Hausset, die im Nebenzimmer schläft - oder nicht schläft. Was tun? Man kann den König nicht hilflos seinen Qualen überlassen. Man muß einen Arzt rufen, Medikamente herbeischaffen! Aber wie, ohne sich unheilbar zu kompromittieren? Vergebens fleht die Marquise den König an, ihr Bett zu verlassen, sich in seine Gemächer zu begeben. Er liegt wie ein Klotz, ist für alle ihre Bitten taub.”

“Sehr pikant, in der Tat! Hätte nur noch gefehlt, daß die Königin ihrerseits erkrankt wäre und nach dem König geschickt hätte!”

“Gönnen Sie der Königin doch auch was Gutes! Zumindest den ruhigen Schlaf eines frommen Gewissens unter dem neuen feuerfarbenen Baldachin.”

Der Minister zerbiß einen Fluch zwischen den Zähnen.

“Den sie der Poissonnière zu danken haben soll. Was machte man also mit dem König?”

“Da die Hausset auf die Freundschaft und Diskretion

Doktor Quesnays besondere Ansprüche zu haben scheint, weckte sie den Freund aus dem Schlafe. Auf Zehen, um niemand aus der Umgebung oder von der Dienerschaft zu wecken, schlich man sich zu dem blaßblauen Seidenlager der Marquise zurück. Sie hielt des Königs Hand und beruhigte den Stöhnenden erfolglos. Heiße Umschläge, heißer Tee waren vonnöten. Den drei ratlosen Krankenwärtern blieb nichts anderes übrig, als eine vierte Person zu wecken, die Garderobiere -"

"Und woher haben Sie das pikante Histörchen, Herzog?"

Richelieu zuckte die Achseln.

"Die Wände, die man so dicht geglaubt, müssen doch Ohren gehabt haben."

Schmunzelnd und händereibend verließ der Herzog das Ministerhotel. -

Wenige Tage später kursierte in Paris und Versailles die erste "Poissonade". Sie ging von Hand zu Hand, von Mund zu Mund. Außer der königlichen Familie und der Marquise von Pompadour mochte es wenige Leute geben, die das Gedicht nicht zu Gesicht bekamen.

Die d'Estrades, die ihren vorläufigen Frieden mit der Pompadour und dem König gemacht hatte, hütete sich diesmal, die Vermittlerin zu spielen. Nur für sich las sie mit mokantem Kichern, bis sie die Verse auswendig kannte.

Jadis c'étoit Versaille
Qui fixoit le bon goût.
Aujourd'hui la canaille

Règne, et tient le haut bout.
Si la cour se ravale,
De quoi s'étonne-t-on?
Nest-ce pas de la Halle
Que nous vient le poisson?

Die allgemeine Meinung der Hofgesellschaft ging dahin, daß dieses niederträchtige Pasquill nur von Maurepas kommen könne. Niemand aber wollte sich die Finger verbrennen und den König darauf stoßen.

Jedermann wusste, wie hoch der "charmante" Minister bei Louis XV. in Gunst stand.

Auch Richelieu ließ die Absicht fallen, Maurepas beim König zu verdächtigen.

Er war davon überzeugt, daß der Minister sich auch ohne seine Nachhilfe nach und nach die eigene Grube graben werde, denn er glaubte nicht mehr, wie Maurepas, an eine vorübergehende Liebschaft des Königs.

Nur zur Marquise, deren Abneigung gegen den Minister er kannte, sprach er ab und zu mißbilligend und verdachterregend von Maurepas.

Elftes Kapitel

Im Hôtel des Chèvres lag eine todkranke Frau.

Auf den Steinstufen des kleinen Palais lastete eine weiße Schneedecke, an den Fenstern blühten die Eisblumen, wie an jenem Abend, als Madeleine Poisson Binet und seine Botschaft mit fliegenden Pulsen erwartet hatte.

Jetzt lag die leidenschaftliche Frau still und reglos zwischen hoch aufgeschichteten Kissen.

Der Atem kam nur schwer, stoßweise und röchelnd aus ihrer Brust.

Ihr einst so schönes Gesicht stand lang, spitzig und gelb gegen die weißen Kissen.

Herr von Tournehem und Charles Guillaume d'Étioles saßen an ihrem Lager. François Poisson war nach Versailles gefahren um Jeanne und die kleine Alexandra zu holen, die seit einigen Tagen mit ihrer Wärterin bei der Mutter zu Besuch war. Abel war schon zu einer Studienreise nach Italien unterwegs.

Herr von Tournehem entzog Madeleine für einen Augenblick seine Hände, in die sie die ihren gekrampft hielt, und sah nach der Uhr.

Dann wandte er sich nach seinem Neffen, der betrübt und wie verloren neben dem Lager stand.

"Jeanne kann jeden Augenblick hier sein. Geh auf dein

Zimmer und halte dich ruhig, solange sie hier ist. Ich werde dir die Kleine hineinschicken, wenn Jeanne es nicht vorgezogen hat, sie bei der Hausset zu lassen."

Charles weigerte sich zu gehen.

"Ich will sie sehen", beharrte er eigensinnig, "ich will sie wenigstens einmal sehen. Es ist mein gutes Recht."

Madeleine warf sich unruhig hin und her.

"Von Recht ist keine Rede. Ihr seid in aller Form geschieden. Beunruhige die arme Kranke nicht!"

Madeleine richtete sich mühsam vollends auf. Sie saß steil wie ein Bolzen. "Geh, steh' der Marquise nicht im Wege!" sagte sie herrisch.

Charles rührte sich nicht.

Da nahm Tournehem ihn sanft beim Arm und redete ihm gut zu.

"Geh', mein Junge! Es ist besser."

Er schob ihn aus der Tür.

Als die beiden Herren im Treppenflur standen, wurde unten die Haustüre aufgemacht.

Sie hörten Herrn Poisson mit seiner durchdringenden, schwer herabzudämpfenden Stimme sagen:

"Du mußt auf alles vorbereitet sein, Jeanne." Dann ein leises Schluchzen der Marquise. D'Étioles stand wie angewurzelt.

"Komm, komm!" drängte Tournehem.

"Ich muß sie sehen!" knirschte der junge Mann außer sich.

Jeanne, die schon auf dem ersten Treppenabsatz stand, rief Tournehmen mit fester, eiskalter Stimme zu:

“Lieber Onkel! Bitte, mir Platz zu schaffen. Ich habe keine Stimmung, fremden Leuten zu begegnen.”

Da wankte der arme Junge gebrochen über den Flur in sein Zimmer.

Jeanne warf sich neben der Mutter nieder und küßte zärtlich die welken, bis auf die Knochen abgemagerten Hände.

“Leiden Sie sehr, meine arme Mama?” Madeleine blickte mit zärtlichem Stolz auf ihr schönes, reichgekleidetes Kind.

“Meine Jeanne, mein Stolz, mein Glück”, murmelte sie.

Dann machte sie Tournehem und ihrem Gatten, die hinter der Marquise standen, ein Zeichen, das Zimmer zu verlassen.

Sie wollte allein mit ihrer Tochter sein.

Jeanne setzte sich auf den Bettrand und umschlang die Mutter zärtlich mit beiden Armen.

“Küsse mich, mein Kind”, flüsterte sie heiser und stoßweise, “es geht mit mir zu Ende, aber ich sterbe ruhig, ich habe das Höchste erreicht, was ich erreichen konnte: Ich habe deinen Triumph gesehen.”

Jeanne lächelte unter Tränen.

“Meine gute, liebe Mama!”

“Halte fest, was du hast, mein Kind. Lasse dich zu keiner Unklugheit hinreißen! Ein jeder Mann ist schwer zu halten. Am schwersten ein König. Sei gut und unterwürfig gegen die Königin, es kann dir nur nützen. Ertrage kaltblütig den Haß des Dauphins. Brüste dich nicht vor deinen Freunden, nur deinen Feinden zeige dich hochmütig, damit sie wissen, du fürchtest sie nicht. Habe Geduld mit den Launen des Königs, laß ihn nie fühlen, daß du ihn beherrschest. Verliere den Kopf nicht, wenn eine andere vorübergehende Leidenschaft ihn packt!

Wenn du alterst und dein Körper ihn nicht mehr zu fesseln vermag, gib ihm doppelt von deinem Geist, gib ihm Freundschaft statt der Leidenschaft. Laß -"

Der sterbenden Frau, die ihre letzten Kräfte für die letzten Lehren an ihre Tochter aufgespart hatte, versagte der Atem. Sie röchelte schwer und fuhr unruhig mit den Händen in die Luft. Dann setzte sie noch einmal zum Sprechen an:

"Laß niemals eine dritte - Person zwischen dich und den König kommen - fahre fort - die - die Jesuiten - zu hassen. Versprich -"

Es war ihr letztes Wort. Aber sie hörte noch den Schwur, den Jeanne ihr leistete, getreu den Lehren der Mutter nachzuleben.

Auf ein Klingelzeichen Jeannes traten François Poisson und Herr von Tournehem in das Sterbezimmer.

Madeleine Poisson lag mit geschlossenen Augen, aber sie atmete doch.

François brach beim Anblick seiner Frau in lautes Weinen aus und umarmte heftig seine Tochter, die den zärtlichen Blick nicht von der Sterbenden ließ.

Herr von Tournehem hatte sich zu Madeleine niedergebeugt und küßte die bleiche Stirn. Dann schlug er das Kreuz über sie.

Noch ein paar rasselnde Atemzüge, dann war es vorüber. Madeleine Poisson, die so emsig an den Schicksalsfäden für ihre Tochter und Frankreich gesponnen hatte, war nicht mehr!

Am späten Abend brachte François Jeanne nach Versailles zurück.

Kurz ehe der Wagen vor dem Schlosse hielt, sprach er eindringlich auf die Marquise ein, die in ihrer schweren Trauer stumm vor sich hinstarrte.

Poisson nahm seiner Tochter das Versprechen ab, den König zu einer vornehmen Bestattung der Mutter zu vermögen, ihn dazu zu bewegen, Madeleine Poisson ein Mausoleum in Paris errichten zu lassen. -

Der König, den ein reitender Bote schon von Jeannes Verlust verständigt hatte, erwartete die Geliebte in ihren Gemächern.

Sie war so müde und zerbrochen, daß sie am liebsten mit ihrem Kinde und der treuen du Hausset allein geblieben wäre, sich von ihr hätte zur Ruhe bringen lassen.

Doch aber war sie stolz auf die innige Teilnahme des Königs.

Er zog sie auf sein Knie und küßte ihr die Tränen aus den Augen.

"Mein armes Kind", weinte er mit ihr.

"Sie hat nicht gelitten, die arme Mama, wenngleich es so den Anschein hatte. Aber weshalb mußte sie schon sterben? Kaum sechsundvierzig Jahre alt! Sie hat mich sehr geliebt! Wenig Menschen haben mich wirklich lieb", klagte sie.

"Und ich, Jeanne, liebe ich dich nicht mehr als alles auf der Welt?"

Sie lehnte dankbar den müden Kopf an seine Brust.

“Ja, Sire. Aber wer gönnt mir die Liebe Euer Majestät? Die Mutter hat es getan. Alle anderen mißgönnen sie mir, hassen mich, verfolgen mich dafür.”

“Ich schütze dich, Jeanne. Ich, dein König und dein Geliebter. Fürchte dich nicht!”

Nach und nach wich die ungewohnte Schwäche, die der Schmerz in ihr ausgelöst hatte. Sie trocknete die Tränen, sie richtete sich an seiner Brust auf, sie strich das verworrene Haar aus der Stirn.

Mit ihrer sanften, wieder ruhiger gewordenen Stimme klagte sie leise:

“Das schwere Atmen, das Röcheln, das langsame Verebben des Lebens. Nie werde ich's vergessen.”

Des Königs Todesfurcht wurde wieder wach.

Ihn schauderte. Er vergaß den Gram der Geliebten. Er vergrub das Gesicht in den Händen und stöhnte laut.

“Gräßlich, gräßlich. Sterben müssen, den dunklen Weg gehen müssen, den niemand kennt, allein, allein! Ohne eine Hand, die uns hält, ganz allein.”

Er ächzte laut. Das Grauen schüttelte ihn.

Sie nahm ihn in den Arm. Seine Schwäche dauerte sie.

Das trauliche Du, das er so oft vergebens von ihr erbeten, kam ungewollt über ihre Lippen.

“Ich gehe mit dir, ich lasse dich nicht allein. Ich halte deine Hand, ich sterbe mit dir, ein König sollte nie allein sein, auch im Tode nicht!”

Er hob zaghaft das schöne Haupt und sah sie fragend an.

"Versprich es mir, Jeanne, gib mir dein Wort darauf, ich bin um soviel älter als du, ich werde der erste sein. Versprich mir, daß du mit mir gehst!"

Sie faßte seine beiden eiskalten Hände.

"Mein Wort darauf, Sire."

Lange saßen sie stumm. Dann fing Louis von der Beisetzung der Mutter zu sprechen an.

"Ich werde der Armen eine Grabstätte in der Kapuzinerkirche kaufen. Sie soll liegen, wo die Vornehmsten meines Landes liegen. Sie war deine Mutter, Jeanne."

Die Marquise atmete auf. Was er dem Gedächtnis ihrer Mutter bot, war so viel, daß ihr die Bitte um ein Mausoleum, das sie dem Vater zugesagt, erspart blieb. -

Louis ließ kein Mittel unversucht, um die Geliebte zu zerstreuen, ihr über den Schmerz um die Mutter fortzuhelfen. -

Madame Poisson war gerade am Weihnachtstage gestorben. Bis zum Schluß des Jahres blieb der König unzertrennlich von Jeanne. Er führte sie nach Choisy, er lud François Poisson ein, seiner Tochter dort Gesellschaft zu leisten.

Er wollte das große Fest in Marly absagen lassen, um Jeanne in ihrem Schmerz nicht zu kränken.

Die Marquise verweigerte energisch diese Rücksichtnahme auf ihre persönliche Trauer. Sie wußte nur allzugut, was sie damit bei der ihr wohlgesinnten Hofgesellschaft wieder aufs Spiel setzen würde, welche Trümpfe sie dem Dauphin und seinen Freunden, den Jesuiten, in die Hand gab.

Louis beschenkte die Marquise am Neujahrstage überreich für diese Selbstlosigkeit.

Auch der Königin gab er, zum erstenmal seit vielen Jahren, ein Neujahrsgeschenk, das Maria Leszinska entzückt empfing, eine kostbare Dose, in Gold und Emaille gearbeitet. In ihrem Deckel war eine zierliche Uhr eingelassen.

Der König hatte das kleine Kunstwerk schon im Spätherbst bei Lazare Duvaux bestellt, um es - Madame Madeleine Poisson am Neujahrstage persönlich zu überreichen!

Während die Tochter in tiefem und aufrichtigem Schmerz die Mutter betrauerte, sang man in Paris und Versailles auf allen Gassen:

Ci gît qui, sortant d'un furnier
Pour faire une fortune entière
Vendit son honneur au fermier
Et sa fille au propriétaire.

Rasch folgten die Feste dieses Winters einander, die durch die Anwesenheit der Dauphine und der beiden ältesten Töchter des Königs ein neues, frisches Gesicht bekamen.

Madame Henriette, die Zwillingsschwester der Infantin, und Prinzessin Adelaide hielten ihren Haushalt unter Beistand ihrer Ehrendame, der Marschallin de Duras selbständig für sich, und besonders die lebenslustige Henriette arrangierte mit Hilfe der Marquise von Pompadour eine Reihe glänzender Feste, von denen selbst die Königin sich nicht gänzlich ausschloß.

Auch bei allen Veranstaltungen des Königs hatte Jeanne die künstlerische, leichtbildende Hand im Spiel, schuf sie mit ihrer nie ermüdenden Phantasie immer neue originelle Abwechslungen.

Im Reithaussaal hatte sie die Aufführung großer, phantastischer Ballette eingeführt, die das Entzücken der illustren Gesellschaft waren. Vornehmlich mit "Zéliska", zu dem Lanoue die Idee gegebene und Jélyotte die Musik geschrieben, wurden außerordentliche Erfolge erzielt.

Das letzte große Fest vor dem Fasten war der berühmte Opernball in Paris.

Der König, der ursprünglich hatte fernbleiben wollen, entschloß sich noch im letzten Augenblick, den Ball inoffiziell mit Jeanne zu besuchen. Die Begleitung, die er befohlen, bestand nur aus wenigen Personen.

Jeanne trug den Schmuck, den sie bei ihrer ersten Vorstellung bei Hofe getragen, dazu eine hellblaue, über und über in Gold und Perlen gestickte Samtrobe von unermeßlichem Wert. Obwohl sie sich müde und abgespannt fühlte, war ihre Haltung wie immer eine vollendete. Niemand sah es ihr an, wie wenig ihre Nerven nach dem Tode der Mutter den großen Anforderungen der Feste, der fortwährenden geistigen und körperlichen Inanspruchnahme durch den König standhielten.

Schöner war sie denn je. Der zarte Teint übte in seiner leuchtenden Blässe einen ganz besonderen Zauber aus.

Als sie mit dem König, gefolgt von den Damen d'Estrades und Du Roure, den Saal der Oper betrat, war das Aufsehen ein ungeheures. Alles umdrängte, bestaunte und kritisierte sie. Niemand dachte mehr an den Tanz.

Immer neue Personen erbaten die Ehre der Vorstellung durch die Herren der Begleitung. Anliegen wurden vorgebracht, heimliche Verwünschungen ausgestoßen, Schmeicheleien der Marquise ins Gesicht gesagt.

Der König schien heute Nebenperson. Ganz Paris kannte Louis den Vielgeliebten. Die berühmte und berüchtigte Marquise aber, die kleine Poisson, die obskure Madame d'Étioles, die sich so rasch in das Herz des Königs gestohlen hatte, die ihn so gänzlich beherrschen sollte, wollte man endlich bei nahem besehen.

Ayen und dem Herzog von La Vallière gelang es endlich, Raum für die Passage zu schaffen. Der König zog sich in den Hintergrund einer Loge zurück.

Die Marquise setzte mit Madame d'Estrades und den beiden Herzögen ihren Weg durch die glänzenden Festsäle fort. Nach wenigen Schritten wurden sie aufs neue umzingelt, beinahe eingeschlossen.

Die Marquise kam in fast körperliche Berührung mit den sie umgebenden Personen. Plötzlich bemerkte sie, daß jemand nach ihrer Hand griff. Als sie die Finger erschreckt und angewidert zurückziehen wollte, fühlte sie ein knisterndes Papier in ihrer Rechten. Ihr zur Linken wiederholte sich dasselbe Spiel.

Einen Augenblick dachte sie daran, die Papiere zu Boden fallen zu lassen. Dann besann sie sich, daß sie Wichtiges enthalten möchten und ließ sie ungesehen in den Beutel aus rosa Brokatseide gleiten, den sie an einer goldenen Kette am Arm trug.

Nach einer Stunde verließ sie mit dem König den Ball.

An der Tür ihres Schlafzimmers überkam sie die Furcht, Louis möchte noch eine Liebesstunde von ihr fordern!

Sie hatte ihn in letzter Zeit oft vergebens gebeten, sich niederzulegen, die Ruhe zu suchen. Heute äußerte er keinen Wunsch, sie zu begleiten. Er küßte ihr die Hand und sagte ihr eine gute Nacht.

Sie atmete erleichtert auf. Dann plötzlich befiel sie eine eifersüchtige Regung. Wenn er eine andere Frau besuchte, eine andere empfinge! Die Angst schnürte ihr die Kehle zu. Aber die Eifersucht verflog, wie sie gekommen. Jeanne war zu müde zum Fühlen, zum Denken.

Sie sank auf das Engelbett nieder und rief nach Madame du Hausset, die in ihrem kleinen Zimmer auf die Herrin wartete.

Als die Kammerfrau Jeanne den goldgestickten Beutel vom Arm nahm, fühlte sie zwischen der Seide knisternde Papiere.

Da sie glaubte, es sei ein Brief des Königs, wie er ihn der Marquise zuweilen in besonders heißen oder melancholischen Momenten im letzten Augenblick noch zusteckte, machte sie ihre Herrin darauf aufmerksam.

Jeanne, die mit geschlossenen Augen gelegen, schrak auf. Mit Ekel und Widerwillen empfand sie wieder die sie umdrängenden Menschen, fühlte den hastigen, zudringlichen Griff nach ihren Händen.

"Gib her!"

Sie riß der Hausset den Beutel aus der Hand und entnahm ihm mit fliegenden, aufgeregten Händen die Papiere.

Madame du Hausset hatte sich diskret abgewendet und war an den Kamin getreten.

Plötzlich hörte die Kammerfrau einen Schrei, heiser und unartikuliert.

Als sie sich umwandte, saß die Marquise mit verzerrten Mienen, mit in Wut und Haß zusammengekrampften Händen.

"Um Gott, was ist geschehen?"

Die Papiere lagen am Boden.

Jeanne saß stumm. Kalkweiß im Gesicht. Die feingezeichneten Brauen zusammengezogen, eine tiefe, senkrechte Falte auf der jungen weißen Stirn.

Verächtlich stieß sie mit den Fußspitzen nach den Blättern am Boden.

"Da lies!"

Dann sprang sie auf und lief im Zimmer auf und nieder, die Möbel beiseite stoßend, die ihr im Wege standen.

"Richelieu hatte recht, mich vor diesem Schuft zu warnen. Wäre der Herzog hier! Was hat er in Artois zu suchen? Er soll zurückkommen, er soll mir helfen, diesen Hund, diesen Maurepas, zu züchtigen."

Madame Hausset hatte die Papiere aufgenommen. Sie las mit Tränen in den Augen:

Fille dune sangsue, et sangsue elle-même,
Poisson, d'une arrogance extreme,
Étale en ce château, sans crainte et sans effroi,
La substance du peuple et la honte du Roi.

“Auch das andere! Lies nur, lies!” schrie Jeanne außer sich.

Madame du Hausset schüttelte traurig den Kopf. Sie kannte den Inhalt des zweiten Blattes bereits. Quesnay hatte es vor acht Tagen aus Paris mitgebracht.

Jeanne riß der Kammerfrau das Pamphlet aus der Hand.

“Wenn du nicht willst, kann ich es dir ja vorlesen.”

Und sie las mit haßentflammten Augen:

Jadis c'étoit Versaille
Qui fixoit le bon goût,
Aujourd'hui la canaille.

Weiter kann sie nicht. In ohnmächtigem Grimm stürzte sie zu Boden und vergrub ihr Gesicht in die blaßblauen Seidenkissen des goldfüßigen Engelbettes.

Zwölftes Kapitel

In der Nähe des verfallenen Rosenpavillons, in dem Louis XIV. und Louise von La Vallière ihre herzwarmen Liebesschwüre getauscht hatten, und den heute eine kalte Schneelast drückte, schritt der König mit der Marquise zwischen verschneiten Taxushecken.

Beide waren blaß und erregt.

Endlich, mit einem Unterton von Gereiztheit, sprach die Marquise. Der König schwieg beharrlich, sein ganzes Wesen zäher, passiver Widerstand. Er witterte so etwas wie eine Bevormundung, gegen die sich gerade das Bewußtsein seiner Schwäche heftig sträubte. Er liebte Jeanne, er tat, was er ihr an den Augen absehen konnte, aber an dem, was er als absoluter Herrscher für gut hielt, sollte sie nicht zu rütteln wagen.

Ein einziger Blick hatte genügt, Jeanne zu zeigen, was in dem König vorging.

Sofort änderte sie ihre Taktik.

Mit sanfter Stimme und bittender Gebärde, der selten jemand, am wenigsten der König, widerstand, sprach sie fort:

“O Sire, wahrhaftig, der arme Mensch hat seine Verhaftung nicht verdient. Sie müssen Maurepas Befehl geben, daß er sie aufheben läßt, daß er den jungen Vaillant ins Ministerium zurückruft. Er ist schuldlos an dem Verschwinden der Pläne. Er hat es seiner Mutter auf die Hostie geschworen. Ich habe der Verzweifelten zugesagt, ihr zu helfen."

Louis zuckte die Achseln.

"Du weißt, mein Kind, es ist schwer, Maurepas beizukommen. Ich möchte gerade gegen ihn nicht schroff sein."

Die Ungeduld zuckte über Jeannes Gesicht. Nur schwer verbarg sie ihren Haß, die unbezähmbare Rachsucht gegen einen Widersacher, der sie mit Schmähungen überhäufte.

Sie packte den König an der Stelle, von der sichtbarlich seine passive Resistenz gegen sie ausging.

"Sie sind der Herrscher, Sire. Ich erinnere an das Wort Eurer Majestät erlauchten Ahnherrn: 'L'état c'est moi.' Es hat auch heute Geltung, dieselbe für Louis XV. wie für Louis XIV. Euer Majestät sind Herr über Tod und Leben. Euer Majestät Minister haben bedingungslos zu gehorchen." Louis zögerte einen kurzen Augenblick. Sie hatte recht, ja, er war Herr über Tod und Leben. Er war Herr, zu bestimmen, ob einer seiner Untertanen, und sei er der Geringste, in der Bastille zu büßen habe oder nicht.

"O Sire, wenn Sie eine Bitte erfüllten! Denken Sie daran, wie jung der arme Bursche ist! Denken Sie an seine Mutter, Sire. Soll beider Leben vernichtet sein?"

Er sah sie an. Sie war unwiderstehlich, wenn sie so innig bat.

"Ich werde mit Maurepas sprechen!"

"Tausend Dank, Sire."

"Ich habe Ihnen zu danken, Marquise. Man soll nicht

von mir sagen, daß ich mit offenen Augen Ungerechtigkeiten dulde."

Maurepas schäumte.

Er hatte nichts unversucht gelassen, den König eines anderen zu belehren. Vergebens. Er hatte seinen Antrag auf den Verhaftbefehl gegen Vaillant zurückziehen müssen. Der junge Mensch saß auf seinem alten Platz im Ministerium. -

Gleichzeitig mit dem Befehl des Königs war ein Brief der Marquise an ihn gelangt. Mit Widerwillen erbrach er das Schreiben.

Die Pompadour forderte in gereiztem Ton endlich greifbare Resultate seiner Nachforschungen über den Verfasser der Pasquille.

Maurepas lachte hämisch. Noch hatte die Marquise die Geheimpolizei und das "Schwarze Kabinett" nicht zu ihrer Verfügung.

Es würde Zeit und Weile dauern, bis sie den oder die Verfasser der Pamphlete kennen lernte!

Bis dahin hatte der König sie wohl schon ins Hôtel de Chèvres, zu ihrem schwachköpfigen Gatten, zurückgeschickt!

Am nächsten Morgen konnte Paris und Versailles an allen Gartenmauern, Baumstämmen und Hauswänden ein neues Spottgedicht lesen, das binnen vierundzwanzig Stunden in aller Munde war und auf die Melodie des "Trembleurs d'Isis" in jeder Gasse gesungen wurde. Es war die Antwort des Ministers auf den Sieg der Pompadour.

Les grands seigneurs s'avilissent,
Les financiers s'enrichissent
Et les Poissons s'agrandissent;
C'est le règne des vauriens, rien, rien.
On épuise la finance,
En bâtiments, en dépense,
L'État tombe en décadence.
Le Roi ne met ordre a rien, rien, rien.
Une petite bourgeoise
Élevée à la grivoise,
Mesurant tout à sa toise,
Fait de la cour un taudis, dis, dis.
Louis, malgré son scrupule,
Fortement pour elle brûle,
Et son amour ridicule
A fait rire tout Paris, ris, ris.
Cette catin subalterne
Insolemment le gouverne,
Et c'est elle qui décerne
Les honneurs à prix d'argent, gent, gent.
Devant l'idole tont plie,
Le courtisan s'humilie;
Il subfit cette infamie,
Et n'est que plus indigent, gent, gent.

Diesmal waren die beschimpfenden Verse rasch genug in die Hände der Marquise gelangt.

Sie hatte sie selbst von einem Pfeiler an der kleinen Gartenpforte gerissen, die sie öfters passierte, wenn sie auf eine halbe Stunde allein mit der Hausset und Mimi stille und einsame Wege ging. Diesmal weinte sie nicht, diesmal ward ihr Gesicht nicht kalkweiß, krampften sich ihre Hände nicht. Nur die Brauen zogen sich enger zusammen; tiefer stand die senkrechte Falte über der Nasenwurzel.

Rasch, in königlicher Haltung schritt sie in das Schloß zurück und befahl Madame d'Estrades zur Ausfahrt.

Ihr Entschluß stand fest. Nichts und niemand würde sie mehr davon abbringen. -

Die Rappen der Pompadour, die jedes Kind in Paris kannte, hielten vor dem Palais Maurepas. Jeanne sparte sich die Vorrede und machte kurzen Prozeß.

„Man soll mir nicht nachsagen, Herr Minister", ihre Stimme klang hart und kalt wie Stahl, "daß ich mir die Minister holen lasse. Ich suche sie mir selbst. Meine Geduld ist zu Ende. Wann werden Sie mir den Verfasser der Schandschriften zu nennen wissen?"

"Sobald ich ihn kenne, Madame, werde ich ihn dem König nennen."

Sie maß ihn verächtlich vom Kopf bis zu den Füßen. Höhnisch sagte sie:

"Sie machen nicht viel Umstände mit den Mätressen des Königs. Das ist bekannt. Es kommt nur darauf an, wie die Mätressen sich damit abzufinden gedenken. Eine ist nicht wie die andere."

"Ich behandle sie sämtlich nach Verdienst, Madame", gab Maurepas impertinent zurück.

Ihre Augen blitzten ihn an, ihre Zähne gruben sich tief in die Unterlippe, aber sie sprach kein Wort mehr.

Mit einer raschen, herrischen Bewegung verließ sie das Zimmer des Ministers. -

In der Nachbarschaft des Ministerhotels war der Besuch der Marquise nicht unbemerkt geblieben. Der Marschall von Villars kam hereingestürmt.

"Sie haben vornehmen Besuch gehabt, Maurepas?"

Der Minister verneigte sich höhnisch.

"Keinen geringeren als den der Pompadour. Ich fürchte nur, er wird ihr kein Glück bringen. Ich erinnere mich, daß, als die Mailly zu mir kam, sie zwei Tage später ihren Abschied hatte. Daß ich die Châteauroux vergiftet haben soll, wissen Sie, Marschall. Ich bringe ihnen allen Unglück, den königlichen Mätressen." Und er lachte überlaut und siegesgewiß. -

Fiebernd kehrte Jeanne nach Versailles zurück.

Sie fühlte sich todkrank. Ihr Herz schlug zum Zerspringen. Ihr Atem ging kurz und schwer, aber um nichts in der Welt hätte sie sich beim König krank gemeldet, Maurepas auch nur um eine Sekunde den Vortritt gelassen.

Eine halbe Stunde nach ihrer Rückkehr war sie bereits für das Diner umgekleidet, das im kleinen Cercle in den kleinen Gemächern eingenommen werden sollte.

Auf die inständigen Bitten der Hausset hatte sie ein wenig Rot aufgelegt, um den König nicht durch ihre geisterhafte Blässe zu erschrecken.

Louis saß ihr gegenüber. Ayen zu ihrer Linken.

Der Herzog bemerkte zuerst ihre fliegenden Hände, den unsteten, aufgeregten Blick, dessen sie trotz aller Selbstbeherrschung nicht Herr zu werden vermochte.

Er bemerkte auch, daß sie die Speisen unberührt an sich vorübergehen ließ.

"Sind Sie krank, Marquise?" fragte er leise und besorgt.

Der König, der sich mit der d'Estrades und der Bellefonds unterhalten hatte, wurde sofort aufmerksam.

"Sie sind krank, Madame?" rief er erschreckt.

"Ich bin es noch nicht, Sire, aber ich könnte es werden. Und mehr als krank. Herr von Maurepas trachtet mir nach dem Leben."

"Um Gottes willen, wo denken Sie hin, Marquise?"

"Vergessen Sie die arme Herzogin von Châteauroux?" flüsterte sie über den Tisch.

Alles schwieg bestürzt. Der König zwang sich ein Lächeln ab. "Sie sehen Gespenster, liebe Freundin."

Jeanne schüttelte den Kopf.

"Ich fühle es, Sire, er hat die Absicht, mich zu vergiften."

"An meiner Tafel sollte ihm das schwer falten, meine liebe Marquise."

Sie genoß auf seine Bitten von der Forelle und den jungen Gemüsen und trank ein paar Schluck von dem schweren Burgunder.

Nach dem Ballett kam der König zu ihr. Quesnay war bei ihr gewesen und hatte ihr ein Beruhigungspulver gegeben. Sie lag mit halb geschlossenen Augen ermattet, aber ruhiger da.

Jetzt, allein mit Louis, erzählte sie ihm, was Maurepas sich gegen sie erlaubt, und zeigte ihm das neue Schmähgedicht des Ministers.

Der König hatte noch nichts davon gehört. Er empörte sich. Er erzürnte sich laut in Ausdrücken, die selten über seine Lippen kamen.

"Sollte Maurepas es wirklich wagen -!?"

"Es kommt von ihm, Sire. Verlassen Sie sich darauf! Auch Richelieu hat mich noch kurz vor seiner Abreise des Hasses Maurepas' und seiner Bosheiten gegen mich versichert. Wäre der Herzog hier!"

Eifersüchtig und empfindlich schrie der König zornig:

"Wozu brauchen Sie Richelieu, Marquise? Bin ich nicht da?"

Sie war so heftig erschrocken, daß er sogleich wieder sanft und zärtlich wurde.

"Meine arme Jeanne, meine arme, liebe Jeanne, Maurepas hat sich schlimm gegen dich vergangen, und wenn ich auch nicht glaube, daß er die Absicht hat, dich zu vergiften."

"Er hat sie, Sire."

"Noch daß diese gemeinen Pasquille von ihm stammen."

"Sie tun es, Sire."

"So sehe ich doch, wie du leidest, meine arme Jeanne. Du aber sollst nicht leiden. Du sollst mich ja ruhig und glücklich machen, und dazu mußt du selbst wieder ruhig und glücklich sein. Ach, mein Gott, wie schwer und traurig ist das Leben!"

Louis war in einen Stuhl gesunken. Lange saß er stumm und nachdenklich. Mechanisch drehte er die Ringe an seinen Fingern und betrachtete ihre kostbaren Steine. Es kostete ihm einen schweren Kampf, Maurepas den Abschied zu geben.

Aber er sah keinen anderen Ausweg. Er wollte keine Aufregungen, keine Kämpfe. Er wollte die Ruhe, die seinen krankhaften Seelenzuständen so über alles notwendig war.

“So sei es denn”, murmelte er vor sich hin.

Dann erinnerte er sich daran, daß er dem Minister, mit dem er seit Anbeginn seiner Regierung zusammen arbeitete, bei irgendeiner Gelegenheit versprochen hatte, ihn persönlich zu benachrichtigen, wenn die Stunde der Verabschiedung einmal kommen sollte.

Er sagte Jeanne eilig gute Nacht und schrieb, um nicht rückfällig zu werden, noch in der Nacht den Brief, der ihm mehr kostete, als er sich eingestehen mochte.

“Ich habe Ihnen versprochen, Sie in eigener Person zu benachrichtigen, wenn gewisse Dinge eintreten sollten; ich halte Wort. Ihre Dienste sagen mir nicht mehr zu. Sie werden Ihre Demission M. de Saint-Florentin überreichen. Sie werden sich nach Bourges zurückziehen. Pontchartrin ist zu nah. Ich gebe Ihnen bis Schluß der Woche Zeit abzureisen. Sie werden niemand als Ihre Familie um sich sehen. Ich bitte, mir keine Antwort zu geben.”

Am Morgen des zweiten Tages schon verließ Maurepas Paris. Er ging mit bitterem Lächeln über seinen Rechenfehler, und dachte über die Dankbarkeit Frankreichs und seiner Könige nach und daß die Maurepas seit hundertsiebzig Jahren als Minister und Staatssekretäre dem Lande treu gedient hatten.

Dreizehntes Kapitel

In dem großen Vorzimmer zu den Gemächern der Marquise mit seinen Seidenmöbeln, seinen Konsoltischen, auf denen zierliche, mit frischen Blumen gefüllte Körbchen standen, mit seinen Girandolen aus Amarant- und Zedernholz und dem großen Spiegel Louis XIV. drängten die Menschen zur Audienz, während Jeanne ihrem Sekretär einen letzten Brief diktierte.

“So, mein lieber Collin, genug für heute. Und nun lassen Sie die Bittsteller hübsch der Reihe nach antreten wie die artigen Kinder, und Monsieur Machault soll mir zu Hilfe kommen. Vor allem aber schicken Sie mir Sieur Dagé. Er soll mich während der Audienzen frisieren.” Sie löste ihr wundervolles lichtbraunes Haar, daß es ihr bis über den Gürtel des hellseidenen Morgenkleides fiel. “Um ein Uhr erwarte ich den König.”

Die Petenten kamen und gingen. Offiziere, die um Beförderung baten. Väter und Mütter, die die Freilassung ihrer Söhne aus der Bastille erflehten. Eine junge hübsche Bürgerin, die durch ein Dekret der mächtigen Pompadour ihren treulosen Gatten zurückhaben wollte. Der letzte verarmte Sproß einer alten Grafenfamilie, der um Erlassung der Pacht bat.

Durch die Menschen im Vorzimmer stürzte ein kleines

geschniegeltes, parfümiertes, mit Juwelen bedecktes Männchen, Sieur Dagé, der Haarkünstler Seiner Majestät.

Während die Marquise einen vornehmen Jesuiten abfertigte, der in fingierter Unkenntnis der Gesinnungen der Pompadour in der vagen Hoffnung gekommen war, die Marquise würde sich erweichen lassen, ein gutes Wort für den hartbedrängten Orden beim König einzulegen, bearbeitete Sieur Dagé mit seinen heißen Zangen und seinen kleinen geschickten Händen das Haar der Marquise. Er steckte Puffen, er brannte Locken, er befestigte die prachtvolle Haarfülle mit perlengefaßten Kämmen.

Die Marquise bezähmte ihre Lebhaftigkeit und saß in steifer Haltung da. Ab und zu mußte Dagé sich unterbrechen, wenn es Jeanne plötzlich einfiel, eines der Schönheitspflästerchen aus schwarzem gummiertem Taft auf der Wange, der Schläfe oder im linken Mundwinkel zu befestigen.

Nach dem Jesuiten, der seine blühende Rhetorik noch immer umsonst verschwendete, sah sie sich nicht einmal um. Endlich unterbrach sie ihn ungeduldig.

“Sie strengen sich vergebens an, Monsieur. Es zeugt von geringer Kenntnis, daß Sie nicht wissen, wie ich über Ihren Orden denke. Vielleicht auch stellen Sie sich nur unwissend! Heuchelei ist Ihnen allen ja eine treffsichere Waffe. Fragen Sie Monsieur Machault! Er wird Ihnen bestätigen, daß ich eine überzeugte Jansenistin bin.”

Sie wollte noch mehr sagen, aber Machault, der den Übereifer der Marquise fürchtete, wenn es den ihr verhaßten Jesuiten galt, fiel ihr rasch ins Wort.

“Ich kann nur bestätigen, was die Frau Marquise sagt.

Ich glaube, Monsieur -" Der Jesuit hatte verstanden. Mit einem süßlichen Lächeln, das seinen Ingrimm schlecht verbarg, verneigte er sich und verließ das Boudoir der Pompadour.

Jeanne sprang auf, ohne der Weherufe Dagés zu achten, der mit dem heißen Eisen hilflos in der Luft herumfuchtelte.

"Diese Jesuiten, diese Bande! Wenn es in meiner Macht läge, ich fegte sie aus Frankreich heraus wie alten Plunder."

Machault sah sich ängstlich um. Gott sei Dank, es war niemand im Boudoir als er und der königliche Haarkünstler.

Die Marquise lachte über die Furcht des Großsiegelbewahrers, dem das Herz unter dem Cordonbleu ängstlich klopfte.

Dann setzte sie sich wieder in Positur an den Toilettentisch und meinte übermütig:

"Ich hoffe, Sie sind kein Jesuit, Dagé?"

"Ich habe es nicht nötig, Madame", gab der kleine Mann schlagfertig zurück, "ich verdiene genug in meinem eigenen Beruf."

Machault und die Marquise lachten, aber der Kleine jammerte, daß ihm um eines einzigen elendiglichen Jesuiten willen die Eisen kalt geworden seien.

Rasch wurde die große Anzahl der übrigen Petenten abgefertigt.

Einer der letzten war Boucher. Jeanne streckte ihm die schönen, kostbar beringten Hände entgegen.

"Mein lieber Meister, ich weiß, weshalb Sie kommen! Sie zürnen mir, weil ich Sie mit den Porträtsitzungen schmählich im Stich gelassen habe!"

Mit jugendlicher Lebhaftigkeit zog der Maler die schönen Hände an seine Lippen.

"Ich zürne Ihnen, Marquise, ja, - soweit man imstande ist, einem so wundervollen Weibe zu zürnen. Indes, wenn Sie Besserung geloben -"

"Ich gelobe sie feierlich, lieber Meister. Sobald wir auf dem Lande sind, sobald ich wieder aufatmen kann, bitte ich Sie zu mir."

"Und unser Unterricht?"

"Den nehmen wir dann gleichzeitig wieder auf. Ich zeige Ihnen meine letzten Gravüren, lasse mich ganz artig von Ihnen dafür ausschelten."

"Dazu wird es schwerlich kommen bei Ihrer Begabung, Marquise."

"Doch, lieber Freund. Ich habe noch viel von Ihnen zu lernen."

Boucher verneigte sich galant.

"Und nun seien Sie mir nicht böse, wenn ich Sie verabschiede. Die Zeit drängt. Ich muß meine Toilette beenden. Der König ist pünktlich auf die Sekunde."

"Auf Wiedersehn denn."

Er verbeugte sich mit jugendlicher Elastizität.

Lächelnd blickte die Marquise ihm nach. Sie freute sich auf die Zeit, da sie wieder mit Boucher studieren würde.

Zerfahren, mit seinen Gedanken augenscheinlich ganz woanders, gereizt und schwermütig zugleich war Louis XV. gekommen und gegangen. Die neuen Lieder Rameaus, die Jeanne ihm zum Klavier gesungen, hatten ihn nicht abgelenkt, so munter sie auch waren. Die Kunstblätter aus Florenz und Madrid, die sie für den König hatte kommen lassen, um ihm neue Anregungen für die von ihr geplante Kunstsammlung zu geben, hatte er gleichgültig mit ein paar nichtssagenden Worten beiseite geschoben.

Ihre Frage nach der Dauphine, die sich zur Freude des ganzen Hofes in gesegneten Umständen befand, hatte er unbeantwortet gelassen.

Bei ihrem drolligen Bericht über das Anliegen des Jesuitenpaters war er ungeduldig geworden.

“Sie hätten ihn zu meinem Sohn schicken sollen”, meinte er gereizt. “Da hätte er ein willigeres Ohr gefunden.”

Lange vor der gewohnten Zeit hatte der König sie mit einem flüchtigen Kuß verlassen.

Jeanne saß und grübelte. Sollte ihn der Abschied Maurepas’ nachträglich gereuen? Sollte er ihr heimlich dafür grollen?

Nein, das konnte es nicht sein. Erst gestern hatte er sie beauftragt, der Königin bei dem regelmäßigen täglichen Besuch, den sie Maria Leszinska auf Wunsch des Königs machte, mitzuteilen, daß der entlassene Minister Seiner Majestät große Ärgernisse bereitet habe und er nicht wünsche, daß des weiteren von ihm die Rede sei.

Plötzlich stockte ihr rasches Denken. Ein würgendes Gefühl schnürte ihr die Kehle, als sie sich erinnerte, daß sie gestern nacht fast reglos in den Armen des Königs gelegen hatte, während er von einer Ekstase in die andere gefallen war!

Gott im Himmel, was sollte werden, wenn sich diese Zustände öfters wiederholten! Wenn ihr zarter Körper sich seinen immer noch gesteigerten Liebeswünschen nicht gewachsen zeigte!

Eine eisige Angst kroch ihr zum Herzen. Sie kannte den König besser als irgend jemand. Wenn es ihr öfter geschah, daß sie kalt blieb in seinen Armen - furchtbar konnten die Folgen sein.

Mit klammernden Fingern griff die Eifersucht an ihr Herz. Sie liebte ihn auf ihre Art, diesen schönen melancholischen Mann; der sie in seine Leidenschaft hüllte wie in einen purpurnen Mantel. Der niemals schweigende Wunsch, ihn zu beherrschen, schloß ihre aufrichtige Neigung zu ihm nicht aus.

Sie liebte ihn schon aus dem Grunde, weil sie ihm unentbehrlich war. Würde sie es bleiben, wenn der Rausch der Leidenschaft einmal verflogen war? War das geistige und herzliche Band schon so fest zwischen ihnen, daß es der Sinnesglut entbehren konnte? Oder würde es kommen, wie es gekommen war, bevor sie des Königs Herz besessen? Würde er sich einer anderen Frau zuwenden? Würde sie gleich den anderen vor ihr zu der elenden Rolle der verlassenen Geliebten verurteilt sein?

So schwer es sie ankam, so ungeheuere, von niemand gekannte geistige und körperliche Anstrengungen es sie kostete, des Königs wandelbares Wesen, das heute voll Leben und Heiterkeit, morgen von Todessehnsucht erfüllt war, immer neu zu fesseln, sie durfte nicht rasten noch ruhen. Sie mußte trachten, ihn fester, unlöslicher noch an sich zu binden, sie mußte mit ihrer niemals müden Phantasie ihn jede Stunde sich neu zu gewinnen suchen.

Sie mußte ihren Körper stärken, kräftigen, widerstandsfähiger machen.

Sie mußte den König so ganz beherrschen, daß jede Möglichkeit eines Verlustes ausgeschlossen war.

Einen Augenblick dachte Jeanne daran, Quesnay zu befragen. Dann verwarf sie den Gedanken sofort.

Quesnay würde mit der Hausset sprechen, die Hausset würde sich mit ihrem Rat, schlimmer noch, mit gutgemeintem Mitleid einmischen.

Sie würden ihr Schonung anraten, und das gerade war das letzte, was sie brauchen konnte.

Wenn ihre Mutter noch gelebt hätte, Madeleine Poisson hätte Rat gewusst! Vor ihr hätte sie sich ihrer Schwäche nicht zu schämen brauchen.

Und plötzlich erinnerte sich Jeanne, wie sie die Mutter, wenn sie zu den Ferien aus dem Kloster nach Haus gekommen, öfter über alten Schriften gefunden, die sie eingeschlossen und versteckt hatte, sobald Jeanne das Zimmer betrat. Einmal aber hatte sie einen der alten vergilbten Bände vergessen auf dem Tisch gefunden.

Neugierig hatte sie hineingesehen und war nicht wieder davon losgekommen.

Mit heißen Wangen hatte sie gelesen. Was es doch für seltsame Dinge auf der Welt gab! Liebestränke und Reizungen, die erschlafften Sinne neu zu beleben! Ratschläge, bei denen es einen kalt und heiß zugleich überlief! Wo diese alten Bände wohl hingeraten waren? Ob sie noch im Hôtel des Chèvres wohlverwahrt im Sterbezimmer der Mutter lagen, das all ihre Eigentümer barg?

Langsam, schwer löste sich Jeanne von den Gedanken an die vergilbten Bände. Mit ihrer starken Willenskraft jagte sie sie davon wie Nachtgespenster. Noch wollte sie auf ihre Jugend und den Frühling vertrauen, noch auf den ihr vom König versprochenen stillen Landaufenthalt.

Wirklich scheuchte er alle Sorgen aus ihrem Herzen. Er kam in Gestalt eines wahrhaft königlichen Geschenkes, des Schlosses und Landgutes Crécy bei Dreux unweit Versailles, mit dem Louis die Geliebte vor seiner Abreise nach Flandern überraschte.

Jeanne war überglücklich im Besitz eines eigenen Heims von hohem Wert und außerordentlicher architektonischer und landschaftlicher Schönheit.

Sie nahm den zärtlichsten Abschied vom König, als er sich Anfang Mai, diesmal ohne den Dauphin, zur Armee begab. Sie versprach ihm, sich zu schonen, sich gesund und kräftig für ihn zu machen.

In blühenden Farben malte sie ihm das Wiedersehen auf ihrem Schlosse aus. -

Während der Abwesenheit des Königs im Felde hatte die Marquise nur Sinn für den noch nicht ganz vollendeten Ausbau, für die Verschönerung von Crécy, für die Organisierung eines vollständigen Hofstaates, den sie aus siebenundfünfzig Personen zusammensetzte. Allein für die Gehälter hatte der König ihr die Jahressumme von 42.492 Livres bewilligt.

Sie hielt lange Konferenzen mit Monsieur d'Isle, dem die Vollendung des Baues übergeben war.

Sie zog Onkel Tournehem als oberste Instanz hinzu und

hatte immer neue Wünsche, immer neue phantastische Einfälle, die den Baumeister mehr beglückten als Herrn Le Normant, der für die Kosten verantwortlich war.

Desgot war die Renovierung des Schloßparkes übergeben worden. Jeanne betrachtete und kritisierte täglich seine Anordnungen, die zumeist in der Bemerkung gipfelten: "Le Nôtre würde das anders gemacht haben!" Wo war die Kultur Louis XIV., dessen künstlerische Schöpfungen, dessen großzügige industrielle und Wohlfahrtseinrichtungen ihr Ideal und Maßstab zugleich waren!

Sie wartete nur auf eine gute Stunde, um dem König eine Reihe von Vorschlägen zu machen, mit denen er dem Beispiel des Sonnenkönigs nahekommen könnte. Die Geschichte sollte dereinst Kulturtaten von Wert und Dauer neben den Kriegsruhm Louis' des Vielgeliebten setzen, und ihr Name sollte dabei unvergessen sein.

Bereits im Juli kehrte der König aus Flandern nach Versailles zurück.

Die Entbindung der Dauphine Maria Rafaela stand nahe bevor.

Das Ereignis, auf das der Hof und die Nation so große freudige Hoffnungen gesetzt hatten, brachte tiefe Trauer.

Am 19. Juli wurde statt des erhofften Prinzen eine Prinzessin geboren. Drei Tage später schloß die zarte, scheue Infantin für immer die liebevollen blauen Augen.

Der Dauphin war untröstlich. Kein Zuspruch wollte verfangen. Selbst die angebetete Mutter wollte er nicht sehen. Er dachte nur an Tod und Sterben. Zwei Tage, nachdem die geliebte Gattin dahingegangen, bestimmte er testamentarisch, daß sein Herz in Saint-Denis neben dem Sarge seiner Maria Rafaela beigesetzt werden solle.

So konnte der König Crécy erst nach den Leichenfeierlichkeiten und einigen ebenso traurigen als langweiligen Tagen, in Choisy im Schoße der Familie verbracht, besuchen.

Wie erleichtert atmete er auf, als er das reizende, von der Blaise durchflossene Tal, die sanften sonnengoldenen Hügel von weitem erblickte, zwischen denen Schloß Crécy eingebettet lag. Die Marquise empfing ihn, umgeben, von der Prinzessin von Conti, Mesdames d'Estrades und du Roure.

Louis war entzückt von den neuen Arrangements. Seine und der Geliebten Gemächer in ihrer kostbaren, koketten Ausstattung, der große, 49 Fuß lange Eßsaal, die Ausblicke von den hohen Fenstern in den Park mit seinen neugeschaffenen Anlagen - Crécy dünkte ihm so schön wie nie, am schönsten aber die neuerblühten Reize Jeannes.

Ihre strahlenden Augen, das sanfte Rot ihrer Wangen, die Weichheit ihres zartgerundeten Kinns, die etwas voller gewordene, ebenmäßige Gestalt ließen seine Pulse heiß und begehrlich schlagen. Er konnte die Stunde nicht erwarten, wo sie ganz sein würde, ganz sein nach so langer schmerzlicher Entbehrung, ganz sein nach allen Enttäuschungen, die ihn in Versailles erwartet hatten.

In ihrem üppig ausgestatteten Schlafgemach in Crécy durfte Jeanne alle Skrupel, alle bitteren Ängste hinter sich werfen.

Keine geheimnisvollen Bücher Madeleine Poissons,

keine Ärzte waren vonnöten, Louis dem Vielgeliebten das heißersehnte Liebesglück zu schenken.

Bei einem seiner kurzen Besuche in Versailles hatte Jeanne die persönliche Bekanntschaft Moritz' von Sachsen gemacht. Selbst dieser alte Haudegen war ihren Reizen gegenüber nicht kalt geblieben.

Jetzt, während ihres und des Königs Aufenthaltes in Crécy war der Augenblick gekommen, sich diese persönliche Annäherung nutzbar zu machen. Es lag der Marquise alles daran, Louis von der Rückkehr nach Flandern abzuhalten. Tausend Gründe sprachen dafür.

Sie wollte nicht, daß er sich aufs neue den Gefahren des Feldlagers aussetzte, in dem die Blattern entsetzlich hausten; sie fürchtete, daß eine Umgebung, aus der nur wenige und schwache Fäden zu ihr hinüberliefen, ihn ihr entfremden könnte.

Sie brauchte ihn in Crécy, um der Verwirklichung von Plänen nahezukommen, die sie aufs eindringlichste beschäftigten.

Sie wollte Voltaire nach Crécy kommen lassen, sie wollte Diderot und d'Alembert heranziehen, sie hätte viel darum gegeben, Rousseau einladen zu können, wenn er nicht noch immer als Flüchtling in Genf geweilt hätte.

In täglicher Umgebung mit diesen Männern, den Führern der philosophischen Schule, in denen Jeanne die Zukunft Frankreichs sah, wollte sie des Königs Denkweise erweitert und befestigt sehen.

Sie sollten ihm die Augen für die realen Wissenschaften öffnen. Sie sollten ihn lehren, die Religion, die Ethik, die

Staatswissenschaften von einem freieren Standpunkt zu betrachten.

Sie sollten sich wie eine undurchdringliche Mauer zwischen Louis und den Jesuiten aufrichten, sie sollten einen Schutzwall für ihre Person bilden, an dem alle feindlichen Geschosse wirkungslos abprallten.

Da der König sich nicht so ohneweiteres davon überzeugen lassen wollte, daß seine Rückkehr nach Flandern nicht unbedingt notwendig sei, verhandelte Jeanne hinter seinem Rücken mit Moritz von Sachsen.

Sie bat den Marschall in den herzlichsten Worten, dem König die Beruhigung zu geben, daß der Feldzug keineswegs mit einer großen Aktion beschlossen werden sollte, daß Seine Majestät getrost die Segnungen eines friedlichen Aufenthaltes genießen möge.

Der Feldmarschall willfahrte der schönen Frau um so lieber, als ihm wenig oder gar nichts an der Anwesenheit des Königs im Felde lag.

Der alte Soldat fühlte sich nach den Erfahrungen dieses Frühjahrs und Sommers durch die Gegenwart des Königs im Lager weit mehr geniert als erfreut.

So erfüllte er galant und liebenswürdig die Bitte der Marquise in einem für sie schmeichelhaften Schreiben.

Jeanne war überglücklich. Sie schrieb zurück:

Wie undankbar, teurer Marschall, wären Sie, wenn Sie mich nicht liebten, denn Sie wissen, wie sehr ich Sie liebe! Was Sie mir sagen, daran glaube ich wie an das Evangelium, und in diesem Glauben hoffe ich, daß es zu keiner

Schlacht mehr kommen wird, und daß also unser angebeteter Herrscher keine Gelegenheit versäumen wird, seinen Ruhm zu mehren. Es scheint mir, er tut so ziemlich, was Sie wollen. -

Ich setze all mein Vertrauen auf Sie, teurer Marschall; wie Sie den Krieg führen, mache ich mir Hoffnung auf einen guten und dauerhaften Frieden.

Daß Moritz von Sachsen trotz seiner treuherzigen Versicherung, es sei keinerlei große Aktion mehr zu erwarten wenige Wochen später die Österreicher bei Rocoux allein, ohne Hilfe Louis', schlug, brachte ihn nicht um die Freundschaft des Königs, am wenigstens um die der Pompadour.

Während Louis abwechselnd bei ihr in Crécy und bei der Königin in Fontainebleau weilte, während sich ein Teil ihrer Pläne in Crécy verwirklichten, spann sich die Korrespondenz Jeannes mit dem Feldmarschall fort. Moritz von Sachsen wußte, daß er auf die Dankbarkeit der Pompadour zu rechnen hatte. So weihte er sie in einen Plan ein, der ihm sehr am Herzen lag und bat um ihre diskrete Hilfe.

Es galt eine neue Heirat des Dauphins mit einer Nichte des Marschalls, Maria Josepha, der Tochter König Augusts von Sachsen. - Trotzdem die Totenmessen für die arme Dauphine noch nicht beendet waren, unterhielten sich nicht nur diese beiden Verbündeten über eine Wiedervermählung des Thronfolgers.

Die verschiedenartigsten Projekte waren aufgetaucht. Der König selbst, dem weniger an der Rücksicht auf die Trauer seines Sohnes als an der Erbfolge auf dem Thron gelegen war, hatte mit der Marquise wiederholt über eine neue Ehe des Dauphins gesprochen. Er hatte an die Schwester Maria Rafaelas gedacht, die, wie man sich erzählte, schon zur Abreise von Madrid nach Versailles gerüstet war. Auch von einer Tochter des Königs von Sizilien war die Rede gewesen.

Vorsichtig deutete die Marquise, ohne des Feldmarschalls zu erwähnen, dessen Vorschläge und Wünsche an.

Der König horchte auf.

Die kleine Josepha von Sachsen, der man eine robuste Gesundheit und ein frisches Wesen nachsagte, weshalb nicht? Auch politisch lag nichts gegen dieses Projekt vor.

Jeanne zögerte nicht, dem Feldmarschall diese Ansicht des Königs nach Flandern zu übermitteln.

Unverzüglich setzte Moritz seinen friedlichen Feldzugsplan fort und schrieb an seinen Bruder König August.

Er legte diesem Schreiben eines der vielen liebenswürdigen Briefchen der Pompadour auf satiniertem Papier mit türkischblauem Rande bei:

Ich bin wohl imstande, das Wesentliche vom französischen Hofe zu erfahren, und unterhalte dort mit Absicht einige Verbindungen. -

Der König neigt für die Prinzessin Josepha aus besonderen Gründen; Gesundheit und Fruchtbarkeit scheinen ihm aus politischen Gründen den Ausschlag geben zu müssen. Der König von Preußen wird wohl alles tun, was er kann, um die Sache zu hintertreiben, aber man traut ihm hier nicht, und er hat wenig Einfluß auf die inneren Angelegenheiten des Hofes. Ich nehme mir die Freiheit, einen Brief zu übersenden, den mir letzter Tage Madame de Pompadour geschrieben hat, und der Eurer Majestät zeigen wird, daß ich in den kleinen Kabinetten nicht übel angeschrieben bin.

So bereitwillig sich der sächsische Hof und Louis XV. diesem Heiratsprojekte zeigten, in Versailles, wohin man der kühlen Herbsttage halber von Créscy und Fontainebleau übergesiedelt war, gab es nicht geringe Schwierigkeiten zu überwinden.

Der Dauphin zeigte sich jeder Verständigung gegenüber taub und störrisch. Er beweinte seine heißgeliebte Gattin und wollte von keiner neuen Ehe etwas wissen.

Auch die Königin zeigte eine bekümmerte Miene; der Gedanke schien ihr unüberwindlich, daß August von Sachsen, der ihren Vater vom Thron gestoßen, der Schwiegervater des Dauphins werden sollte.

Der König wurde ungeduldig. Er hatte sich auf die hübsche, frische Schwiegertochter gefreut, von der er sich in jeder Beziehung mehr Vergnügen versprach, als die zarte, scheue Maria Rafaela ihm je zu bereiten vermocht hatte. Das Zweifeln und Klagen in den Gemächern der Königin, die grünlichen Gesichter des Dauphins und Maria Leszinskas wurden ihm zuwider.

Jeanne, glücklich über jede Gelegenheit, sich dem König unentbehrlich zu machen, tröstete und versprach, die Mienen aufzuhellen, jeden Widerstand zu besiegen.

Sie ging zur Königin und redete ihr gutmütiger und geduldiger zu, als der leicht irritierte König es vermocht hatte.

Sie packte Maria Leszinska bei ihren religiösen Gefühlen, sie stellte ihr vor, daß es des Höchsten Wille sei, dem Thron Frankreichs eine gesunde Nachkommenschaft zu sichern.

Sie schilderte Maria Josepha im rosigsten Licht. Sie erzählte der Königin von dem Glück, das eine junge, gesunde, heitere Prinzessin dem Dauphin geben würde, und daß gerade eine solche Frau ihm die Falten von der jungen Stirn streichen würde.

Wirklich gab die Königin Jeanne das Versprechen, Maria Josepha willkommenzuheißen, all ihre Liebe aufzubieten, um ihren geliebten Sohn umzustimmen.

Die Stimmung des Königs hob sich sichtlich, nachdem die Schwierigkeiten und Bedenken seiner Familie überwunden waren. Er überhäufte Jeanne mit Lobsprüchen, Zärtlichkeiten und Geschenken.

Er wurde nicht müde, die Einzelheiten der Hochzeitsfeierlichkeiten mit der Marquise zu besprechen, bei denen sie, ohne daß Louis es fühlte, die führende Hand hatte. Sie konferierte - gemeinsam mit dem König - mit den Ministern, ohne sich im übrigen um die Entscheidungen der Staatsmänner zu kümmern, wenn sie ihr nicht gefielen. Nur auf die Wünsche "ihres Marschalls" ging sie bedingungslos ein.

Ihre Munterkeit, ihre Heiterkeit, ihre natürliche Anmut bezauberten jeden, der in diesen Wochen mit ihr an dem Programm der Vergnügungen und Etiketten arbeitete.

Sie prüfte die Entwürfe zu den Prachtwagen und dem Triumphzug, die geplanten symbolischen Darstellungen von Göttern und Göttinnen und dem Schiff der Lätitia. Sie bestimmte die Kostüme, die Farben, die Embleme und holte sich Rat dazu aus den herrlichen Sammlungen Onkel Tournehems, aus denen sie rasch und klug das Richtige herausfand.

Sie half auf Wunsch des Königs dem ersten Kammerherrn die Listen für die Einladungskarten zum Bal paré aufsetzen. Mit unbeirrbarem Takt entledigte sich Jeanne all dieser vielseitigen Geschäfte.

Am Ende schien es jedermann natürlich zu finden, daß die schönen Hände der einstigen Madame d'Étioles das Gewirr all dieser unzählbaren, unsichtbaren Fäden spannen und nicht nur "ihr Marschall" hatte dem Dresdner Hof viel Schönes und Artiges von der mächtigen Pompadour zu erzählen.

Als Graf Loos, der sächsische Gesandte in Paris, die künftige Dauphine von Straßburg nach Choisy geleitete, hielt er der jungen, kaum fünfzehnjährigen Prinzessin einen so eingehenden Vortrag über den Einfluß der Pompadour am Hofe ihres zukünftigen Schwiegervaters, daß die kleine Maria Josepha schon bei der Defilierkur der stolzen, schönen, juwelenbedeckten Marquise einen besonders freundlichen Blick schenkte.

Alles lächelte, alles schien glücklich auf der Höhe der Wünsche angelangt.

Nur der Dauphin ging bleich, mit zerrissenem Herzen umher.

Die glänzende Feier in der Kapelle von Versailles, die Bälle, die Festlichkeiten und Empfänge, alles spielte sich, mit geringen Abweichungen, wie an jenem Tage ab, als Maria Rafaela, das Weib seiner Liebe, neben ihm schritt.

Nun schlief sie in der kalten, steinernen Gruft von Saint-Denis, und er mußte aufs neue Hochzeit feiern! -

Nach dem Bettgang, bei dem der Sitte gemäß der ganze Hof zugegen gewesen, kam der König zur Marquise.

Sie hatte ihn mit heißerer Ungeduld als gewöhnlich erwartet. Ihre immer wache Eifersucht hatte an den Gefahren, die die Bälle, vornehmlich der Maskenball mit seinen vielen schönen, verführerischen Frauen, für den leicht Entzündlichen bargen, nicht gleichgültig vorübergesehen. Sie wußte, nicht nur die Prinzessin von Rohan hatte das Spiel noch nicht aufgegeben, auch die reizende Madame Forcalquier, die schöne Péngord brannten darauf, sie von ihrem Platz zu verdrängen. Jeanne seufzte beklommen. Hatte sie nicht selbst bei einer gleichen Gelegenheit das Herz und die Sinne des Königs bestrickt und erobert?

Er kam mit einer nicht eben fröhlichen Miene. Ihre Angst wuchs, es könne die Anknüpfung eines neuen Bundes ihrer Wachsamkeit entgangen sein.

Er küßte sie nachlässig und zerstreut. Jeanne verbarg ihr Erschrecken und fragte mit freundschaftlicher Besorgnis: "Sind nicht alle Wünsche Euer Majestät erfüllt?"

"Doch, doch, aber immerhin, es hat mich angegriffen. Man ist am Ende nicht nur König, man ist auch Mensch. Und der Dauphin - ich liebe ihn nicht eben zärtlich - aber er hat mir leid getan."

Er stockte einen Augenblick. Warme Teilnahme, wie man sie selten in seinen Zügen sah, lief über sein schönes

Gesicht. “Du weißt, Jeanne”, fuhr er fort, “nach französischem Hausgesetz bleiben die Vorhänge des Ehebettes, sobald die Geistlichkeit es eingesegnet hat, ein paar Minuten offen, den Blicken des gesamten Hofes preisgegeben.”

Jeanne entsetzte sich.

“Welche Indiskretion”, rief sie und erschrak zugleich über ihre Unvorsichtigkeit.

“Es mag nicht sehr diskret sein, aber es ist unumstößliches Gesetz. Ich hatte deinen Freund Moritz von Sachsen beauftragt, seiner kleinen Nichte die Schwierigkeit der Situation nach Möglichkeit zu erleichtern, und ihn zu ihr in den Alkoven geschickt. Die Kleine nahm die Dinge, Gott sei Dank, naiv und natürlich. Der Dauphin aber zog das Bettuch über das Gesicht, um sein lautes Weinen zu ersticken. Er kann Maria Rafaela nicht vergessen. Ich fürchte, die Kleine wird zunächst keinen leichten Stand bei ihrem Gatten haben. Wir werden uns ihrer annehmen müssen, Jeanne.”

Beglückt, daß des Königs Verstimmung keinen anderen Grund gehabt, versprach Jeanne alles, was der König wünschte. Er war sofort beruhigt und sah wieder heiter in die Zukunft.

Zärtlich küßte er sie, indem er die zartblauen Seidenspangen von ihren weißen Schultern löste.

“Dieu merci, wir beide haben keine Indiskretionen zu befürchten”, flüsterte er verliebt.

Vierzehntes Kapitel

Jeanne wußte, daß sie in ihrer nächsten Umgebung außer anderen Neidern und Mißgönnern zwei gefährliche Feinde hatte, vor denen sie die Augen keinen Augenblick schließen durfte.

D'Argenson, der Nachfolger Maurepas', dem der entlassene Minister seinen Haß vererbt zu haben schien, hieß der eine. Er war zugleich der intime Feind Machaults, und da der Großsiegelbewahrer ein ausgesprochener Anhänger der Marquise war, hätte dieser Umstand allein genügt, d'Argenson aufs heftigste gegen sie einzunehmen.

Vor allem aber sah d'Argenson in der Marquise eine gefährliche Gegnerin in bezug auf den mit allen Fibern von ihm angestrebten Posten eines Premierministers.

Jeanne erwiderte diesen Haß des Kriegsministers aufs ausgiebigste. Sie vergab d'Argenson nicht, daß er mit Hilfe Fleurys seinen Kandidaten gegen den ihren bei der Nachfolgeschaft Orrys durchgesetzt hatte.

Sie vergab dem Minister die beleidigenden Prätensionen nicht, mit denen er sich in alle Bestimmungen des Königs, ihre Person betreffend, einmischte.

Ein steter, ebenso heimlicher als erbitterter Kampf wütete zwischen den beiden.

Gestützt auf zuverlässige Freunde, wie Machault, Moritz von Sachsen, Bernis, Onkel Tournehem, die Brüder Pâris, blamierte Jeanne nach Kräften die Maßnahmen des Kriegsministers, kritisierte seine Ausgaben, schalt sie übertrieben, hinderte den König bei jeder Gelegenheit, mit d'Argenson zu arbeiten, ihn nach alter Gewohnheit in seine Nähe zu ziehen.

Der Minister rächte sich, indem er es mit Gewalt durchsetzte, daß bei der Besetzung von Stellen die Kandidaten der Pompadour von den seinen geschlagen wurden, kränkte sie aufs bitterste, indem er seinen Einfluß als den immer noch stärkeren proklamierte.

Da aber weder der eine noch die andere sich stark genug fühlten, den offenen Kampf gegeneinander zu wagen, kamen immer wieder scheinbare Versöhnungen zustande, durch die sich keiner der erbitterten Gegner täuschen noch von der Absicht abbringen ließ, sich gegenseitig aufs nachdrücklichste zu schaden, aus dem Sattel zu heben, sobald die geeignete Gelegenheit kam.

Der zweite gefährliche Feind, Madame d'Estrades, unterstützte den Minister in allen seinen Manipulationen.

Sie, die ihre ganze Existenz der Marquise zu danken hatte, komplottierte unentwegt gegen sie. Jeanne hatte untrügliche Beweise, daß ihre Cousine in d'Argenson verliebt war, daß sie für ihn spionierte, in allen Dingen ihm zu willen war, ja, daß sie nichts Geringeres mit ihm plante, als sich selbst, trotz ihrer sprichwörtlichen Häßlichkeit, beim König beliebt zu machen und sich an ihre Stelle zu setzen.

Da Jeanne die unausgesetzte Gegenwart dieser einstigen Freundin unerträglich geworden war, hatte sie es beim

König durchgesetzt, daß ihre Cousine zur "Dame d'atour de Mesdames" ernannt worden war.

Jeanne hatte ihrer Cousine sowohl als den Prinzessinnen mit diesem Arrangement einen großen Wunsch erfüllt. Insgeheim hoffte sie, sich alle Teile durch diese neue Gefälligkeit zu verpflichten.

Den König hielt sie geflissentlich von dergleichen Intrigen so fern als möglich.

Er haßte alles Unangenehme, Aufregende, Peinliche.

Ohnedies war seine Stimmung, trotz der allerliebsten Schwiegertochter, die sich den Trübsinn und die Kälte des Dauphins nicht allzuviel anfechten ließ, nicht eben die beste. Von ewigen Unruhen hin und her gejagt, trieb es ihn von Versailles nach Crécy, von Crécy nach Choisy, von Choisy nach Montretout. Nur Paris, das er nicht leiden konnte, besuchte er so selten als möglich.

Überallhin mußte die Marquise ihn begleiten, er trennte sich kaum noch von ihr. Er erfüllte ihr jeden Wunsch, wenn sie nur bei ihm war, ihn der Qual seiner trüben Stimmungen nicht allein überließ. Für Jeannes zarten Körper bedeutete diese ewige Unruhe, dieser fortwährend wechselnde Aufenthalt eine große Anstrengung. Die sorgsame Pflege, die Milchkuren, die Quesnay ihr aufs dringendste angeraten hatte, mußte sie wohl oder übel während der Reisestrapazen außer acht lassen.

Um zumindest ihren Nerven die Aufregungen dauernder Trennungen von ihrem Kinde zu ersparen, hatte sie vom König erbeten, die kleine Alexandra mit sich nehmen zu dürfen.

Louis hatte um so bereitwilliger eingewilligt, als er die Kleine zärtlich liebte.

Die Beschäftigung mit dem munteren, begabten Kinde, das seiner Mutter wie ein Ei dem anderen glich, zerstreute und amüsierte ihn.

Sie hatten ein paar ruhige Tage in Crécy verlebt. Morgen oder übermorgen sollte wieder aufgebrochen werden.

Nach dem Diner hatte Jeanne die Kleine zu Bett gebracht. Sie hatte mit dem Kinde gelacht und gescherzt. Sie konnte es endlich einmal leichten Herzens.

Dem König hatte Crécy augenscheinlich wohlgetan. Er war die ganzen Tage lang heiter und aufgeräumt gewesen. Keine Wolke verdunkelte ihren Horizont. Louis lebte nur für sie.

Als Alexandra den Blondkopf zum Schlafen gelegt, war Jeanne in ihre Gemächer gegangen, um, wie allabendlich, den König bei sich zu empfangen.

Er hatte lange auf sich warten lassen. Dann kam er - ernst, mit unheimlich verdüsterten Mienen.

Jeanne saß am Klavier und trällerte ein paar neue lustige Liedchen, die in Paris gerade in der Mode waren, vor sich hin.

Louis nahm ihr die Noten mißmutig fort, schloß das Klavier und zog einen Band von Bourdaloues moraltheologischen Schriften aus der Tasche.

Jeanne erschrak. Was wollte er mit dem Jesuitenpriester? Hatte er vergessen, daß sie ihn haßte?

Hatte sie ihn darum mit den strahlenden Gestirnen Voltaire und Diderot zusammengebracht, damit er jetzt plötzlich den finsteren Wegen der Jesuitenlehre nachging?

Sie wollte ihm das Buch aus der Hand nehmen, er aber bestand energisch darauf, ihr eine Predigt Bourdaloues vorzulesen, die er soeben für sich studiert und die ihm, wie er sagte, einen großen Genuß bereitet hatte.

Jeanne war außer sich. Was hatte ihn plötzlich befallen? Wer hatte ihm Bourdaloue in den Kopf gesetzt? Hatten ihn Anwandlungen der Reue überkommen? Wollte er sie bekehren? War er auf dem Wege, in ihren Beziehungen Sünde, Tod und Verderben zu sehen?

Das Entsetzen schüttelte sie. Aber wie stets hatte sie sich ganz in der Gewalt.

Sie ließ kein Mittel unversucht, um ihn abzulenken. Sie schloß das Klavier wieder auf und sang ein paar Takte. Sie bot ihm an, mit ihm Karten zu spielen, so gründlich ihr das Spiel zuwider war.

Sie sprach ihm von seinem Liebling Alexandra, von Maria Josepha und den möglichen Hoffnungen, die die Prinzessin vielleicht schon unter dem Herzen trug. Vergebens, alles vergebens!

Sie küßte ihn, sie verschwendete die verlockendsten Liebkosungen an ihn; er sah nicht, hörte nicht, fühlte nicht.

Er nahm seinen Bourdaloue, stand auf und sagte kalt:

"Wenn Sie nicht wollen, Marquise, so werde ich die Predigt für mich allein noch einmal lesen."

Jeanne traten Tränen der Angst in die Augen, nachdem die Tür sich hinter dem König geschlossen hatte.

Aber rasch beherrschte sie sich wieder. Mit Tränen war es nicht getan. Hier galt es zu handeln.

Angestrengt dachte sie nach, ob sie nicht auf etwas käme, ihn abzulenken. Ob sich nicht ein neuer Rahmen für ihr Bild fände, der ihm in seinen Augen einen neuen Reiz verlieh.

Und plötzlich fand sie, was sie suchte.

Öfter schon hatte Jeanne an die Bühne von Étioles zurückgedacht, öfter schon den Wunsch gehegt, in Versailles ein Liebhabertheater ähnlicher Art einzurichten, auf dem sie vor dem König spielen, singen, tanzen konnte, zu dem sie ihre Lieblingsdichter heranziehen konnte, von ihr bevorzugte Persönlichkeiten der Hofgesellschaft zu Mitspielern ernennen konnte.

Immer war dieser Wunsch durch anderes, für den Augenblick Wichtigeres verdrängt worden.

So gern sie in Crécy gewesen, jetzt drängte es sie so rasch als möglich nach Versailles zurück.

Sie ließ sich Onkel Tournehem, die Herzöge von Nivernois und Duras kommen, die auf der Bühne in Étioles mit ihr gespielt und ihre Erfolge als junge Frau miterlebt hatten.

Sie zog den Herzog von La Vallière hinzu und versprach ihm die Leitung des Theaters, sobald die Dinge in die Wege geleitet wären und der König sein Einverständnis erklärt hätte.

Alle drei Herzöge unterstützten aufs lebhafteste das Projekt der Pompadour. Sie schwärmten dem König von dem außerordentlichen Talent der Marquise vor, die es mit jeder Berufsschauspielerin von Rang aufnehmen könne.

Sie erregten seine Neugierde, Jeanne in dieser neuen

Gestalt zu sehen. Die Kosten würden erhebliche sein, aber was tat es, wenn er der Geliebten einen Wunsch erfüllte und sich selbst ein neues Vergnügen bereitete, das er noch nicht ausgekostet hatte!

Mit fabelhafter Geschwindigkeit betrieb Tournehem die Vorbereitungen. In der kleinen, von Mignard ausgemalten Galerie der Kabinette, die auf die Botschaftsstiege hinausging, wurde die Bühne aufgeschlagen. Das alte Kabinett der Königs-Medaillen wurde zu Garderoberäumen umgewandelt.

Jeanne suchte freudestrahlend mit dem König die erste Komödie, die Darsteller, die Kostüme aus. Sie hatte das Richtige getroffen. Wirklich war es ihr gelungen, seine Apathie, seinen Trübsinn zu besiegen, ihn Bourdaloue vergessen zu machen, ihn mit ihrer fieberhaften Ungeduld, ihrem brennenden Interesse anzustecken.

In jeder freien Stunde wurde mit Herrn von Tournehem und den Mitspielern konferiert. Ja, man fuhr in aller Heimlichkeit nach Choisy hinaus, um dort, vor aller Welt verborgen, die ersten Proben abzuhalten.

Bald, um Mitte Januar, wurden die Einladungskarten für die erste Aufführung im "Theater des petits cabinets" verschickt.

Man hatte Molières "Tartuffe" in der folgenden Besetzung gewählt:

Tartuffe	*M. de la Vallière*
Orgon	*M. de Croissy*
Damis	*M. de Maillebois*

Valère	*M. de Duras*
Cléante	*M. de Gontaut*
M. Loyal	*M. de Meuse*
L'Exempt	*M. Le Marquis de Voyer, fils du Comte d'Argenson*
Elmire	*Mme de Brancas*
Mme Pernelle	*Mme de Sassenage*
Mme Orgon	*Mme de Brancas, douanière*
Marianne	*Mme de Pons*
Dorine, suivante de Marianne	*Mme de Pompadour*
Philipote	*Une femme de chambre*

Wie auf der Bühne, gab es auch im Orchester nur kunstliebende, talentvolle Dilettanten, von keinem Berufsmusiker unterstützt.

Um den König, der auf einem einfachen Holzstuhl dicht vor der Bühne Platz genommen hatte, gruppierten sich nur vierzehn Zuschauer.

Madame d'Estrades, die Herzogin du Roure, der Marschall von Sachsen, Herr von Tournehem, Abel Poisson, jetzt Monsieur de Vandière genannt, der erste Kammerdiener Champcenetz, dessen Sohn und ein paar höhere Hofbedienstete hatten Einladungen erhalten.

Eine Menge Personen waren zurückgewiesen worden. Unter ihnen der Prinz von Conti, der Marschall de Noailles, sogar der erste diensttuende Kammerherr des Königs, der Herzog von Gesvres.

Der König wollte mit diesen Zurückweisungen ausdrücklich betonen, daß ihm daran lag, im kleinen Kreise zu bleiben, daß er seine Privatvergnügungen von den offiziellen Veranstaltungen des Hofes getrennt wissen wollte.

Die "Dorine" Jeannes entzückte den König. Er war bezaubert von ihrer munteren Anmut, ihrer schelmischen Koketterie, ihrer Drollerie. Er applaudierte unaufhörlich und forderte die Anwesenden gegen alle Hofsitte auf, mit ihm ihren Beifall kundzugeben.

Nach der Vorstellung lud er sämtliche Darsteller und Darstellerinnen zum Souper in die kleinen Kabinette.

Er setzte schon für den kommenden Montag einen neuen Theaterabend an und bestimmte Jeanne und La Vallière, fortab regelmäßig jeden Montag zu spielen. Er wollte das "Theater des petits cabinets" als ständige Einrichtung betrachtet wissen wie den "Empfang", der jeden Dienstag, und die "Große Oper", die jeden Mittwoch stattfand.

Jeanne war überglücklich. Wiederum war eine neue Staffel zur Befestigung der Gunst des Königs erreicht! Mit unermüdlicher Energie arbeitete sie fort.

Komödien von La Chaussée, Dufresny und Dancourt wurden einstudiert, Operneinakter und kleine Ballette vorbereitet.

Jeanne fühlte sich ebenso sicher als Tänzerin und Sängerin wie als Schauspielerin. La Vallière wurde in aller Form zum Direktor ernannt. Der Sekretär und Bibliothekar der Marquise, l'Abbé de la Garde, mußte den Posten des Souffleurs übernehmen.

Neue Darsteller wurden hinzugezogen. Madame de Marchais und die Marquise von Livry, beide berühmte Schönheiten, wurden mit hervorragenden Rollen betraut. Ebenso der Herzog von Villeroy, der Graf von Maillebois, der Marquis von Gontaut. Sogar den talentvollen Sohn ihres intimen Feindes, den jungen d'Argenson, machte Jeanne auf Bitten der d'Estrades zum Mitglied ihrer Truppe.

Jélyotte nahm sich der musikalischen Aufführungen aus Liebe zu seiner einstigen Schülerin aufs wärmste an.

Er plädierte für eine Verstärkung des Orchesters und übernahm selbst das Cello. Eine große Menge vorzüglich begabter Dilettanten aus der Gesellschaft, von denen Jélyotte mit Recht behauptete, daß sie sich neben den besten Mitgliedern des Königlichen Opernorchesters hören lassen könnten, wurden hinzugezogen.

An einem der nächsten Montage hatte man mit Voltaires "L'Enfant prodigue" in der folgenden Besetzung einen neuen, großen Erfolg zu verzeichnen:

Rondon	*Le Duc de Chartres*
Fierenfat	*M. de Croissy*
Euphénion père	*M. de la Vallière*
Euphénion fils	*M. de Nivernois*
Jasmin	*Le Marquis de Gontaut*
Lise	*Mme de Pompadour*
La baronne de Croupiltac	*Mme de Brancas*
Marthe	*Mme de Livry*

Nach und nach gestattete der König einer größeren Anzahl von Personen den Zutritt. Es schmeichelte seiner Eitelkeit und seinem Stolz auf die Marquise, sich ihrer Erfolge vor einem weiteren Kreise zu rühmen.

Der Dauphin mit seiner Gemahlin wurde eingeladen. Die muntere, naive Maria Josepha amüsierte sich köstlich. Der Dauphin zwang sich so etwas wie eine heitere Miene ab und stimmte, durch die Gegenwart des Königs gezwungen, in den stürmischen Beifall ein, den die Marquise in den "Trois cousines" von Dancourt mit ihrer "Colette" erzielte.

Dieser glänzende Theaterabend hatte den König doppelt gut gestimmt, er hatte ihm die Überzeugung gegeben, den Dauphin endlich zur Anerkennung der unwiderstehlichen Reize der Marquise bekehrt zu haben!

Jeanne benutzte die Gelegenheit, ihrem königlichen Freund die Bitte auszusprechen, auch die Königin zu einem Theaterabend in die kleinen Kabinette zu laden. Mehrere Male hatte sie schon vergebens deswegen bei ihm angeklopft. Immer hatte er ihren Wunsch mit dem Bedenken vertagt, daß die Königin ihrer religiösen Grundsätze halber das Theater nicht liebe, daß sie es schon ungern genug sähe, daß ihr Vorleser Moncrif, einer ihrer anhänglichsten Vertrauten, damit beauftragt war, die Texte zu den Gesangseinlagen für das kleine Theater zu verfassen.

Jeanne hatte selbst einsehen müssen, wie viele Vorurteile zu überwinden waren, bis man auf den Besuch der Königin rechnen durfte.

Heute abend noch ganz im Bann ihrer reizenden "Colette", versprach der König, mit der Königin zu sprechen.

Und er hielt Wort. Er bat Maria Leszinska in aufrichtig herzlichen Worten, der letzten Vorstellung, die für diesen Winter geplant war, beizuwohnen.

Die Königin überwand ihre Vorurteile. Aus Liebe zu dem Gatten sagte sie ihren Besuch zu. Sie erschien mit dem Dauphin und den Prinzessinnen. Maria Josepha war zu ihrem schmerzlichen Bedauern durch eine leichte Erkältung verhindert worden zu kommen.

Der König und Jeanne hatten ein Stück gewählt, von dem sie glauben durften, daß es dem Geschmack der Königin zusagen würde, La Chaussées "Das moderne Vorurteil".

Wirklich schien die Komödie, die einen Ehemann schildert, der in seine Frau verliebt ist, sich aber scheut, dies Gefühl zu verraten, weil die eheliche Liebe eine Lächerlichkeit geworden, der Königin zu gefallen.

Ebenso wie die nachfolgende kleine Oper "Bacchus und Erigone".

Als Darstellerin wie als Sängerin setzte Jeanne ihren ganzen Ehrgeiz, ihr ganzes künstlerisches Können daran, heute ihr Bestes zu geben.

Aber obwohl die Königin dem König Angenehmes über den Abend sagte, erwähnte sie die Marquise mit keinem Wort.

Jeanne hörte nachträglich, daß Maria Leszinska ihrem Stolz ein Lob vor dem König nicht abzuringen vermocht hatte, sich aber über ihr Talent zu Mesdames und der Herzogin von Luynes sehr anerkennend ausgesprochen habe.

Das "Theater des petits cabinets" hatte durch den Besuch der Königin seinen großen Trumpf ausgespielt. Es wurde zu einer feststehenden Institution erhoben.

Jeanne arbeitete, kaum daß sich Ende März für diesen Winter seine Pforten geschlossen hatten, bereits mit neuem Eifer fort. Sie entwarf ein aus zehn Paragraphen bestehendes Gesetz für ihre Truppe, dessen Inhalt streng zu befolgen sein würde. Sie wollte alles Halbe, alles Dilettantische ausgeschieden wissen.

Sie revidierte sämtliche Kostüme und Requisiten und stellte für den nächsten Winter eine Menge neuer Leute an.

Zwei Notenkopisten, zahlreiche Figuranten und Figurantinnen, einen dritten Friseur und einen neuen Perückenmacher.

Sie beschäftigte sieben Schneider, denen sie Aufträge für die Komödien des kommenden Winters zuerteilte, und zwei neue Garderobieren.

Sie versah die Magazine mit neuen Vorräten an Tanzschuhen, seidenen Strümpfen - fünfzehn Livres das Paar - Sandalen, Perücken, Bärten.

Sie unterzog die bereits vorhandenen zweihundertundzwei Herrenkostüme und die hunterdreiundfünfzig Damenkostüme mit Onkel Tournehem einer genauen Prüfung. Sie berechnete mit ihm, daß diese Kostüme mitsamt dem Kopfschmuck, den Edelsteinimitationen, den kostspieligen Attributen eine Summe von 2.300 Livres verschlungen hatten.

Dazu kamen die teuren Requisiten und die Kulissen, die von ersten Künstlern entworfen waren.

Für ihre eigene Person bestellte Jeanne ein neues Kostüm für die "Ismène" aus blauem Taft mit goldener Gaze garniert zum Preise voll 475 Livres. Ein asiatisches Kostüm für "Almasis" aus silbergesticktem rosa Seidentaft mit seidenen und Silberblumen reich überdeckt zum Preise von 664 Livres, für den "Amor" in "La Vue" ein Gewand aus blaßrosa Seidengaze mit Silber und hellblauer Seide gesticktem Überwurf, Spangen und Halsschmuck im Preise von 710 Livres.

Herr von Tournehem schüttelte bedenklich den Kopf. Ob der König auf die Dauer mit diesem mutmaßlich noch anwachsenden Etat einverstanden sein würde?

Jeanne lachte den Onkel aus.

"Er wird nicht danach fragen! Er hat einen heiteren, glücklichen Winter gehabt, und das ist ihm genug. Und wissen Sie, was ich beabsichtige, lieber Onkel?"

"Nun, Jeanne?"

"Mein Theater wird sich bald als zu klein erweisen."

"Oho!"

"Die Bühne liegt nicht günstig, sie ist zu schmal, hat zu wenig Tiefe."

"Mir scheint, wir wollen bauen? Ta! Ta! Da werde ich wohl auch noch ein Wörtchen mitzureden haben."

Jeanne ließ sich nicht stören.

"Ich habe schon einen wundervollen Plan, zu dessen Ausführung nichts als ein geschickter Techniker notwendig ist. Wenn wir einen ganz neuen großen Saal in das Treppenhaus der Gesandtentreppe hineinbauten!"

Tournehem horchte auf.

"Und in den Saal ein bewegliches Theater! Die Anlage

müßte natürlich eine überaus subtile sein; Stunden müßten genügen, um das Theater zu zerlegen und wieder aufzubauen."

Tournehem sah bewundernd auf seine Nichte.

Wahrhaftig, der Gedanke war genial. Aber er würde Geld kosten, unmenschlich viel Geld!

Jeanne schnippte mit den Fingern und lachte. Sie machte sich niemals ein Gewissen daraus, den König zu Ausgaben zu verleiten, wenn sie die Kunst und den Geschmack damit hob und ihm zugleich eine Freude bereitete.

"Und dann", sie flüsterte, obwohl sie sich allein mit Tournehem in ihrem Arbeitszimmer befand und niemand als die treue Hausset in der Nähe war, "haben Sie nicht bemerkt, lieber Onkel, wie gut dieser Winter dem König auch äußerlich getan hat? Wie er in der freieren Gesellschaft mit ihrem ungezwungeneren, weniger zeremoniellen Ton seine Schüchternheit abgestreift hat, wie viel liebenswürdiger er geworden, wie viel freier, mit wie viel vollkommeneren Manieren er sich bewegt?"

Tournehem mußte es zugeben.

"Nun, ist das nicht ein paar tausend, ja hunderttausend Livres wert?"

Herr Le Normant lächelte und fuhr Jeanne mit leichter zärtlicher Bewegung über das lichtbraune Haar. Und dabei dachte er, daß Frankreich keineswegs in der Lage sei, immer neue Summen für die Unterhaltung des Königs und seiner Intimen auszugeben, und daß es wichtigere Dinge für das Land gab als Theaterbauten, Komödien- und Kostümfragen!

Fünfzehntes Kapitel

Zum viertenmal war Louis XV. von Flandern zurückgekehrt.

Mit dem Sieg bei Laufeld und der Eroberung von Berg-op-Zoom hatte Moritz von Sachsen seine letzten Kriegslorbeeren gepflückt. Dann hatte er den Marschallstab an den Grafen Lovendale abgegeben.

Während des Königs viermonatlicher Abwesenheit hatte die Marquise das Schlößchen La Celle bewohnt.

Dieser neue Ankauf hatte viel böses Blut gemacht. Man schob ihn dem König zu, der La Celle für 200.000 Livres von seinem Kammerdiener Bachelier für die Marquise erstanden haben sollte.

Alte Geschichten waren bei dieser Gelegenheit neu ausgekramt worden. Mit ungeheuren Übertreibungen sprach man von kostbaren Geschenken, die der König seiner Mätresse bei der Rückkehr von Flandern gemacht haben sollte. Wieder einmal kochte und siedete es gegen die Pompadour. -

In einer engen Gasse nahe dem Place de Grève saßen an einem Sonntagnachmittag bald nach der Heimkehr des Königs einige zwanzig Personen, Männer und Frauen, in der kleinen schmutzigen Taverne Pierre Renards zusammen.

Ein paar Krüge mit billigem Landwein, Körbe mit weißem Brot standen auf der rohen Tischplatte, um die die Gesellschaft auf langen Bänken saß.

Mit erhitzten Köpfen sprach und schrie alles durcheinander, bis ein hagerer Mensch mit schwarzen struppigen Haaren und einer Trinkernase den irdenen Weinkrug ein paarmal heftig auf den Tisch stieß.

"Sacre nom de Dieu, will man mich nun hören oder nicht?" schrie er.

Ein anderer Schreier schloß sich ihm an.

"Courbillon hat das Wort. Ruhe, Herrschaften, Ruhe für Courbillon!"

Der hatte sein volles Glas in einem Zuge leergetrunken und wischte mit dem Rücken der Hand über den Mund.

"Also, nämlich es ist Tatsache, daß der König nicht nur La Celle bezahlt hat, sondern ein funkelnagelneues Schloß für die Pompadour bauen lässt!"

"Teufel noch einmal! Das halbe Land frißt sie auf! Verfluchte Blutsaugerin!" schrie es dazwischen.

"Auch ihren Hofstaat hat der König -"

"Einen Hofstaat die Poissonière?" kreischten die Weiber.

"Pferde und Karossen will er vermehren -"

"Und wir können hungern. Sie frißt uns das Brot vor der Nase weg, sie und ihre saubere Sippe."

"Nieder mit dem Lumpenpack, den Poissons! Pfui über sie!"

Eine hagere Frau mit hektisch gefleckten, eingefallenen Wangen spuckte in weitem Bogen aus.

Ein kleiner dicker Mensch mit einer runden, kurzgeschnittenen, stark pomadisierten Perücke hatte sich erhoben und sprang mit beiden Füßen auf den Tisch.

"Sie jagt die besten Männer aus dem Staat. Maurepas! Was war das für ein Mensch! Der hatte ein Herz für die kleinen Leute. Meinem Jungen, meinem Charles hat er die schöne Stelle auf der neuen Schiffswerft in Marseille verschafft, den zweiten, den Louis, hat er nach Havre bringen wollen. Ihr wißt, ich habe Connaissancen, und der Minister wollte mir wohl. Während er die Kreaturen der Pompadour -"

Die Umstehenden lachten laut. Sie kannten die Aufschneidereien des kleinen Schusters. In der Sache aber hatte er recht.

Nieder mit der Poissonière! Sie war ein Unglück für Frankreich, und wenn es so fortging, war nicht abzusehen, was daraus werden sollte! Von einem Jahresdefizit von fünfundzwanzig bis dreißig Millionen ging die Rede.

"Ihr übertreibt! Die Marquise ist eine schöne und liebenswürdige Dame, und gut ist sie auch."

Ein allgemeines höhnisches Gelächter folgte diesen Worten.

Derbe Finger wiesen auf einen kleinen geschniegelten Menschen mit leicht gepuderter, stark parfümierter Perücke.

"François muß es ja wissen!" höhnten sie.

"Kein Wunder. Er ist ja im Dienst Sieur Dagés. Sitzt hinten auf, auf der goldenen Karosse, wenn der Sieur zu Hofe fährt."

Der Kleine wurde dunkelrot vor Wut.

“Ist es etwa eine Schande, bei Sieur Dagé angestellt zu sein? Es ist ein ebenso gutes Brot wie ein anderes.”

“Ein besseres - hol’s der Teufel”, schrie Courbillon und schlug mit der Hand auf den Tisch.

Der kleine Friseurgehilfe richtete die Augen schwärmerisch gegen die verrußte Decke.

“Wenn ihr sie gesehen hättet, wie ich sie gesehen habe!”

“Du, François”, fragte ein hübsches dralles Weibchen neugierig über den Tisch, “wo hast du sie denn gesehen, die große Marquise!”

“Bei einer Audienz, bitte”, gab der Kleine stolz zurück.

“Bist du um den Adel eingekommen oder um den Cordonbleu?” schrie Courbillon. “Dann scher dich weiter! Hofpack können wir hier nicht brauchen.”

“Ruhe, Courbillon! Fahr den armen Jungen nicht so an”, herrschten die anderen. Sie erinnerten sich an manchen Krug Wein, den der kleine François ihnen von seinem guten Verdienst bei Sieur Dagé zum besten gegeben hatte.

“Ich habe dem Meister frische Brenneisen nachgetragen”, sagte der Kleine eingeschüchtert, “dabei sah ich, wie wundervoll - “ Wieder schlug er die Augen verzückt zur Zimmerdecke.

“Wie wundervoll diese Kanaille auf Kosten des Landes gekleidet war. Kennen wir. Von oben bis unten in Gold und Seide. Pfui über die Dirne!”

“Ein Kleid aus englischen Spitzen für 22.500 Livres soll sie tragen! Was sagt ihr dazu?”

“Warum nicht? Wenn sie vom König haben kann, was sie will! Wißt ihr denn, ob ihr’s in solchem Fall anders machtet”, rief Margot Zanelle, die kleine elegant gekleidete Modistin, schnippisch über den Tisch.

Sie hatte noch nicht ausgesprochen, als eine Maulschelle ihr auf der runden Wange brannte.

Der alte Zanelle hatte eine rasche Hand.

“Pfui Deibel über solche Prinzipien! Impertinente Gans!”

“Im Golde wühlen tut sie!” rief der lange Flickschneider. “Ihr wißt doch, daß sie sich jede Stelle hoch bezahlen läßt.”

„Wenn sie wenigstens fromm wäre! Öfter zur Messe ginge!”

“Sie soll eine komplette Heidin sein.”

“Die Priester an den Altären sollten sie verfluchen.”

“Mit den Philosophen hält sie’s!”

“Ein Freigeist ist sie!”

“Die Jesuiten will sie aus dem Lande jagen! Sie sollte man rauspeitschen aus Frankreich, nicht die frommen Patres.”

Ganz am Ende des Tisches saß eine Frau in mittleren Jahren neben einem älteren stumpfblickenden Mann.

Sie hatte bisher noch kein Wort in die erhitzte Debatte geworfen. Jetzt stand sie von der Bank auf, zog das geblümte Tuch fester um die kräftigen Schultern und stützte beide Hände gegen den Tischrand.

“Sagt einmal, was nützt es wohl, wenn ihr mit den Fäusten hinter der Pompadour herdroht, hinter ihrem Rücken empört auf den Boden spuckt, sie 'Kanaille und Blutsaugerin' schimpft? Schreit ihr ihre Schande ins Gesicht! Speit ihr vor die Füße! Packt sie bei der Ehre, wenn sie noch eine hat. Wäre ich ein Mann, ich kröche nicht feige vor ihr ins Mauseloch. Und auch als Weib - liefe sie mir einmal in den Weg, diese Madame d'Ètioles, geborene Poisson -, Honig schmierte ich ihr nicht um den Mund."

Eine kurze Stille trat ein.

"Hm", sagte dann Zanelle, "sie hat nicht unrecht, die brave Jeanne Fleuron, und wenn sich ihr Alter schon mit Füßen treten läßt."

"Mit Füßen treten lassen, das tu' ich nicht", brummte Fleuron. "Ich tu' meine Pflicht, und dafür zahlt man mir pünktlich meinen Lohn in der königlichen Obergärtnerei. Leben muß der Mensch!"

"Jeanne Fleuron", rief ein Spottvogel, "du bist ja eine Namensschwester der großen Pompadour. Du kannst ihr ja gar nicht gram sein, ihr habt ja doch denselben Namenheiligen."

Jeannes schwarze Augen blitzten.

"Fluch, wer mir diesen Namen gab!" knirschte sie.

Der kleine Friseurgehilfe, der die groben Schimpfreden auf die Marquise nicht länger anhören mochte, hatte sich im Hintergrund des engen Zimmers an das dürftige Spinett gesetzt. Er meisterte es nicht übel und entlockte den unreinen Saiten ein neues Lied Rameaus, das gerade in der Mode war.

"Halt mal an, Jüngling", rief Courbillon, der schon wieder über den Durst getrunken hatte. "Wenn mich mein

Ohr nicht täuscht, paßt die Melodie auch auf einen anderen Text." Und er fing mit seiner heiseren Stimme zu krächzen an:

Jadis c'étoit Versaille
Qui fixoit le bon goût,
Au'jourdhui la canaille.

Da fielen die anderen ein:

Règne et tient le haut bout
Si la cour se ravale
De quoi s'étonne-t-on?
N'est ce pas de la Halle
Que nous vient le poisson?

Nur der kleine Friseurgehilfe, Margot Zanelle und der alte Gärtner Fleuron hatten nicht eingestimmt.

Außerhalb des Hofes sickerte hier und da die Meinung durch, die Tage der Marquise seien gezählt.

Wenn einer ihrer vertrauten Freunde Jeanne ein solches Gerücht zutrug, lächelte sie spöttisch und warf den schönen Kopf siegessicher in den Nacken.

Wer von ihnen sah scharf genug, um zu wissen, welche Früchte ihre Anstrengungen getragen hatten, sich dem König völlig unentbehrlich zu machen?

Wer von ihnen ahnte auch nur, wie ganz sie Louis beherrschte, wie ihr Einfluß von Tag zu Tag wuchs!

Es gab kein wichtiges politisches Ereignis mehr, das der

König nicht mit der Marquise besprochen hätte, bevor er mit den einschlägigen Ressorts arbeitete. Er gewährte ihr Einblick in die Vorlagen des Parlaments. Er holte ihren Rat für jede zu besetzende Stelle ein, und immer seltener kam es vor, daß ihre Kandidaten unberücksichtigt blieben.

Sie arbeitete jede Vorlage der Ministerien mit ihm aus, sie regte ihn immer neu zur Arbeit an, wenn er in Gleichgültigkeit und Zerstreutheit verfallen wollte. Sie stellte ihm stets aufs neue vor, daß er sein eigener Premierminister sei, Augen und Ohren überall haben, die Zügel fest in der Hand halten müsse, sollten seine Minister nicht nach eigener Willkür disponieren.

In Wahrheit hielt sie diese Zügel in der Hand, war sie der Premierminister, ohne daß der König sich dessen auch nur annähernd bewußt gewesen wäre.

Unter dem Anschein, sich ausschließlich für die Komödie, die Literatur und Künste zu interessieren, verbarg die Marquise geschickt ihren politischen Ehrgeiz, ihre nicht zu zähmende Herrschsucht.

Nur eine war es, deren haßerfüllter Blick die Dinge am Hofe Louis' annähernd durchschaute, die scharf und klar beobachtete, wie zielbewußt sich die Marquise der politischen Fäden bemächtigte.

Diese eine war Jeannes alte Feindin, Madame d'Estrades. Immer dringender warnte sie d'Argenson, mahnte sie zur Einschränkung seiner gehässigen Maßnahmen gegen die Pompadour.

Sie predigte keinen tauben Ohren. Der Minister wußte, er durfte der Geliebten trauen. Sie war eine zuverlässige und getreue Spionin, diese Frau, die die große Marquise ebenso glühend haßte, als sie ihm hingebend zugetan war.

Einen Teil des Frühlings verbrachte Jeanne in kleiner Gesellschaft in La Celle, das des Königs Lieblingsaufenthalt geworden war. Der intime Charakter des Schlößchens sagte ihm ganz besonders zu.

Der schmale, mit dichten Baummassen überhangene Kanal mit seinen Gondelfahrten, die rosenübersponnenen Lauben, die kleinen, rings um das Schloß verstreuten Gehölze mit ihrem weichen Moosboden, ihren Veilchen- und Maiblumenfeldern, entzückten ihn immer aufs neue.

Jeanne veranstaltete zu Ehren des Königs kleine Feste, deren Charakter mit dem Charakter des Schlosses aufs liebenswürdigste harmonierte.

Schäferspiele auf den grünen boskettumliegten Rasenflächen, improvisierte Balletts zwischen Grotten und springenden Brunnen, die Rameau aus dem Stehgreif entwarf, Musik im Schatten der Rosenlauben.

Alexandra, ein blendend hübsches kleines Geschöpf mit immer munterer Laune, trug nicht wenig dazu bei, des Königs Stimmung in La Celle zu beleben. Mancherlei Reisepläne wurden um La Celles halber aufgegeben, zu Jeannes innerer großer Befriedigung, denn ihre schwankende Gesundheit bedurfte mehr und mehr der Ruhe.

Mit peinlichster Vorsicht und Rücksichtnahme verbarg sie ihre Leiden. Weder der König noch ihre Umgebung bemerkten etwas von dem entnervenden Herzklopfen und seinen Folgeerscheinungen, die sie oft nächtelang schlaflos machten.

Sie hielt Körper und Nerven in eiserner Zucht. Nur die treue Hausset und Doktor Quesnay wußten, wie schwer die immer neuen Siege über den König von der Marquise erkauft waren.

Oft kam Louis XV., den die Staatsgeschäfte noch in Versailles festhielten, überraschend nach La Celle.

Die Freude des Wiedersehens war dann doppelt groß. Seine Zärtlichkeiten, seine heißen Liebeswünsche, seine immer neuen Ekstasen kannten keine Grenzen. Jeanne mußte oft ihre ganze Kraft, all ihre Energie zusammennehmen, um sich ihnen gewachsen zu zeigen.

Eines Tages um Anfang Mai fand der König sich wieder unangemeldet in La Celle ein. Jeanne, die trotz aller Freundschaft für Voltaire sich des armen halbvergessenen Crébillon angenommen hatte, war gerade im Begriff nach Paris zu fahren, um der ersten Aufführung seines "Catilina" in der Comédie Française beizuwohnen.

Wie Louis XIV. den alten Corneille auf dem Théâtre du Palais Royal hatte auferstehen lassen, sollte Cresbillon durch Louis XV. Gerechtigkeit werden.

Louis, ausnahmsweise zu liebenswürdiger Selbstlosigkeit aufgelegt, erklärte, sich ein paar Stunden mit der Gesellschaft Alexandras behelfen zu wollen, die sich übermütig des guten "Onkel König" bemächtigte und versprach, ihm alle Neuigkeiten La Celles zu zeigen.

Es wäre Jeanne schwer angekommen, auf die Aufführung zu verzichten. Sie hatte Crébillon, der ihr erster Deklamationslehrer gewesen war, aus Armut und Vergessenheit gerissen. Sie hatte ihm eine Pension aus der Privatschatulle des Königs und freie Wohnung im Louvre erwirkt, sie hatte die Aufführung "Catilinas" durchgesetzt. Nun wollte sie auch Zeugin des Erfolges sein und selbst die Anregung zu dem allgemeinen Beifall geben, den sie dem Sechzigjährigen von Herzen gönnte.

Während Jeanne durch die blühende Landschaft nach Paris fuhr, lächelte sie ein wenig boshaft, wenn sie an den Ärger dachte, den Voltaire über die Aufführung des "Catilina" empfinden würde, um so mehr, da der König auf ihre Bitten Crébillons Werk mit demselben Glanz an Kostümen und Dekorationen wie Voltaires "Semiramis" hatte ausstatten lassen.

Sie sah den langen, hageren, häßlichen Menschen deutlich vor sich, wie er erbost in endlosen Tiraden über den "alten Narren" Crebillon herzog und ihn in den entferntesten Winkel der Hölle wünschte.

Voltaires Eitelkeit vertrug absolut keine Konkurrenz. Er eiferte gegen jede ihrer literarischen Beziehungen und hatte ihr monatelang gegrollt, weil sie in seiner Abwesenheit Buffon, Montesquieu und Marmontel beim König eingeführt hatte.

Schnell versöhnt durch eine neue Gnade hatte er ihr dann freilich mit galanten Versen gedankt, die sie mit ihrer ans Fabelhafte grenzenden Gedächtnistreue bewahrt hatte:

Ainsi done vous réunissez
Tous les arts, tous les goûts, tous les talents de plaire
Pompadour, vous embellissez
La cour, le Parnasse et Cythère.

Charme de tous les cœurs, trésor d'un seul mortel,
Qu'un sort si beau soit éternel!

Sie sprach es mit triumphierendem Lächeln vor sich hin.

Am nächsten Mittag, nachdem der König wieder abgereist war, hing Alexandra sich in den Arm der Mutter.

"Chère maman", bat des Kindes frisches Plaudermündchen, "laß mich dir zeigen, was ich dem lieben guten König gestern gezeigt! Er hat mich sehr belobt und mich ein kluges kleines Mädchen genannt."

Jeanne küßte ihren Liebling auf den Blondkopf, der sich allmählich lichtbraun zu färben begann.

Die Kleine führte sie die Terrassen hinunter, hüpfte neben ihr durch die Bosketts über die Rasenflächen bis in die Blumengärten.

Plötzlich blieb das Kind betroffen vor einem Bassin, das von zwei dickköpfigen Delphinen getragen wurde, stehen.

"Was gibt's denn, Alexandra? Die Nelken um das Bassin sind sehr schön. Aber die Sonne brennt gar zu heiß, laß uns in das Wäldchen gehen."

Die Kleine stand stocksteif, hielt den Finger nachdenklich auf die Lippen gepreßt und betrachtete den bunten Nelkenkranz, der das Bassin umrahmte.

"Du findest die Nelken schön, chère maman?" sagte Alexandra nachdenklich. "Ich auch. Aber der König mochte sie nicht leiden; er hat Rosen befohlen. Er hat dem alten Gärtner Fleuron, weißt du den, der immer so ein bißchen dumm dreinschaut und einen schiefen Mund zieht, befohlen, die Arbeit gleich vorzunehmen, damit sie heute morgen fertig sein sollte."

Jeanne runzelte die Stirn.

Gerade tauchte Fleuron hinter einem Boskett auf. Herrisch winkte Jeanne ihn zu sich. Zornig fuhr sie ihn an.

"Weshalb haben Sie den Befehl Seiner Majestät nicht sofort ausgeführt? Glotzen Sie nicht so töricht! Reden Sie!"

Fleuron stammelte Unverständliches.

"Mir scheint, Sie können Rosen und Nelken nicht voneinander unterscheiden. Solche Gärtner kann ich nicht gebrauchen. Sie sind entlassen. Sofort!"

Der Alte bückte sich nach seinen Geräten, die ihm vor Schreck entfallen waren und zog stumm und ergeben seinen Hut.

"Das kommt davon, wenn man sich aus Mitleid mit alten, unbrauchbaren Leuten befaßt." rief Jeanne hinter ihm her.

"Wenn du ihn fortjagst, chère maman, wird er hungern müssen, sagt Nanette, wie die vielen anderen, denen du Brot gibst und es ihnen dann plötzlich wieder fortnimmst."

Jeanne antwortete nicht. Sie zuckte mit den Achseln und ging schnell, das Kind mit sich ziehend, ins Schloß zurück.

Auf ihrem Arbeitstisch fand sie zwischen der Menge eingelaufener Briefe nur zwei, die sie beschäftigten.

Einen Brief des Königs, den der Kurier soeben gebracht hatte. Louis wünschte ihr Kommen nach Versailles zu dem morgigen Ministerrat. D'Argenson habe Schwierigkeiten wegen der neuen Steuervorlage gemacht, es sollte nichts ohne sie entschieden werden.

Der zweite Brief war anonym. Ein Drohbrief aus Paris. Er warnte die Marquise davor, sich in der Hauptstadt sehen zu lassen, wo man beabsichtige, ihr schamloses Blutsaugersystem drastisch zu beantworten. Der Brief strotzte von unflätigen Redensarten und gemeinen Beschimpfungen.

Unterzeichnet war das Schreiben: "Von einem der vielen, die hungern, weil Sie prassen."

Jeanne waren dergleichen Drohbriefe nichts Neues mehr. Trotzdem war es ihr nicht möglich, sie gleichgültig beiseite zu schieben. Nicht Furcht noch Mitleid weckten sie in ihr. Einzig ihr Stolz empörte sich. Sie war sich keines Unrechts bewußt. Was konnte man ihr vorwerfen? Sie hatte nur ein gutgemeintes Ziel vor Augen: dem König das Leben angenehm zu machen, seine Schwermut nicht Herr über ihn werden zu lassen, ihn zum Besten Frankreichs zu selbständiger Herrschaft tauglich zu machen, Frankreichs Kultur, seine Kunst und Industrie zu heben.

Welches Mittel, welche Wege ihr zur Erreichung dieses Zieles notwendig dünkten, wen ging es etwas an? Es war nicht ihre Aufgabe, alle Mäuler Frankreichs satt zu machen!

Schwer ermüdet von dieser neuen Erregung legte sie sich früh zu Bett.

Die Hausset mußte sich zu ihr setzen und ihre Hand halten. Aber der Schlaf wollte nicht kommen. Sie warf sich ruhelos hin und her, immer in der Furcht, daß Herzklopfen, Angst und Beklemmungen sich wieder einstellen könnten!

Es war in letzter Zeit viel auf sie eingestürmt, zu viel! Die wiederholten Besuche des Königs, die Fahrt nach Paris, die Aufregungen des am Ende sieggekrönten "Catilina", eine kaum zu bezwingende Korrespondenz, die ihr fast allein oblag, da der König Collin in Versailles zurückbehalten hatte, der Ärger mit dem Gärtner, zuletzt der gemeine Drohbrief.

Sie sprach rasch und aufgeregt:

"Mein Gott, Hausset, wie soll das werden, wenn es so weitergeht? Wenn ich vor der Zeit alt und krank würde! Wenn sie mich mürbe machten! Der König liebt nicht nur mit der Seele! Sobald ich nicht alle seine Ansprüche mehr befriedigen kann, wird er sich einer anderen Frau in die Arme werfen! Was soll werden, Hausset?"

Sie weinte und schluchzte in brennender Angst. Wieder, mitten in ihren scheinbar durch nichts getrübten Erfolgen tauchte das grause Gespenst auf, das sich an ihre Fersen zu heften schien, reckte die klammernden Arme nach ihr und schrie ihr zu: "Wenn du seine Sinne nicht mehr reizest, wird eine andere kommen und dich entthronen."

Die Kammerfrau tröstete vergebens und schickte nach Doktor Quesnay. Aber Jeanne weinte fort und wollte nichts von Trost und Rat wissen. Langsam nur beruhigte sie sich.

"Ich werde mit der Brancas sprechen, morgen in Versailles. Sie ist mir in letzter Zeit eine aufrichtige Freundin geworden. Sie ist eine kluge Frau. Sie wird Rat wissen."

Gegen Morgen schlief sie ein.

Leidlich erfrischt wachte sie auf. Der schöne Frühlingstag, die Fahrt durch das in Grün und Blüten prangende Land regten sie wieder an.

Sie kam früher nach Versailles, als der König sie erwartet hatte.

Der Park lag still in zauberischer Blütenpracht. Der Hof war in Fontainebleau. Niemand würde sie stören, wenn sie vor dem Frühstück mit dem König noch einen Gang durch den Garten machte. Sie wollte allein sein. Niemand sollte sie begleiten. Sie rief ihr Wachtelhündchen Mimi und stieg in den Park hinunter. Mit träumerischem Behagen schlenderte sie durch den Teil der Gärten, dem Louis XIV. sein besonderes Gepräge gegeben hatte. Sie blieb vor Le Hongres Statue "Die Luft" stehen, sie begeisterte sich, wie schon so oft, für die Kraft und Schönheit von Marsys Bronzegruppe der Tritonen, die Sonnenrosse tränkend.

Wohin sie blickte, spürte sie den lebhaften Geist, die schaffende, anfeuernde Phantasie Louis XIV. Die Bassins mit ihren gigantischen Ungeheuern, die ein Kind am Zügel führte, die wundervollen Arbeiten Coustons, die architektonischen Werke Louis Leveaus, die Reliefs und Grotten junger aufstrebender Talente, denen der Sonnenkönig die Bahn frei gemacht.

Wie waren sie zu beneiden, alle, die sich um diesen kraftsprühenden Herrscher geschart!

Immer war er der Gebende, der Belebende gewesen! Sie aber empfing nicht von Louis XV. Sie mußte geben, aus sich herausschöpfen, immer Neues! Wie eine Flamme mußte ihr Temperament lodern, ihn wärmen, beleben, ihn aufpeitschen aus seiner lethargischen Melancholie!

Jeanne sank ermüdet auf der Marmorbank vor der Tritonengruppe nieder und ließ die Augen schweifen.

Wieviel herrliche Werke der Kultur und Schönheit waren hier geschaffen! Wieviel Herrliches lebte auch in ihr, das sie durch die Hand und den Willen des Königs Frankreich zu schenken gedachte, reich, großzügig, ohne zu kargen, wie der Sonnenkönig geschenkt!

Nur durfte man sie nicht hemmen mit Schelsucht und kleinlicher Rechnerei, sie matt und krank machen vor der Zeit!

Ein harter Schritt drang durch die Stille.

Jeanne fuhr zusammen.

Um die Tritonengruppe herum kam eine großgewachsene, starkknochige Frau, ein geblümtes Tuch um die Schultern, geradewegs auf sie zu. Fünf Schritte vor ihr machte das Weib halt.

Schwarze Augen funkelten sie feindselig an, verächtliche Blicke flogen über sie hin.

Dann, nach einem Augenblick des Schweigens, brach es wie Blitz und Donner hervor:

“Pfui über Sie”, schrie Jeanne Fleuron und spie vor der Marquise aus, “dreimal Pfui über Sie, Metze, Dirne! Klein und niedrig wollen Sie uns machen, uns aushungern, zu Kreuze kriechen sollen wir vor Ihnen! Oho, Madame d’Étioles, darauf dürften Sie vergebens warten!” Sie machte ein Zeichen des Abmähens. “Erst kommen Sie, dann vielleicht wir an die Reihe!”

Jeanne hatte sich steil aufgerichtet. Der Atem versagte ihr, mühsam hob sie wegweisend die Hand. Mühsam stieß sie die Worte hervor:

"Was wagen Sie, Weib? Wissen Sie nicht, vor wem Sie stehen?"

Die Gereizte hörte gar nicht auf sie. Endlich mußte herunter, was ihr im Namen von Tausenden unglücklicher, hungernder Menschen auf der Seele brannte.

"Wer sind Sie denn", schrie sie, "daß Sie sich erdreisten, den Namen des Königs zu mißbrauchen, uns zu knechten, uns das Blut auszusaugen! Wir wollen Ihre Gesetze nicht, wir wollen die Gesetze des Königs! Wir wollen Ihre Minister nicht, wir wollen die des Königs! Ein Kind des Volkes sind Sie, nichts Besseres wie wir. Durch Schmutz und Sünden haben Sie sich heraufgeschwindelt. Kein Stück Brot nähme eines von uns von so einer wie Sie! Ehrsame Frauen halten zu ihren Männern, erst recht, wenn es den armen Schluckern schlecht geht. Sie sind Ihrem Mann davongelaufen, obwohl Sie nicht zu hungern brauchten, um die Ehe mit dem Ehrenamt einer Mätresse des Königs zu vertauschen! Es wird Ihnen nicht besser gehen als den anderen. Sie werden die längste Zeit Favoritin gewesen sein."

Das empörte Weib atmete tief und befreit.

"So, nun habe ich Ihnen gesagt, Madame, was Ihnen endlich einmal gesagt werden mußte, Auge in Auge, nicht feig hinter dem Rücken. Und nun gehen Sie und zeigen Sie mich an, und schicken Sie mich in die Bastille. Und damit Sie nicht lange zu suchen brauchen: Ich bin die Jeanne Fleuron, die Frau des armen, alten Mannes, den Sie gestern aus La Celle fortgejagt, weil er das Verbrechen beging, die Nelken statt der Rosen stehenzulassen."

Sie lachte höhnisch auf.

"Und wenn ich Ihnen auskommen sollte, ich wohne in der kleinen Gasse am Place de Grève neben der Butike Pierre Renards."

Jeanne Fleuron wandte sich und schritt langsam den Weg um die Tritonengruppe zurück, als wolle sie es der Marquise noch ganz besonders leicht machen, sie verhaften zu lassen.

Aber Jeanne rührte keine Hand. Sie stand noch immer weiß und steif, wie zur Statue geworden, da. Ihr Herz schien seinen Schlag auszusetzen.

Was bisher an Beschimpfungen zu ihr gedrungen, waren tote Buchstaben auf totem Papier gewesen. Heute, zum erstenmal, hatte sie die entblößte Volksseele von Angesicht gesehen, ihren lebendigen Angstschrei vernommen.

Schaudernd wandte sich die Seele der Pompadour von dem Flammenblick des empörten Weibes, von dieser von innerstem Elend aufgepeitschten Leidenschaft, mit der Jeanne Fleuron sich zum Anwalt ihrer Kaste gemacht hatte.

Langsam und schwer, den Blick am Boden haftend, die Hand auf das Herz gepreßt, das seinen regelmäßigen Schlag noch immer nicht wiedergefunden, hob sie den Fuß.

Von der Schloßuhr schlug es eins. Die Stunde des Frühstücks in den kleinen Kabinetten. Jeanne fuhr mit dem Spitzentuch über die Stirn. Ein paar schwere Atemzüge, dann bückte sie sich und nahm Mimi vom Boden, die sich ängstlich unter die Seiden- und Spitzenvolants der kostbaren Robe verkrochen hatte.

Der König erwartete die Marquise schon an der reich für zwei bestellten Tafel. Sie ließ sich wider ihre Gewohnheit das Kristallglas bis zum Rand mit schwerem Bordeaux füllen. Dann hielt sie es gegen das Glas des Königs und trank lächelnden Mundes d'Argenson ein Pereat, falls er heute im Ministerrat nicht sein Wort gab, die neuen Steuern im Parlament durchzudrücken.

Sechzehntes Kapitel

Am nächsten Morgen fuhr der König in aller Morgenfrühe nach Fontainebleau. Seine Stirn war umwölkt, seine Augen blickten düster.

Der Herzog von Ayen, der ihn begleitete, wußte nicht, was er aus diesem plötzlichen Wandel in der Stimmung des Königs, nicht, was er aus der plötzlich angesagten Fahrt nach Fontainebleau, die keineswegs beabsichtigt gewesen, machen sollte.

Der König hatte gestern abend in den Gemächern der Pompadour allein mit ihr soupiert. Für heute morgen war eine Jagd angesagt gewesen, die der König eigens zu Ehren der Marquise geplant hatte. Nach dem Jagddiner eine abendliche Gondelfahrt mit Musik auf den erleuchteten Teichen.

Da der König nicht sprach, sondern verdrossen in der Ecke lehnte, konnte der Herzog ihn nicht fragen.

Irgend etwas mußte zwischen dem König und der Pompadour vorgefallen sein. Aber was?

D'Argenson hatte den Ministerrat verbissen verlassen. Der König und die Marquise aber hatten sich niemals heiterer zu einer Wagenfahrt gerüstet und, wie Lebel dem Herzog berichtet, sich ebenso heiter zum Souper gesetzt. Nur sei der König nachts merkwürdig früh aus den Gemächern der Marquise zurückgekommen und habe keinen Schlaf finden können.

Also allem Anschein nach ein Schlafzimmergeheimnis, das Louis XV. nicht gewillt war preiszugeben! -

Nach einer schlaflosen Nacht saß Jeanne über den Büchern Madeleine Poissions, die man einst so streng vor ihr versteckt gehalten hatte.

Die alten, abgegriffenen Bände waren aus dem Hôtel des Chèvres in einen Geheimschrank der Marquise nach Versailles gewandert.

Lange blätterte sie in den vergilbten Schriften, bis sie gefunden hatte, was sie suchte.

Sie kopierte ein Rezept und ließ durch ihren Kammerdiener den kleinen Apothekergehilfen Quesnays rufen. Sie überreichte ihm das Papier und schärfte ihm ein, das Medikament in einer halben Stunde herzustellen. Dann sank sie auf das verblaßte Engelbett zurück, auf dem sie den größten Teil dieser entsetzlichen Nacht verbracht hatte. Grübelnd lag sie, bis der Kopf sie bis zur Unerträglichkeit schmerzte.

Ihre spitzfindigsten Gedanken konnten kein Titelchen der erbarmungslosen Wahrheit fortdeuteln.

Der König war bei ihr gewesen. Seine Küsse und Umarmungen, seine heischenden Liebkosungen hatten sie nicht zu erwärmen vermocht. Kalt, steif wie ein Stock hatte sie in seinen Armen gelegen, bis der König, selbst erkaltet, sie im Zorn verlassen hatte.

Das Furchtbare, Gefürchtete war eher gekommen, als sie es hätte ahnen können! Ihre Versuche, den Speisen starke Gewürze beizufügen, Trüffel und Sellerie in Mengen zu vertilgen, hatte ihrem kalten Temperament, ihrer geschwächten Gesundheit nicht aufgeholfen. Sie mußte zu stärkeren Mitteln greifen, sollten sie auch noch so nachteilige Folgen haben. Den König ganz besitzen, war Leben, ihn verlieren war der Tod! -

Der kleine Apothekergehilfe brachte das Elixier. Sie sprang auf, riß den Pfropfen von der Flasche und goß ein paar Schluck der braunen Mischung hinunter. Widerlich, ekelerregend war der Geschmack. Bald aber trat eine wohltätige Erhitzung des ganzen Körpers ein.

“Gott sei Dank! Gott sei Dank! Endlich werde ich das Richtige gefunden haben!”

Und sie segnete das Andenken ihrer Mutter im Grabe.

Als die Herzogin von Brancas gemeldet wurde, stellte Jeanne das Elixier, das sie bisher lange und zärtlich in der Hand gehalten, zu einer Reihe anderer Flakons auf ihren Toilettentisch.

Die Herzogin war im Vorzimmer von Madame du Hausset aufgehalten worden. Die treue Seele hatte sie unter Tränen beschworen, die Marquise um Schonung ihrer Gesundheit anzuflehen.

“Madame Pompadour verfolgt eine Diät, die für ihren zarten Körper untauglich sein muß! Sie greift hinter dem Rücken Doktor Quesnays zu Medikamenten, die ihr unmöglich zuträglich sein können! Gerade eben hat sie ein Elixier brauen lassen, das schwerlich Gutes bedeutet.”

Die Herzogin versprach, ihr Möglichstes zu tun. Als sie bei Jeanne eintrat, schalt sie sogleich gutmütig auf sie ein.

“Sie fiebern ja, meine Liebe, Sie sind krank, Sie müssen sich schonen. Einfachere Diät halten, ruhiger leben.”

Die Marquise schüttelte ernst und mit großer Energie den schönen Kopf.

“Ich bin krank, ja, aber anders als Sie glauben, liebe Freundin. Und gesund kann ich nur werden, wenn ich den Weg verfolge, den ich endlich gefunden habe.”

Jeanne warf einen verstohlenen Blick auf das Elixier.

“Sie sind meine Freundin, ich darf mich Ihnen anvertrauen. Hören Sie denn!” Jeanne griff klammernd nach den Händen der Herzogin. Sinnlos vor Furcht flüsterte sie: “Ich sterbe vor Angst, den König zu verlieren.”

“Wie kommen Sie darauf, Liebe?” Die Herzogin fragte es bestürzt.

Jeanne versuchte es, ihre Ruhe zurückzugewinnen.

“Sie wissen, Herzogin, Sie sind eine erfahrene Frau, die Männer legen großen Wert auf gewisse Dinge. Ich habe das Unglück, von Natur kühlen Temperaments zu sein. Zudem, meine Gesundheit ist nicht die beste. Die aufrichtige Zärtlichkeit die ich für den König empfinde, hat mir oft über diesen Mangel fortgeholfen. Letzte Nacht ist meine Kälte mir zum Verhängnis geworden. Der König hat mich im Zorn verlassen.”

Die Marquise weinte bitterlich.

Die Brancas, die ihr wirklich von Herzen zugetan war, tröstete. Jeanne beruhigte sich langsam wieder.

“Endlich habe ich ein Elixier gefunden, das nach allem, was ich davon lese, Besserung verspricht.” Sie zeigte auf das Fläschchen mit der braunen Flüssigkeit.

Die Herzogin sprang auf und zog den Korken aus der Flasche.

“Fi donc, Marquise, wie kann man solch widerliches Zeug über die Lippen bringen. Es riecht, als habe die Voisin es in ihrer Hexenküche gebraut; sicherlich ist es Gift, jedenfalls Gift für Sie.”

Und ohne weitere Umstände warf die Herzogin das Fläschchen in den Kamin.

Jeanne empörte sich. Sie wollte nicht wie ein Kind behandelt werden, das man unter Vormundschaft stellt.

“Ich werde das Medikament neu herstellen lassen, ich werde das Elixier gebrauchen, ich werde den König wieder ganz besitzen, verlassen Sie sich darauf.”

Die Brancas nahm beide Hände der Erzürnten zwischen die ihren.

“Das werden Sie nicht, meine liebe Marquise, dazu sind Sie eine viel zu kluge Frau. Sie werden endlich diese verrückte, aufregende Diät fallen lassen. Solche Parforcekuren sind nichts für Sie. Der künstlich aufgepeitschte Körper fällt, wenn die Reizmittel in ihrer Wirkung nachlassen, um so sicherer zusammen. Fragen Sie Quesnay, ziehen Sie ihn ins Vertrauen. Ich glaube Ihnen heute schon sagen zu können, daß er Ihnen weniger Arbeit, weniger Aufregungen, eine einfachere Kost und viel Bewegung in frischer Luft verordnen wird.”

Jeanne blickte niedergeschlagen vor sich hin. Was die Herzogin sprach, war nicht unrichtig; dennoch, sie hatte in ihrer Not so große Hoffnungen auf das Elixier gesetzt!

“Und der König?”

“Ihre Gesellschaft ist Seiner Majestät viel zu kostbar, viel zu wichtig und notwendig, um sie einer vorübergehenden Enttäuschung halber aufs Spiel zu setzen. Und dann, meine Liebe, glauben Sie meinen Erfahrungen, an die Sie vorhin appellierten, die Gewohnheit ist eine starke Kette, die so leicht nicht reißen wird. Ihre Liebenswürdigkeit, ihr überlegner Verstand, Ihre Munterkeit werden den König beim ersten Wiedersehen aufs neue gefangennehmen.”

Die Herzogin küßte die Freundin und versprach, sie bald in La Celle zu besuchen. -

Jeanne blieb in tiefem Nachdenken zurück. Die Vergangenheit zog an ihr vorüber. Ihr rascher, glänzender Aufstieg, die Macht, die der König ihr uneingeschränkt zugestand, die Freunde, die sie sich erworben und zu Dank verpflichtet hatte, und die wie ein fester Schutzwall gegen alle von außen auf sie eindrängenden Gefahren standen. Nein, die Herzogin hatte recht, die Enttäuschungen einer einzigen Nacht vermochten diesen stolzen Bau nicht einzureißen.

Und Jeanne Fleuron? Und die Schreiber der Drohbriefe und Pamphlete?

Was wußten sie davon, mit wieviel Schmerzen und Qualen ihr Glanz erkauft war? Niemand wußte es, außer ihr selbst!

Jeanne war nach La Celle zurückgefahren. Drei, vier Tage vergingen, der König ließ nichts von sich hören.

Den langen, künstlich erhitzten Brief, den sie ihm geschrieben, ließ er unbeantwortet. Was war geschehen?

Sie fuhr nach Versailles. Der König war in Fontainebleau bei der Königin gewesen. Wo er sich im Augenblick befand, wußte niemand oder wollte niemand ihr sagen.

Jeanne bewahrte nur sehr mühsam ihre Fassung. Sie ließ sich ihre Zimmer aufschließen. Unsicheren Schrittes wankte sie hinein. Sobald sie allein war, brach sie zusammen.

Was war geschehen, um Gottes willen, was war geschehen?

Seit der ersten Stunde ihrer Liebe hatte der König keinen Schritt getan, um den sie nicht gewußt hätte. Niemals, unter den schwierigsten Verhältnissen nicht, hatte er sie ohne Nachricht gelassen. Zürnte er nur oder hatte er sie verlassen? Hatte ihr körperliches Unvermögen ihn in die Arme einer anderen getrieben? Hatte die Brancas unrecht gehabt? War ihre eigene Angst eine sicherere Prophetin gewesen?

Unaufhaltsam durchstürmten diese Gedanken ihr Hirn, bis eine dunkle, schwere Wolke, in die sie willenlos versank, sich um ihr Denken legte. Den Kopf in den Händen vergraben, reglos fast, saß sie da, lange, lange.

Sie überhörte das leise Klopfen an der Tür. Erst als es stark und stärker wurde, schreckte sie auf. Mühsam erhob sie sich, strich das wirre Haar aus der Stirn, fuhr mit dem Taschentuch über die heißen, trockenen Augen und entriegelte die Tür.

Es war das Kammermädchen, das sie in Versailles zurückzulassen pflegte. Lisette hielt einen Brief in der Hand.

Einen Augenblick durchfuhr es sie wie neues Leben.

Ein Brief vom König! Enttäuscht ließ sie die Hand wieder sinken. Kein königliches Wappen, nicht Louis' Schriftzüge!

Sie nahm das Schreiben und winkte dem Mädchen, zu gehen. Sprechen konnte sie nicht.

Lange betrachtete Jeanne die ihr fremde Handschrift, ehe sie sich entschloß, den Brief zu öffnen. Eine Ahnung sagte ihr, daß er nichts Gutes bedeute.

Endlich erbrach sie das Schreiben. Aber kaum daß sie die ersten Zeilen überflogen, fiel sie, bleich bis in die Lippen, in den Sessel zurück, an dem sie vorhin gelehnt.

Ihre Zähne schlugen hörbar zusammen. Mehr und mehr verfärbte sie sich. Wer sie sah, mußte sie für eine Tote halten.

Eine lange Weile lag sie wie in einer Leichenstarre. Langsam nur kam ihr das Bewußtsein zurück.

Der König allein mit einer Frau, deren Namen man ihr nicht nannte, auf einem seiner Jagdschlösser, tage-, nächtelang!

Der Streich war gefallen. Sie war entthront. Aus, vorüber, zu den Toten geworfen, um einer einzigen Nacht, in der sie ihm nicht zu Willen gewesen

Fortgeblasen wie ein Staubkorn die lange Liebe, die treue Freundschaft!

Jeanne sprang auf. Die Farbe kam in ihr Gesicht zurück. Ihre elastische Gestalt streckte und straffte sich. Ihre Augen glühten leidenschaftlich auf.

Nein, zehntausendmal nein! So leichten Spieles gab sie ihres Lebens Zweck und Ziel nicht dahin.

Sie war keine Nesle, die man ohneweiteres aufgab um eines anderen Weibes willen, das einem im Vorübergehen gefiel. Der König sollte es merken, daß sie ihn an festeren Fäden hielt, als die Frauen vor ihr es vermocht hatten.

Kaum daß sie ihre Haltung wiedergewonnen, ihren Stolz und ihre Eitelkeit zu Hilfe gerufen, war ihr kluger Kopf schon fertig mit ihrem Plan: Nicht der König war durch die verfehlte Liebesnacht beleidigt worden, sie war die Beleidigte durch seine Flucht, seine Untreue! War das Spiel überhaupt noch zu gewinnen, dies war der einzig sichere Weg. Und sie wollte, mußte es gewinnen!

Im Vorzimmer wurde es laut.

Jeanne warf den Kopf in den Nacken. Mochte kommen, was wollte, sie war gerüstet.

Sie unterschied Lebels Stimme. Sie frohlockte. Wo Lebel war, war der König nicht weit.

"Vor zwei Stunden aus La Celle gekommen", hörte sie das Kammermädchen sagen.

"Das trifft sich prächtig. Seine Majestät werden entzückt sein."

Jeanne schürzte ironisch die Lippen.

"Das wird sich finden", dachte sie.

Die Stimmen draußen waren verstummt.

Nach einer Weile ließ Lebel sich melden. Jeanne empfing ihn mit hochmütigem Kopfnicken.

"Seine Majestät sind soeben von der Jagd zurückgekommen. Seine Majestät sind entzückt, die Frau Marquise in Versailles zu finden, und werden sich die Ehre geben, die Frau Marquise in einer Stunde aufzusuchen."

Wieder zuckte es ironisch um Jeannes schönen blassen Mund.

“Wollen Sie Seiner Majestät ausrichten, daß ich lebhaft bedaure, Seine Majestät in einer Stunde nicht empfangen zu können, da ich um ein Uhr zu einer wichtigen Besprechung in La Celle erwartet werde. Wenn Seine Majestät mir die Ehre geben will, mich daselbst aufzusuchen.”

Lebel stand mit offenem Mund.

Sapristi, das war ihm in den langen Jahren intimen Dienstes bei Seiner Majestät noch nicht vorgekommen. Entschieden hatte die Pompadour Wind bekommen von dem, was sich während der Jagdtage begeben, und statt zu weinen und zu betteln, wie die andern es getan, setzte sie dem König einfach den Stuhl vor die Tür. Mut hatte sie, diese geborene Bourgeoise, das mußte man ihr lassen. Einen Mut allerdings, der ihr am Ende schlecht bekommen dürfte, wenn die Jagdaventüren des Königs mehr als eine vorübergehende Passion gewesen. Und beinahe hatte das dreitägige Zusammensein mit der schönen Gräfin Peronne danach ausgesehen! Lebel verneigte sich stumm, völlig auf den Mund geschlagen. Dann zuckte er, wie es seine Gewohnheit, die Achseln und sagte mit scheinheiliger Unterwürfigkeit:

“Ich werde es Seiner Majestät ausrichten, Frau Marquise.”

Kaum daß Lebel gegangen, klingelte Jeanne ihrem Kammermädchen.

“Schnell, Lisette, meinen Wagen!”

Ehe Lebel den König noch erreicht hatte, schlugen die

Hufe ihrer raschen Pferde das Pflaster des Schloßhofes von Versailles.

Der König war nicht minder betroffen, als Lebel es gewesen. Er runzelte die Stirn und sprach kein Wort. Er vergrub sich in seine Arbeit und dachte nicht daran, nach La Celle zu fahren.

Jeanne hätte sich die stundenlange Ausfahrt mit Alexandra, die sie unternommen, um dem König zu entfliehen, füglich sparen können. Auch am zweiten Tage kam er nicht.

Jeanne fing an, unruhig zu werden. Sollte sie einen zu hohen Einsatz gewagt, das Spiel verloren haben?

Der König war unberechenbar. Niemand wußte das besser wie sie. Dennoch, sie kannte seinen Eigensinn jeglichem versagten Wunsch gegenüber. Die Rechnung mußte stimmen, wenn nicht -?!

Das Herz drohte ihr stille zu stehen. Nein, das war ja unmöglich, daß er sich in so kurzer Zeit ganz an eine andere verloren haben sollte.

Sie stand am Fenster und sah in den Garten hinab. Draußen strömte der Regen seit vielen Stunden aus einem grauen Himmel, der sich nicht wieder erhellen zu wollen schien. Sollte es ein schlimmes Omen bedeuten? Alles Grün schien grau und verwaschen, alle blühenden Farben ausgelöscht.

Durch das einförmige Plätschern hindurch hörte sie plötzlich Räderknirschen. Besuch? Sie wollte niemanden sehen, niemanden hören. Sie wollte allein bleiben mit ihren wägenden Gedanken. Niemand sollte an den Fäden reißen, die sie spann.

Die Tür wurde aufgeklinkt, ohne daß jemand gemeldet worden wäre. Die kleine Alexandra hüpfte herein.

"Chère maman, der gute Onkel König."

Jeanne fühlte, wie alles Blut ihr zum Herzen drang, wie ihre Knie bebten, ihre Pulse flogen. Ruhe, nur Ruhe um jeden Preis. Das halbe Spiel war gewonnen, da er kam.

Alexandra war wieder hinausgelaufen. Die Bedienten rissen die Türen weit auf.

"Seine Majestät der König."

Louis kam blaß, in steifer Haltung. Jeanne sah auf den ersten Blick, er spielte nicht nur den Gekränkten, er war es in der Tat. Er hatte gelitten unter der Trennung von ihr, mehr als er es jedenfalls wahr haben würde.

Sie hatte Mühe, ihren Triumph hinter einem kühlen Wesen zu verbergen. Sie bat den König, Platz zu nehmen und dankte ihm in artigen, gesetzten Worten für seinen Besuch.

Louis sprach eine Weile kein Wort und blickte unsicher zu ihr hinüber. Er wußte ganz und gar nicht, was er aus ihrer Haltung machen sollte. Hatte die Kälte jener Nacht ein Erlöschen ihrer Neigung bedeutet? Hatte sie von seiner Untreue erfahren und zahlte ihm dieselbe mit gleicher Münze heim? War sie aus Versailles nur vor ihm geflohen, weil sie in La Celle von anderen Armen erwartet wurde?

Die Eifersucht, die immer wache, brannte lichterloh in ihm. Er sprang auf und packte Jeanne bei den Händen.

"Was heißt das, Jeanne? Was soll das alles bedeuten? Weshalb warst du so kalt? Weshalb fuhrst du fort von Versailles in dem Augenblick, als ich gekommen war?"

Sie ließ den Sturm seiner eifersüchtigen Leidenschaft ruhig über sich ergehen.

"Euer Majestät mögen mir gestatten. Was blieb mir anders zu tun, nachdem Euer Majestät meinen Brief nicht beantwortet; nachdem Euer Majestät mich tagelang in Unkenntnis über Euer Majestät Aufenthalt ließen?"

Er sah sie prüfend an. Sprach sie die Wahrheit? Er hatte sie stets zu stolz zur Lüge befunden. Wenn er von jener traurigen Nacht absah, hatte sie nicht recht, und war er nicht im Unrecht?

Konnte ein Weib, das auf sich hielt, anders handeln selbst dann, wenn es nicht wußte, daß sich hinter der Vernachlässigung wirklich ein Akt der Untreue barg?

Jetzt, da er ihr gegenüberstand, da er sie wiedersah in all ihrer königlichen Schönheit, begriff er sich selbst nicht mehr, wie er Tage und Nächte mit einer unbedeutenden, landläufig hübschen Frau hatte vertändeln können, nur weil die Geliebte sich seinen begehrlichen Sinnen einmal versagt hatte.

Louis empfand tiefe, aufrichtige Reue.

Er beugte sich auf Jeannes Hand und küßte sie heiß und demütig zugleich.

"Verzeih", bat er, "so wie du bist, konntest du nicht anders handeln."

Sie war zu klug, ihm einen Vorwurf zu machen. Sie hatte gesiegt, das war ihr genug. Aber sie wußte auch: Viel hatte dieser Sieg sie gekostet, und in ihrem innersten Herzen hegte sie den heißen Wunsch, daß solche Kämpfe sich nicht allzuoft wiederholen möchten.

Siebzehntes Kapitel

Während die freundschaftlichen Beziehungen der Marquise von Pompadour mit Bernis die gleichen waren, der Abbé ihr in diskreter Zuneigung und Dankbarkeit für die ihm erwirkte Wohnung in den Tuilerien und die 1.500 Livres Pension aus der Privatschatulle des Königs ergeben blieb, die Anstrengungen zu schätzen wußte, die sie für seine Karriere machte, hatten sich die Beziehung zwischen Jeanne und dem Herzog von Richelieu mehr und mehr gelockert.

Die d'Estrades und d'Argenson hatten während Richelieus Abwesenheit im Felde das Ihre dazu getan, den Herzog, der mehr als eifersüchtig auf die Gunst des Königs war, gegen die immer zunehmende Macht der Pompadour aufzuhetzen.

Die Anhänger des Ministers und seiner Geliebten, die sich mit der Intimität, in der sie mit d'Argenson lebte, nicht zufrieden gab, sondern nicht aufhörte, nach der Gunst des Königs zu schielen, setzten große Hoffnungen auf die Rückkehr Richelieus.

Nach der Belagerung von Genua erschien der Herzog Anfang des Jahres in Versailles, stolz und strahlend in seiner neuen Würde als Marschall von Frankreich, die er als Erbe Moritz von Sachsens angetreten hatte.

Richelieu konnte es kaum erwarten, seinen Jahresdienst als erster Kammerherr zu übernehmen. In dieser seiner Stellung gedachte er am ehesten zum Ziel zu kommen: "die kleine Pompadour zu drücken, als wäre sie ein Mädelchen von der Oper" und nach einer neuen Mätresse, die weniger Raum an der Seite des Königs beanspruchte, Umschau zu halten.

Die Gelegenheit zur ersten Schlacht sollte nicht lange auf sich warten lassen.

Jeanne hatte den verwegenen und genialen Plan, den sie nach Ablauf des ersten Komödienjahres Onkel Tournehem mitgeteilt, wirklich durchgesetzt.

In die große Botschafterstiege, in der Louis XIV. einst ernste Symphonien aufführen ließ, war von Gabriel der neue Saal eingebaut worden. Die Bühne war genau so eingerichtet, wie Jeanne es damals vorgeschlagen hatte.

Sie ließ sich in kürzester Frist nach Belieben aufbauen und wieder fortnehmen, ein Kunststück, das einen Kostenaufwand von 65.000 Livres verschlungen hatte. Dazu kamen die Unkosten der Kostüme, Dekorationen und Honorare, die im ersten Spieljahre eine Summe von 100.000 Ecus erfordert hatten, uneingedenk der Requisiten, die allerdings zum größten Teil aus den "Menus Plaisirs" entnommen worden waren.

Die gesamte Hofgesellschaft, der König an der Spitze, war von dieser originellen Einrichtung so entzückt, daß von den Kosten bisher nicht viel die Rede gewesen war.

Der in Blau und Gold dekorierte Saal mit seinen vierzig bequemen Zuschauerplätzen und ebenso vielen Sitzen für das Orchester, war ein Aufenthalt, dem man nicht genug des Lobes nachrühmen konnte.

Die gesamte Einrichtung war über den Kopf des Herzogs von Aumont, der im Jahre des Baues als erster Kammerherr im Amt war, getroffen worden. La Vallière hatte im Einverständnis mit der Pompadour vollkommen selbständig verfügt. Er richtete seine Befehle direkt an die Beamten der "Menus Plaisirs", benützte das dort aufgespeicherte Material und ließ alle Orders an die Baumeister, Maler, Dekorateure auf eigene Hand an ihre Adressen gehen.

Der Herzog von Aumont hätte alle Rechte gehabt, dieser Autokratie zu steuern. Sämtliche Theater und Schauspielhäuser unterstanden der Begutachtung eines ersten Kammerherrn, ebenso die "Botschafterstiege" als Teil des Grand-Appartements. Aumont hätte indes niemals gewagt, sich den indirekten Anordnungen der Pompadour zu widersetzen.

Richelieu machte kurzen Prozeß. Gleich nach Antritt seines Amtsjahres legte er in einem sehr entschiedenen Brief an den König Protest gegen die von La Vallière eingeführten Mißbräuche ein.

Da der König nicht antwortete, ließ Richelieu das Kleine Theater wieder aufschlagen. Er erließ den strikten Befehl, daß kein Hofwagen ohne einen von ihm unterschriebenen Schein geliefert würde. Requisiten und Schmuck durften ohne seine Erlaubnis nicht mehr von den "Menus Plaisirs" hergeliehen, Arbeiter des Hoftheaters ohne des Herzogs Genehmigung nicht mehr beschäftigt werden.

Jeanne war die letzte, sich diese offene Opposition bieten zu lassen. Die Aufführung von Lullys "Acis und Galathea" stand bevor. Das Werk bedurfte vieler Proben und kostspieliger Vorbereitungen. Der ganze Hof hatte seinen Besuch angesagt.

Die drei Prinzessinnen Madame Henriette, Adelaide und Victoire, die das Theater im neuen Saal mit Vorliebe besuchten, ebenso Maria Josepha steckten sich hinter die Königin.

Richelieus Maßnahmen wurden unhaltbar.

Der König, dem das Vergnügen der Marquise und seiner Kinder, die eigene Ruhe und Bequemlichkeit mehr am Herzen lagen als die Anordnungen Richelieus, fragte den Marschall gleich bei der ersten Audienz in eiskaltem Ton:

"Wie oft sind Seine Exzellenz schon in der Bastille gewesen?"

"Dreimal, Sire."

Louis XV., der die Gründe, die den Herzog in die Bastille geliefert, sehr gut kannte, zählte sie dem Marschall mit Gemütsruhe vor.

Richelieu erschrak und beherzigte die Warnung. Er ließ den Theaterbetrieb bestehen, ohne sich wieder hineinzumischen. Er schlug die Ratschläge d'Argensons und der d'Estrades, die ihm so schlecht bekommen waren, in den Wind. Er besuchte wieder regelmäßig die Empfänge der Marquise, zu denen sich die gesamte Hofgesellschaft, einschließlich der Prinzessinnen, drängte.

Er nahm jede Gelegenheit wahr, Jeanne galant seiner alten Freundschaft zu versichern, sich ihr für jeden ihrer Wünsche aufs liebenswürdigste zur Verfügung zu stellen.

Der Waffenstillstand war geschlossen.

Hartnäckiger verfolgte d'Argenson Hand in Hand mit der d'Estrades sein Ziel.

Auf indirektem Wege über Lebel hatte die d'Estrades erfahren, daß, obwohl es ganz und gar nicht den Anschein hatte, augenblicklich eine Art Verstimmung zwischen ihrer Cousine und dem König bestehe. Sie ließ sich Lebel kommen und examinierte ihn eingehend, ehe sie mit dem Minister konferierte.

Der schlaue Fuchs zuckte die Achseln.

Er behauptete, nichts Genaueres zu wissen. Der König sei allabendlich bei der Marquise. Er wolle zugeben, daß Seine Majestät früher von ihr zurückkehre als sonst, aber damit sei nichts bewiesen.

Die kleinen Anträge, die er dem König unter der Hand gemacht, sich gelegentlich mit anderen Frauen zu vergnügen, seien regelmäßig abgewiesen worden.

"Ich bin kein kleiner Antrag", hatte die d'Estrades heftig zurückgegeben und war zu d'Argenson geeilt.

Der Minister stachelte, wie stets bei ähnlichen Anlässen, den Haß seiner Geliebten gegen die bürgerliche Cousine. Er erzählte der habsüchtigen Frau von neuen kostbaren Geschenken des Königs, ja, von einer Rangerhöhung, die für die Pompadour in Aussicht stehe.

Der Neid brannte der kleinen häßlichen Person mit den groben Zügen in allen Poren. "Morgen siedelt der Hof nach Choisy über. In drei Tagen werden Sie von mir hören, mein Freund", knirschte sie mit verzerrtem Gesicht. -

Jeanne hatte auf Anraten Quesnays und unter getreuer

Aufsicht der Hausset eine Milchkur begonnen, die ihrem Allgemeinbefinden außerordentlich gut tat. Im übrigen hatte der Arzt ihr eine strenge Diät verordnet.

Der König unterstützte diese Kur durch das weitgehendste Entgegenkommen. Er erließ es Jeanne, an der großen Hoftafel zu erscheinen, an anstrengenden Vergnügungen teilzunehmen.

Nach ein paar Tagen in Choisy sollte sie nach La Celle gehen, um sich für eine projektierte Reise in die Normandie vollends zu stärken.

Es kostete Louis mehr, als er sich eingestehen wollte, die Marquise so oft an seiner Seite entbehren zu müssen.

Er war verdrossen und schweigsam und trank bei der Tafel mehr, als es seiner Gesundheit zuträglich war.

Er hatte sich noch nie berauscht. In Choisy war er nahe daran.

Nichts konnte günstiger für die Pläne der d'Estrades, für die Partei d'Argensons sein als diese Stimmung Louis', die hinter der Geliebten des Ministers stand und ihr tagtäglich in den Ohren lag, die Gelegenheit beim Schopf zu packen, dem König die Pompadour zu ersetzen.

Eines Mittags, da Jeanne halb und halb versprochen hatte, bei der Tafel zu erscheinen, sich aber im letzten Augenblick noch entschuldigen ließ, schüttete der König aus Ärger und Gram den Wein in Mengen hinunter. Er wollte heiter sein, auch ohne die Marquise.

Madame d'Estrades hatte den König genau beobachtet. Sie triumphierte. Endlich war der Augenblick gekommen, ihm Vergessen und Vergnügen in ihren Armen zu schenken.

Halb trunken, befahl der König nach der Tafel eine Gondelfahrt. Erstickend heiß war ihm zumute. Er wollte Luft, Kühlung genießen.

Er gab Lebel Order, die Marquise zu benachrichtigen. Sie sollte in der Königsbarke an seiner Seite sein.

Lebel, der mit der d'Estrades soweit unter einer Decke steckte, als ihn die sonst sehr genaue Frau für jeden Dienst hoch bezahlte, meldete zumindest der d'Estrades diese königliche Order. Sie drückte ihm sogleich zwanzig Livres aus der Bestechungskasse d'Argensons in die Hand.

“Es ist gut, Herr Lebel. Ich gehe ohnedies zu meiner Cousine hinauf. Ich werde ihr den Wunsch des Königs überbringen.”

Aber die d'Estrades dachte nicht daran, zu gehen. Sie wickelte sich in ein kostbares Spitzentuch, das d'Argenson ihr aus England hatte kommen lassen, und wartete hinter einem Gebüsch versteckt auf die Abfahrt des Königs.

Er war in die Barke getaumelt. Gerade zur rechten Zeit, ihn zu halten, stieg sie nach.

Louis' Sinne waren nicht so umnebelt, daß er nicht bemerkt hätte, wer anstatt Jeanne an seiner Seite saß.

Er wies die zudringlichen Zärtlichkeiten der d'Estrades zurück, aber im Grunde war er froh, jemand bei sich zu haben, der ihm die Zeit vertrieb.

Spät, bei vollkommener Dunkelheit, kam man nach Choisy zurück. Die Gesellschaft zerstreute sich rasch.

Ohne daß der König es bemerkte, war die d'Estrades ihm auf den Fersen gefolgt und hatte sich hinter ihm her in sein Kabinett geschlichen.

Im Vorzimmer warteten die Freunde der d'Estrades, die Kreaturen d'Argensons, die ihn um alles auf seinem Posten halten wollten.

Wenn es der Freundin des Ministers gelang, den König einzufangen, war das Spiel gewonnen.

Sie hatten lange zu warten. Schon wollten sie die Hoffnung aufgeben, als die d'Estrades mit aufgelöstem Haar und zerrissenem Spitzenschal aus dem Kabinett des Königs gestürzt kam.

"C'est fait!" rief sie der Kohorte triumphierend entgegen und verschwand in den Gemächern Mesdames.

D'Argenson zahlte seiner Mätresse diese Heldentat mit einer hohen Summe, obwohl er im Grunde an einen Erfolg der häßlichen d'Estrades beim König nicht glaubte; um so weniger als die nächtliche Szene das üble Nachspiel hatte, daß Madame d'Estrades wenige Tage später ziemlich dringend ersucht wurde, Choisy bis auf weiteres zu verlassen.

Der Minister versuchte die Wahrheit aus Lebel herauszubekommen. Der aber behauptete, der König sei so betrunken gewesen, daß er schwerlich gewußt habe, was er gedacht oder getan.

Die d'Estrades dagegen schwur auf ihren Erfolg und nützte ihn vorderhand außerordentlich praktisch aus: Sie brüstete sich laut mit der Liebschaft des Königs und verkaufte zu doppelten Preisen ihre vermeintliche Macht bei Louis XV. und ihre wirkliche bei d'Argenson.

Im Volk sang man Spottlieder auf die häßliche, intrigante, undankbare, geldgierige Frau.

Si vous voulez faire
Dans le temps présent
La plus mince affaire,
Il faut de l'argent;
Parlez à d'Estrades, elle reçoit un écu,
Lanturelu!
Si vouz voulez être
Sûr de la trouver
Et la reconnaître
Sans la demander,
Cherchez le visage le plus semblable au c...
Lanturelu.

Achtzehntes Kapitel

In Paris und den Provinzen sang man nicht nur frivole Spottlieder. Schreie des Jammers, verzweifelte Drohungen, leidenschaftliche Flüche wurden laut und lauter. Täglich mehrten sich die Klagen über die Mißwirtschaft im Lande. Beschönigungen halfen nichts mehr. Das Volk murrte gleich laut gegen den Adel wie gegen die Bourgeoisie.

Die Verwaltungsbeamten selbst konnten nicht mehr leugnen, daß die Schulden des Staates sich erschreckend häuften, daß Handel und Industrie stockten, daß die Marine und das Schicksal der Kolonien aufs äußerste bedroht waren.

Der König hörte nur, was er hören wollte. Kein Warner störte seinen Gleichmut, der alles gehen ließ, wie es ging.

Die Marquise hatte nach wie vor nur den einen Gedanken, ihm alles Unangenehme fernzuhalten.

Einen bösen Strich durch diese Rechnung machte ihr wieder und wieder das Parlament mit seinen unaufhörlichen Streitigkeiten gegen die hohe Geistlichkeit, seiner immer neu hervorbrechende Opposition gegen den König.

Es überlief die Marquise schon kalt, wenn sie bei besonderen Anlässen, die nie etwas Gutes bedeuteten, die Parlamentsmitglieder in ihren roten Roben sich zum König in den Louvre begeben sah.

Was nützte es Louis, daß er die Lautesten und Rebellischsten in die Bastille schickte oder auf ihre Güter verbannte?

Die Kontroversen wurden immer lebhafter, die Konflikte über religiöse Fragen immer heftiger, bis am Ende das durch und durch jansenistische Parlament im offenen Krieg gegen die hohe Geistlichkeit entbrannte.

Vergebens, daß der König dem Parlament untersagte, sich in geistliche Dinge zu mischen, vergebens, daß er die Parlamentsmitglieder in ihrer Gesamtheit auf ein und ein halbes Jahr nach Pontoise exiliert hatte, das Parlament blieb dabei, sich im Punkt geistlicher Angelegenheiten den Befehlen des Königs nicht fügen zu können, den Kampf gegen den erbittertsten Feind, den Erzbischof von Paris, Christophe de Beaumont, nicht aufgeben zu können.

Oft und öfter gewann es den Anschein, als beabsichtige das Parlament, sich mit Louis XV. in die Herrschaft zu teilen, wie nachdrücklich sich der König auch, mehr und mehr erbittert, auf sein Gottesgnadentum berief.

Um einen erträglichen Zustand herzustellen, kam der König dem Parlament endlich soweit entgegen, daß er sich entschloß, den Erzbischof von Paris zu exilieren.

Trotzdem blieben die Maßnahmen des Parlaments gegen den König selbst durchsichtig genug. Immer unabweisbarer machte er sich's klar: Es war der Geist der Revolution, der das Parlament regierte.

Resigniert meinte er eines Tages zu Jeanne:

"Es nützt nichts, sich gegen diese Erkenntnis aufzulehnen. Das Parlament ist eine Gesellschaft von Republikanern. Wie die Dinge heute liegen, werden sie so lange dauern wie ich selbst."

Sein Zorn war in Gleichgültigkeit umgeschlagen. Er ließ den Dingen freien Lauf im Parlament, wie in den anderen Staatsgeschäften. Immer tauber wurde er für gutgemeinte Vorschläge.

Was Wunder, daß die Staatsschuld zu einer vordem nie erreichten Höhe anschwoll?

Machault bemühte sich aufs angestrengteste, Reformen einzuführen, die den Ackerbau, die Industrie heben, die Last der Steuern erleichtern sollten.

Die Mißwirtschaft, welche die Finanzen schon bis auf den Grund unterwühlt hatte, erschwerte die Durchführung seiner Pläne, ja, machte sie nahezu unmöglich.

Während an den Luxusbauten unter der Leitung Herrn von Tournehems nicht gespart wurde, fehlte das so notwendige Geld zur Ergänzung der Kriegsmarine.

Riesensummen für Pensionen und Geschenke wurden gedankenlos verschleudert. Ohne jede Kontrolle mehrten sich die Ausgaben des Hofes ins Ungemessene.

Die Reisen Louis' und seiner Familie verschlangen unerhörte Summen. Machault hatte berechnet, daß vier Tage Ortswechsel des Königs hunderttausend Livres Extrakosten verursachten, der großen Reisen mit ihrem zahllosen Gefolge gar nicht zu gedenken.

Vergebens bat Machault die Marquise, deren Freund er noch immer war, den König zu beschwören, diese Reisen einzuschränken, die Normandie und andere neu auftauchende Projekte aufzugeben.

Sie lehnte kurzerhand ab: Das Reisen gehörte zu den Lebensbedürfnissen des Königs, es mußte sein!

Inmitten dieser Stimmung des unter der Last der Steuern fast erliegenden Volkes, machte die Friedensfeier, der man gern einen gewissen Glanz verliehen hätte, kläglich Fiasko.

Die Resultate der langen, kostspieligen Feldzüge befriedigten wenig oder gar nicht. Man fand, daß die glänzenden Siege nur geringe Vorteile gebracht hätten. Zu viel Blut war vergossen worden um den einzigen Gewinn eines Herzogtums in Italien für den Infanten Don Philipp, den Schwiegersohn Louis XV.

England, so murrte man, habe alle Vorteile eingeheimst. Zu leicht habe der König seine Eroberungen aufgegeben.

Daß die Schwäche der französischen Flotte eine mehr als bedenkliche Fortsetzung des Krieges bedeutet hätte, daran dachte man nicht! -

Als die Wappenherolde auf den Plätzen von Paris die Friedensproklamationen verlesen hatten und in den Ruf ausbrachen: "Es lebe der König", fanden sie nur verstimmtes Schweigen; kein freudiges Echo gab den Ruf zurück.

Hohngelächter tönte hinter dem Festzuge her.

Um den König diesen Enttäuschungen und Mißstimmungen zu entreißen, die um so schwerer auf ihm lasteten, je öfter er sich die Zeit zurückrief, da seine im Grunde so gutmütigen Pariser beim Anblick ihres schönen, siegreichen Königs des Jubels kein Ende finden konnten, da ihnen das Geld, das er unter sie warf, weniger galt als ein Gruß ihres geliebten Monarchen, drängte die Marquise zu der lange besprochenen Reise in die Normandie.

Sie entwaffnete Louis' Zögern und die Bedenken der Minister mit der Behauptung, daß, sollte Wandel geschafft werden, Seine Majestät sich endlich persönlich von dem Zustand der Flotte überzeugen müsse. Mit den ewigen theoretischen Klagen sei nichts getan. -

Jeanne, die das Meer noch nie gesehen hatte, war in freudigster Erregung, als der Tag der Abreise endlich bestimmt war.

Sie konnte es kaum erwarten, bis Havre erreicht war. Sie steckte den König mit ihrer fröhlichen Ungeduld an. Er war glücklich in dem Gedanken, der Geliebten als Erster das Meer und seine Wunder zeigen zu dürfen.

Sie reisten mit kleinem Gefolge. In einem zweisitzigen Wagen fuhr der König mit Ayen. Ihm folgte eine "Berline" mit der Marquise und ihrer Begleitung.

Auf einer sechssitzigen Gondole waren die Kammerdiener und das notwendige Gefolge plaziert.

Der Küchenwagen mit seinem Personal war vorausgefahren und erwartete den König in Havre. -

Der Weg ging von Crécy aus durch den Wald von Dreux, wo eine kurze Jagd veranstaltet wurde. An den Schlössern Anet und Navarra vorüber, wurde der Wald von Evreux und gegen acht Uhr morgens Rouen erreicht.

Der König hatte ursprünglich vorgehabt, den Erzbischof, den Almosenier der Königin, zu besuchen. Der würdige Geistliche war auf die Ankündigung dieses Besuches, die in Versailles erfolgt war, stumm geblieben. Er hielt es augenscheinlich für eine zu starke Zumutung, die Aussicht eines Besuches des Königs mit der Pompadour auch nur zu beantworten.

Auch da der König ihm mit starker Betonung wiederholte: "Wir werden Sie in Rouen aufsuchen, hören Sie!" blieb der Erzbischof stumm. Der König erteilte ihm eine spitze Antwort, und der Besuch in Rouen unterblieb.

Ohne die Wagen zu verlassen, eilte man durch die prächtig geschmückten Straßen der Stadt, begleitet von dem jubelnden Zuruf der Bevölkerung. Der König wollte Jeanne nicht auf das Meer warten lassen, dessen Anblick sie so heiß ersehnte. Um sechs Uhr abends fuhren die königlichen Wagen unter dem Donner der Kanonen der Zitadelle und des Hafens in Havre ein.

Louis hatte den Herren, die ihn am Stadthaus, in dem er Wohnung nehmen sollte, empfingen, den Wunsch ausgesprochen, einem Flottenmanöver beizuwohnen. Im Grunde war es ein Wunsch der Marquise, den er gern erfüllt sehen wollte.

Ein neuerbautes Fleutschiff mit sechsunddreißig Geschützen und drei Kriegsschiffe wurden ins Meer bugsiert. Außerdem führte der Marineminister bei der Ausfahrt aus dem Hafen dem König und seiner Gesellschaft einen Scheinkampf dreier Fregatten vor.

Der Hauptakt aber, der Jeanne das meiste Vergnügen bereitete, war die Taufe eines im Bau begriffenen Kauffahrteischiffs, bei dem sie Pate stand und das nach ihr den Namen "Le Gracieux" erhielt.

Gegen abend ließ sich der König allein mit Jeanne aufs Meer hinausrudern. Von sanftem Wellenspiel bewegt, lagen die unendlichen Wasser. Blau und wolkenlos, in zartem Rosenschein spannte sich der Himmel über der weiten Flut.

Jeannes schönes Gesicht war von einem feinen Rot übergossen. Ihre Augen leuchteten. Ihr ganzes Wesen trank das nie gekannte, wundervolle Bild. Sie schmiegte sich eng an den König. Ihr Herz war weit und voll Zärtlichkeit. Alle Bitternisse, alle Sorgen, aller Eigenwille, alle Herrschsucht waren wie fortgeweht.

Ihre Lippen flüsterten leise, zärtliche Liebesworte.

Er hielt ihre Hand zwischen den seinen. Seine schönen, traurigen Augen lächelten sie an.

Lange saßen sie schweigend in stillem Glück, wie die Hast des Lebens es ihnen so selten bescherte.

Sie blickten in den bläulichen Dämmer, der über dem Meer und der Küste lag: Wie feines Silber zitterte die Luft.

Leise rannen die Wellen unter den Planken der Barke.

Louis machte dem Führer ein Zeichen, das Boot der Küste zuzusteuern. Nahe dem Strande hatte er ein einsames, weißes Haus entdeckt, von Weinlaub dicht überwachsen.

Die Schiffer, die nicht wußten, wen sie an Bord hatten, erzählten, das weiße Haus sei die Auberge "Zur güldenen Traube", in der Fremde gern auf ein paar Tage abstiegen, die frische Seeluft zu genießen.

Der König sah Jeanne fragend an. Sie nickte mit gewährenden Augen. Das Leben pulste wieder stark in ihr. -

Lange standen sie eng aneinander gedrückt im offenen, weinumrankten Fenster der Auberge.

Über dem Meer war die Mondsichel aufgestiegen. Weite, fließende Silberstreifen rannen auf der leise rauschenden Flut.

Weiß leuchtete der Meeresstrand zu ihren Füßen. “Wie dein weißer, strahlender Leib”, flüsterte der König unter heißen Küssen.

Er blickte um.

Das Lager war nicht königlich, nicht üppig zur Wollust ladend, wie in Versailles, in Crécy und La Celle. Hart und schmal, mit grobem Leinen überdeckt, stand es in einer tiefen Nische des niederen Zimmers.

Lange aber hatte den König keine Liebesnacht so köstlich gedünkt, als die auf der schmalen Bettstatt, am mondüberfluteten Strand von Havre.

Neunzehntes Kapitel

Voltaires gallige Natur hatte die Nebenbuhlerschaft Crébillons, den Erfolg "Catilinas" nicht verwinden können. Keine Zeit wollte diese Wunden heilen. Seine empfindliche Eifersucht wurde durch den Umstand noch genährt, daß die Marquise außer dem alten Crébillon noch eine ganze Anzahl von Literaten in ihren Bestrebungen unterstützte.

Da war Duclos, da war der talentlose Abbé de Blanc, da war Gresset, den Bruder Abel der Marquise empfohlen hatte. Dieser lächerliche Bruder Abel, dessen Karriere sie mit einem Eifer betrieb, der einer besseren Sache würdig gewesen wäre!

Hin und her schwankten Voltaires Gefühle für die Marquise. Er dachte nicht im entferntesten daran, sich mit ihr zu überwerfen, aber er konnte es auch nicht hindern, daß sich eine gewisse Abkühlung wie ein Keil zwischen ihn und seine Bewunderung schob.

Mehr als einmal war Voltaire im Begriff, Paris und Versailles den Rücken zu kehren, sich mit der treuen, alten Freundin aufs neue in den Frieden von Cirey, in Mathematik und Naturwissenschaften zu begraben. Immer wieder hielt ihn ein neuer, ehrgeiziger, durchaus durchzusetzender Plan zurück, und Frau von Châtelet war selbstlos genug, den Dichter in diesen Entschlüssen zu bestärken.

Die Wiederaufnahme seines "L'Enfant Prodigue" in dem neuen Saal der Botschafterstiege besänftigte ihn vorübergehend.

Die Pompadour hatte ihm eine Einladung zu den Proben und der Aufführung verschafft. Indes war diese Huld nur die Verzuckerung für eine bittere Pille - Voltaire war nicht der einzige geladene Dichter.

Auch Gresset war in Versailles zugegen, um der Aufführung seines "Le Mechant" beizuwohnen.

Zu Voltaires äußerstem Verdruß bewegte dieser "überflüssige Kollege" sich mit so viel Liebenswürdigkeit, Grazie und Takt auf dem höfischen Parkett, daß er bald als der verzogene Liebling der Gesellschaft galt.

Voltaire spielte gegen Gressets jungen Ruhm seine alten, durch Jahre befestigten Beziehungen zum Hofe Louis XV. aus.

Er scheute sich vor keiner noch so unangebrachten Vertraulichkeit. Er nahm vor den König das Wort, er griff ihn am Ärmel, bis Louis gereizt und ungeduldig sich Voltaires unmittelbare Nähe verbat.

In seiner Eitelkeit zu tief verletzt, um sich seiner Taktlosigkeiten bewußt zu sein, hielt er sich an die Marquise, die er mit Lobsprüchen und Schmeicheleien über ihre Darstellung der "Lise" überhäufte.

Im Überschwang seiner Gefühle schickte er ihr nach der Aufführung ein Madrigal, in dem er sie als des Hofes Zier, als des Parnasses und Cytherens Sonne feierte, für den König einen ewigen Frieden und der "Liebe und des Krieges Eroberungen" ewige Dauer wünschte.

Das Madrigal machte bald die Runde in Versailles. Aber es hatte nicht die von Voltaire erhoffte Wirkung. Das gerade Gegenteil trat ein. Die Königin, der Dauphin, Mesdames fanden die Zusammenstellung von des Königs "Liebe und des Krieges Eroberungen", den Wunsch für deren ewige Dauer „einfach skandalös".

Eisiges Schweigen starrte Voltaire entgegen, als er ein paar Tage später Versailles wieder betrat. Er begriff, daß er die poetische Freiheit überschritten hatte.

Diesmal schwankte er nicht. Ohne Besinnen reiste er mit der Châtelet nach Cirey ab, festen Willens, so bald nicht wieder nach Versailles zurückzukommen, ohne deshalb das Wohlwollen der Pompadour aufs Spiel zu setzen, das er noch mehr als einmal würde brauchen können.

Ja, seine Gedanken gingen noch weiter.

Wenn er jetzt der Châtelet beim Schach gegenübersaß, machte dieser gerissene Spieler, wider jede Gewohnheit, manchen falschen Zug. Leise und laut erwog er den Entschluß, Frankreich zu verlassen, den wiederholten Einladungen Friedrichs II., ihn in Sanssouci aufzusuchen, zu folgen.

Ein Blick auf das Behagen von Cirey, ein liebes Wort der alten Freundin ließen ihn immer wieder davon absehen, diesen Besuch in Preußen zu machen, etwa gar seinen Wohnsitz, wie es der Preußenkönig am liebsten gesehen, "in den äußersten Norden, unter Barbaren und Halbbarbaren" zu verlegen!

Mehr als einmal schrieb Voltaire über diesen Punkt an die Pompadour; vornehmlich wenn die ärgerlichen Stimmungen - genährt durch häufige Krankheiten - ihn packten, wenn er auf die Affäre Crébillon, wenn er auf den Klatsch kam, den man in Versailles und Paris über ihn in Umlauf gesetzt hatte.

Wie konnte man es wagen, aus einer vorübergehenden Verstimmung, der er freiwillig aus dem Wege gegangen war, eine Verbannung zu konstruieren?

“Wirklich, alles das könnte einen bewegen, ganz nach Preußen zu übersiedeln.”

Einem dieser Briefe an die Marquise hatte Voltaire ein Widmungsexemplar des “Panegyrikus auf Louis XV.” beigefügt, mit der Bitte, es dem König überreichen zu wollen.

Das Gedicht war in vier Sprachen, ins Lateinische, Spanische, Italienische und Englische übersetzt worden. Voltaire hoffte, mit dieseln Opus endlich wieder Gnade vor den Augen des Königs zu finden. Mit gemischten Empfindungen las der Dichter das Antwortschreiben der Pompadour.

Ich habe die Übersetzungen, die Sie mir geschickt haben, empfangen und dem König mit Vergnügen überreicht. Seine Majestät hat sie seiner Bibliothek einverleibt, mit gütigen Worten für den Verfasser. Wenn ich nicht gewußt hätte, daß Sie krank sind, hätte es mir der Stil Ihres zweiten Briefes gezeigt.

Ich sehe, daß Sie sich über die Klatschereien und Verleumdungen betrüben, die man über Sie verbreitet hat. Sollten Sie nicht daran gewöhnt sein und bedenken, daß es das Schicksal aller großen Männer ist, verleumdet zu werden bei Lebzeiten und bewundert nach dem Tode? Erinnern Sie sich daran, was Corneille, Racine usw. begegnet ist, und Sie werden sehen, daß Sie nicht ärger mißhandelt werden als jene Männer. Ich bin weit entfernt, zu denken, daß Sie nichts geleistet hätten gegen Crébillon. Er ist, wie Sie, ein Talent, das ich liebe und verehre. Ich habe Ihre Partei gegen Ihre Ankläger ergriffen, da ich eine zu gute Meinung von Ihnen habe, um Sie solcher Gemeinheiten für fähig zu halten. Sie haben recht, wenn Sie sagen, daß man mir auch Vorwürfe macht. Ich setze allen diesen Schändlichkeiten die vollkommenste Verachtung entgegen und bin ganz ruhig, denn ich erleide sie ja nur darum, weil ich zum Wohl des Menschengeschlechts beigetragen habe, indem ich für den Frieden arbeitete.

So ungerecht auch die Menschen gegen mich sind, ich bereue nicht, zu ihrem Glücke beigesteuert zu haben; vielleicht verstehen sie es eines Tages. Was aus dieser Denkungsart entstehen mag, ich finde die Belohnung in meinem Herzen, das rein ist und rein bleiben wird. Adieu! Möge es Ihnen gut gehen! Denken Sie nicht daran, zum König von Preußen zu gehen! Mag er ein noch so großer König sein und einen noch so erhabenen Geist haben, man darf nicht wünschen, unseren Herrscher zu verlassen, wenn man seine bewunderungswürdigen Eigenschaften kennt. Im Vertrauen, ich würde es Ihnen nie verzeihen. Guten Tag!

Die schönen Tage, die heißen Nächte von Havre, sollten ein böses Nachspiel haben.

Kaum daß Jeanne und der König nach Versailles zurückgekehrt waren, regten sich aufs neue die Stimmen der Empörung, das dumpfe Grollen des Volkes.

Täglich kam es zu erregten Straßenkrawallen. Es hieß, man wolle Kinder rauben und sie in die entvölkerten Kolonien entführen. Jeder Tag brachte neue Pamphlete, anonyme Schmähungen, die der Pompadour freche Verachtung der Not vorwarfen; Gedichte, die sie lächerlich und gemein machten.

Jeanne ließ den Polizeirichter Berryer rufen; er war ihr stets ein treuer Anhänger gewesen. "Gab es keine Möglichkeit, diesen perfiden Pariser Schmähern auf die Spur zu kommen?"

Berryer zuckte die Achseln. Er wollte der Marquise nicht sagen, daß er nicht so sehr Paris wie Versailles für den Herd des Übels hielt, und daß es ihm keineswegs ausgeschlossen dünke, manches der grausamen Pamphlete sei in der unmittelbaren Umgebung der Marquise entstanden.

Er konnte im Augenblick nur eines für sie tun, ihr den Rat geben, Vorsicht zu üben, so selten als möglich und nur unter sicherer Bedeckung nach Paris zu gehen. -

Jeanne entließ den bedrückten Mann, Trauer und Empörung zugleich im Herzen.

Aber es sollte noch schlimmer kommen. Bisher hatte man den König aus dem Spiele gelassen. Wenige Tage nach seiner Rückkehr aus Havre fing Berryer eine Karikatur auf, die den König, von der Marquise gefesselt, vom Volk gepeitscht, zeigte.

Man schien Louis die "Rennomierfahrt mit der Marquise", wie man die Reise in die Normandie getauft hatte, nicht vergessen zu wollen.

Andere von Gemeinheiten strotzende Illustrationen

folgten. Eine zeigte den König, am Busen der „Schande” eingeschlafen.

Ein Gedicht machte die Runde, aus dem man den flammenden Atem einer nahen Revolution zu spüren vermeinte:

Louis, dissipateur des biens de tes sujets,
Toi, qui comptes les jours par les maux que tu fais,
Esclave d'un ministre et d'une femme avare,
Louis, apprends le sort, que le ciel te prépare:
Si tu fus quelque teps l'objet de notre amour,
Tes vices n'étaient pas encore dans tout leur jour ...
Tu verras chaque instant ralentir notre zèle
Et souffler dans nos cœurs une flamme rebelle:
Des geurres sans succès fatiguant tes États,
Tu fus sans généraux, tu seras sans soldats ...
Tu ne trouveras plus des âmes assez viles
Pour oser célébrer tes prétendus exploits,
Et c'est pour t'abhorrer qu'il reste de François.

Jeanne war trostlos. Ihre Gesundheit, die sich eben erst zu befestigen begonnen, schwankte aufs neue.

Gleichgültiger zeigte sich der König. Nur eine noch vermehrte Rastlosigkeit überfiel ihn. Noch öfter als sonst wechselte er den Aufenthalt und vermied Versailles soviel als möglich; von Paris, das er zu hassen begann, wollte er nicht einmal den Namen mehr hören.

Jeanne litt schwer unter diesem fortwährenden Ortswechsel. Sie sehnte sich nach ihrem schönen, begabten

Kinde, das seit ein paar Monaten in l'assomption, einem der vornehmsten Pariser Klöster, war. Alexandra konnte sie wohl in Versailles, nicht aber auf den entlegenen Schlössern besuchen.

Auch der Vater, den sie infolge des unruhigen Lebens jetzt so selten sah, fehlte ihr. Seine gutmütigen Prahlereien, sein Stolz auf die Ehren, mit denen sie überhäuft worden, seine großen Worte und freien Reden, sein gesunder Verstand und stets bereiter Humor hatten sie in trüben Stunden oft erheitert.

François Poisson paßte mit seinen etwas derben Lebemannmanieren nicht eben zu dem Ton von Versailles, es gehörte nicht viel dazu, sich das einzugestehen, aber er war im Grunde ein Mensch von ungewöhnlicher Gutmütigkeit, der ihre Zärtlichkeiten mit der innigsten Liebe vergalt. Seine abgöttische Zuneigung für die kleine Alexandra war Jeanne in dieser schweren Zeit ein großer Trost. Er besuchte das Kind statt ihrer in l'assomption und konnte nicht genug des Zärtlichen und Liebenswürdigen von seiner reizenden Enkelin berichten.

"Sie ist wirklich ein Unikum von einem Kinde. Mit aller Kaltblütigkeit erklärt sie, daß sie 'Schön-Mütterchen' noch so sehr lieben mag und doch lieber im Kloster ist als bei ihr, weil sie so große Lust hat am Lernen, um sich der Güte von 'Schön-Mütterchen' würdig zu machen, die sie nie wieder verlassen will, wenn sie einmal alles gelernt hat, was nötig ist, und ihre Prüfungen gut bestanden hat."

Auch sonst empfing Jeanne auf ihren Reisen nur gute Nachrichten aus l'assomption.

Von den Schwestern, die Alexandra unterrichteten, hörte sie, wie leicht die Kleine lerne, wie verständig und liebenswürdig sie sei; sie hörte von Alexandras Freundschaft mit der kleinen Prinzessin Soubise.

Der Stolz auf ihr Kind zerstreute und belebte Jeanne in dieser rastlosen, sorgenvollen Zeit. Der aristokratische Verkehr Alexandras stärkte gewisse Hoffnungen, die Jeanne für ihre Tochter hegte. Sie gedachte, eine wirklich große Dame aus ihr zu machen, die durch eine vornehme Heirat die Abstammung der Mutter in Vergessenheit brachte. Ein Herzog als Schwiegersohn war der Traum der Marquise.

Der König hatte von Crécy aus, wo sie zuletzt Station gemacht hatten, die Königin und Mesdames in Fontainebleau besucht. Er traf den Dauphin und Maria Josepha dort, deren munteres, liebenswürdiges Wesen stets einen guten Einfluß auf seine Stimmung übte.

Die kleine Dauphine empfand ganz im Gegensatz zu Maria Rafaela eine herzliche Liebe für ihren Schwiegervater. Gern und oft vertraute sie ihm ihre großen und kleinen Geheimnisse an. Von ihr hatte Louis vor Monaten zuerst erfahren, daß des Dauphins kaltes Wesen wärmeren Empfindungen Platz gemacht hatte, daß er auf dem Wege war, seine erste Gattin zu vergessen. Heute vertraute Maria Josepha ihm mit heißem Erröten, daß sie der Geburt eines Kindes entgegensähe. Der König war außer sich vor Freude. Endlich sollte Frankreich der ersehnte Erbe erstehen! Von Herzen froh trat Louis die Rückfahrt nach Crécy an.

Die Marquise erwartete ihn auf der Terrasse. Sie sah frischer aus wie bei ihrer Ankunft in Crécy.

D'Argenson, der sie in Versailles bereits zu den Toten geworfen, der, ohne sie gesehen zu haben, überall herumgebracht hatte, die Marquise sei vor Ärger fast zum Skelett geworden, ihr Gesicht sei gelb und vertrocknet, ihre Gestalt gleiche einem Brett, würde schwer enttäuscht gewesen sein.

Jeanne war beglückt über des Königs frohes Aussehen, hocherfreut über die Nachricht, die er ihr brachte.

Sie saßen am Teetisch in Jeannes traulichem Boudoir, neben dem großen Empfangszimmer. Ihre vornehmen schlanken Finger spielten mit einer Tasse kostbaren sächsischen Porzellans.

"Wissen Sie, Sire, was ich gedacht habe, ehe Sie kamen?"

"Du hast dich hoffentlich heftig nach mir gesehnt und gedacht: Wäre er erst hier!"

Sie lächelte ihn an mit ihrem bezauberndsten Lächeln.

"Das ist etwas, Sire, was sich so sehr von selbst versteht, daß man es nicht erst auszusprechen braucht."

Er küßte entzückt ihre Hand.

"Also, was war es denn, kleine Jeanne?"

"Sehen Sie diese Tassen, Sire, und die graziöse Kanne, das ganze reizende sächsische Porzellan, das meinen Tisch ziert. Ihre Hoheit die Frau Dauphine war so gütig, es mir zum Geschenk zu machen. Es ist Dresdener Fabrikat. Jedesmal, wenn ich es in Gebrauch nehme oder das japanische Porzellan drüben auf dem Tischchen Louis XIV. betrachte, frage ich, weshalb wir in Frankreich von Sachsen und Japan zehren und die Fabrikate des Auslandes mit einem horrenden Preis bezahlen? Weshalb wir nicht selbst erstklassiges Porzellan fabrizieren?"

Der König horchte auf, die Idee war nicht schlecht.

Das französische Porzellan war in der Tat nichts als eine plumpe, beinahe groteske Nachahmung der sächsischen und japanischen Fabrikate. Es paßte auf keine vornehme, geschweige denn königliche Tafel.

"Wie denkst du dir das, Jeanne?"

"Ich denke, wir müßten können, was Louis XIV. gekonnt: die Industrie Frankreichs aus eigener Initiative, aus eigenen Mitteln heben! Gründen wir eine Porzellanfabrik, wie Louis XIV. eine Gobelinfabrik gegründet hat. Ihre Produkte werden uns gleichen Ruhm und gleiche Vorteile bringen und nach Jahrhunderten noch von Frankreichs Geschmack, von Frankreichs Grazie zeugen."

Der König war aufgesprungen. Ein paarmal war er im Zimmer hin und her gegangen.

Jetzt blieb er stehen und legte Jeanne die Hand auf die Schulter.

Trübe sagte er: "Du sprichst von eigenen Mitteln! Wo sollen wir sie hernehmen? Man steinigt uns ja ohnedies, verwünscht unseren Luxus!"

Jeanne schüttelte den Kopf.

"Man wird uns die Gründung eines industriellen Unternehmens, das dem Lande reiche Einnahmequellen verschafft, nicht übel deuten. Ganz im Gegenteil. Abgesehen von dem finanziellen Vorteil, den eine heimische Porzellanmanufaktur durch den in- und ausländischen Vertrieb ihrer Produkte verspricht, beschäftigen wir ein Heer von Arbeitern, schaffen dem Volk neue Erwerbsmöglichkeiten."

Der König lächelte über ihren Eifer.

“Du sprichst ja wie ein Advokat, der eine schlechte Sache verteidigt.”

“Eine gute, Sire, eine sehr, sehr gute, deren Ausführung gar nicht einmal so schwierig ist, wie sie im ersten Augenblick vielleicht aussieht. Euer Majestät müßten mit der Fabrik in Vincennes unterhandeln lassen. Sie ist in einem deprablen Zustand. Es wäre ein Segen für Vincennes, wenn Euer Majestät als Teilhaber einträte. Vielleicht wäre Monsieur de Fulvy der rechte Mann dazu, an die Spitze des Institutes gestellt zu werden. Boucher wird uns gewiß gern zur Seite stehen. Ich will bei der nächsten Porträt-Sitzung mit ihm darüber sprechen. Maler, Former und Zeichner finden wir leicht, wenn erst das Geheimnis der feinen Masse, die es mit den sächsischen und japanischen Fabrikaten aufnimmt, gefunden ist. Selbstverständlich muß die Erfindung das Geheimnis Vincennes bleiben. Die Kleinfabrikanten von Chantilly, Sceaux, Saint-Cloud und Villeroi müssen von jeder Möglichkeit ausgeschlossen werden, in die Intimitäten unserer Werkstätten zu dringen.”

Der König lachte so laut und herzlich, wie er nur selten zu lachen pflegte.

“Du sprichst, als wären wir schon am Ziel deiner Wünsche! Als stehe die Fabrik leibhaftig da. Als flögen ihre Produkte bereits in alle Welt hinaus.”

“Ich sehe sie so”, sagte Jeanne lebhaft mit blitzenden Augen.

“Meine Phantasie malt mir das entzückendste Bild. Ich sehe die feinen durchsichtigen Gefäße mit zartbunten Blumen, Vögeln, Schmetterlingen, flatternden Libellen übermalt! Ich sehe herrlich geformte Vasen und Schalen auf den Tafeln von Versailles; ich sehe alle Welt bewundernd davorstehen. Ich sehe künstliche Blüten und Früchte aus den Vasen aufwachsen, die den natürlichen zum verwechseln gleichen. Ich sehe die Tafel, an der Euer Majestät bei mir zu Gast ist, mit den wundervollsten Geräten aus Vincennes bestellt. Ich sehe das gesamte Ausland uns beneiden. Ich sehe Hunderte von Arbeitern glücklich bei ihrer Arbeit, satt durch ihren Verdienst. Ich sehe das Gold in die Staatskassen fließen, ich sehe -"

Louis umfaßte sie und schloß ihren beredten Mund mit seinen Küssen.

"Ich sehe eine liebenswürdige Phantastin."

"Deren Phantasien recht behalten werden, Sire!"

Wenige Monate später wurden die Verhandlungen mit Vincennes durch das Ministerium eingeleitet. Es bildete sich eine Gesellschaft, die ein Einlagekapital von 250.000 Livres leistete. 100.000 Livres fügte der König aus seiner Privatschatulle hinzu.

Die Fabrik führte den Namen " Manufacture royale de porcelaine de France." Ein jedes gefertigte Stück trug als Fabrikzeichen zwei gekreuzte L und das Datum der Fabrikation.

Sehr bald beschäftigte Vincennes hundert Arbeiter, und Monsieur de Fulvy war im Begriff, mit einer Anzahl geschickter Chemiker eine Masse zu fabrizieren, die, wenn der Versuch glückte, die Fabrikate des Auslandes weit zu überholen versprach.

Zwanzigstes Kapitel

Charles Guillaume d'Étioles war eine seltene Ausnahme seiner leichtlebigen, frivolen Zeit. Er war ein Mann, der nicht vergessen konnte. Seit Jeanne ihn verlassen hatte, war und blieb sein Leben im innersten Kern zerstört.

Vergebens kämpfte er gegen die Gefühle für diese Frau, die ihn um Ruhm und Glanz und maßlosen Ehrgeiz verlassen hatte. Vergebens rief er seinen Stolz zu Hilfe. Jeannes Bild war zu berückend schön, als daß er es hätte aus seinem Herzen reißen können.

D'Étioles Leben war sehr einsam geworden. Er mied die wenigen Freunde, die ihn bedauerten, ebenso hartnäckig wie den großen Kreis derer, die ihn einen Narren schalten, weil er über den Verlust einer Pompadour weder fortkam, noch die ihm gebührenden Vorteile daraus zog, daß seine Frau die Mätresse des Königs geworden war.

Seit dem Abend, da er auf Bussys weinumrankter Terrasse gesessen, da Jourdain und Grévin samt den anderen adligen Kavalieren auf ihn eingeredet, hatte er sich in diesem Kreis nie wieder sehen lassen. Noch heute stieg ihm das Schamgefühl in die Wangen, wenn er daran dachte, was man ihm zugemutet hatte. Sollte er Schacher treiben mit seinem Unglück? Mit dem Verlust der angebeteten Frau? Pfui über die, die ihm so Schmähliches zutrauten!

Nun war auch die Kleine ihm entfremdet, seit sie in l'assomption war. So viel Alexandra vordem bei der Mutter gewesen, es hatte doch Zeiten gegeben, zu denen das Kind bei ihm und dem Großvater im Hôtel des Chèvres gelebt.

Wie an ein verlorenes Paradies dachte Charles an diese Zeit zurück, da er nach der Arbeit Alexandra auf den Knien gehalten und sich oft genug dabei ertappt hatte, in ihrem reizenden Gesichtchen nach den Zügen der verlorenen Frau zu forschen. Da er sie abends in die Gärten des Palais Royal geführt, mit ihr in der großen Allee unter den alten Kastanien gesessen hatte und ihr die vornehmen Damen gezeigt, die sich vor der Oper in dem herrlichen Park ergingen.

An schönen Sonntagen war er mit ihr im Bois spazierengegangen oder nach Fontainebleau in den Wald gefahren, um große, süß duftende Büschel wilder Blumen mit ihr zu pflücken. Auch Alexandra liebte ja die Blumen, wie ihre Mutter sie liebte!

Wie ausgestoßen von der Welt kam d'Étioles sich vor, als er an einem kaltnebligen Novembermittag vom Stadthaus kommend, wo er wegen der Generalpacht Geschäfte gehabt, durch die Straßen von Paris schritt. Einen Augenblick dachte er daran, in eines der vielen neuentstandenen Café zu gehen. Vielleicht traf er jemanden an, mit dem er eine Partie Domino oder Schach spielen konnte. Aber sogleich verwarf er den Gedanken wieder. Nichts freute ihn mehr, nichts regte ihn an. Er seufzte schwer. Alle Versuche, sich herauszureißen, waren vergebens.

Was war ihm die kleine Modistin mit den zierlichen, reizend chaussierten Füßchen gewesen, die er sich ein paar Monate lang gehalten hatte? Eine vorübergehende Laune, ein Mittel, die langsam schleichende Zeit zu töten. War sie ein Nichts, so war die schwarze Hexe, die Morselle aus dem Chor der Großen Oper ein Ärgernis gewesen.

Vermessen genug hatte sie sich unterfangen, über Kunst mit ihm reden zu wollen. Dieses kleine Chormädchen über Kunst, nachdem er eine so vollendete Künstlerin wie Jeanne zur Frau gehabt! Eine förmliche Wut hatte ihn gepackt, sobald sie nur davon angefangen hatte. Er, der sanfte, ruhige Mensch war drauf und dran gewesen, die schwarze Hexe zu schlagen!

Straße auf, Straße ab war er so in grübelnden Gedanken gegangen, ab und zu jäh aufgeschreckt durch den Lärm des Glockengeläutes aus den Kirchen und Klöstern oder den schrillen Ausrufen der Straßenverkäufer, die Brot, Wasser, Besen und allerhand bunten Tand zum Verkauf anboten.

Als d'Étioles sich umblickte, bemerkte er, daß er in die Nähe des Palais Royal, nach Saint-Honoré, gekommen war, wo das elegante Paris sich um die neuentstandenen Luxusbutiken mit ihren glänzenden Auslagen an Schmuck und Juwelen, den neuesten Modeartikeln, dem Pelzwerk aus Frankfurt a. M. und den Leipziger Messen, dem modernen Schuhwerk und allerhand reizendem Wohnungszierat drängte.

Plötzlich entstand eine rasche Bewegung, lebhaftes Schwatzen in der Menge.

Auf dem nassen, kotigen Fahrdamm näherten sich in

schlankem Trabe zwei Rappen, die eine goldstrotzende Karosse mit großen geschliffenen Glasfenstern führten. Kutscher wie Lakaien trugen die blausilberne Livree der Pompadour.

Das Herz schien Charles Guillaume stillstehen zu wollen. Da er weder vor- noch rückwärts vom Platz konnte, schob er sich in raschem Instinkt hinter eine Gruppe, gerade in dem Augenblick, als der Wagen, aufgehalten durch ein ihm entgegenkommendes Gefährt, hart an der Straße hielt.

Zwischen den Köpfen der vor ihm Stehenden sah Charles unter einem Seidenhut mit wehenden Federn das bleiche, schöne Gesicht seines Weibes, sah einen Strauß kostbarer Blumen in ihrem Schoß, sah auf dem seidenen Polstersitz ihr gegenüber geöffnete Kartons mit seidenen Kleidchen, Spitzen und Spielwaren, Pakete, die Süßigkeiten und Naschereien enthalten mochten.

Kein Zweifel, Jeanne fuhr zu Alexandra nach l'assomption! Sie brachte ihr seltene Blumen aus den Treibhäusern von Versailles, kostbare Geschenke aus den teuren Butiken von Paris, ihr Kinderherz zu erfreuen, es nur fester an sich zu ketten.

Und er? Er stand mit leeren Händen daneben, ein Fremder, ein überflüssiger auch hier. Seine Einkünfte als Generalpächter reichten, seit Jeannes Mitgift ihm verloren war, gerade für sein Leben aus. Für Luxusausgaben, sein Kind zu beglücken, blieb ihm kein Sous.

Heiß schwoll es in ihm auf.

Hatten sie am Ende doch recht gehabt, die Bussy und Jourdain?

Wäre er ihrem Rat gefolgt, wäre er Besitzer eines großen Vermögens, Herr seiner selbst, hätte er fern von diesem ihm verhaßt gewordenen Paris sich in der Provinz ein trauliches Schlößchen bauen können, die liebe Kleine bei sich haben dürfen, sie verwöhnen dürfen mit allen Schätzen der Welt! Ebenso rasch, wie ihm dieser Gedanke gekommen war, verbannte er ihn wieder. Müßig, daran weiterzuspinnen! Wäre er kalt und klug genug gewesen, einen solchen Schritt zu tun, wäre er auch der Mann gewesen, Jeanne zu halten! So wie er war, blieb er der gutmütige dumme Tölpel, der nicht in seine Zeit paßte, an dem das Glück in jeder Gestalt hohnlachend vorüberging.

Mit bitterem Lächeln trat er zur Seite, gerade als die Kutsche mit den Blaulivrierten sich wieder in Bewegung setzte und die rasch ausholenden Hufe der Rappen ihm den Kot der Straße vor die Füße spritzten.

Jeanne hatte ihrem Kinde nicht nur kostbare Geschenke nach l'assomption gebracht. Sie hatte die Kleine auch für die künftige Woche von der Oberin freigebeten.

Der große Tag stand vor der Tür, da Jeanne ihren Einzug in das Feenschloß Bellevue halten sollte. Da durfte Alexandra nicht fehlen, die mit glänzenden Augen "Schön-Mütterchens" Einladung in Empfang genommen hatte.

Die Geschichte der Entstehung Bellevues lag schon eine Weile zurück. Bei einem Spazierritt mit dem König hatte die Marquise auf dem Abhang von Meudon nach Sèvres einen wundervollen Punkt entdeckt, der für die Lage eines Schlößchens, wie es ihre künstlerische Phantasie ihr schon seit Jahren ausgemalt, wie geschaffen erschien.

Von dem hügligen Land sah man auf die Seine, die seinen Fuß umspielte, und weit hinaus auf die Ebenen von Paris.

Der Baugrund gehörte dem König; den Bau des Schlößchens hatte Jeanne ursprünglich aus eigenen Mitteln bestreiten wollen, doch waren die Kosten unter ihren immer Neues, Schöneres schaffenden Händen zu ungeheuerer Höhe angeschwollen.

Sie mußte es sich gefallen lassen, daß ihre Feinde von gut sieben Millionen Livres sprachen.

Über die mählich ansteigenden Terrassen führte der Weg zum Schlößchen, das die Architekten l'Assurance und l'Isle unter der Mitarbeit der Marquise in dem leichten, koketten Stil der Zeit erbaut hatten. Umgeben von den wundervollsten, mit der höchsten Kunst angelegten Gärten machte Bellevue in der Tat den Eindruck eines Feenschlosses. Wohin man blickte, fand man eine erlesene, mit Glück und Geschmack angewandte Kunst, wie sie nur unter den Inspirationen einer Frau von höchster künstlerischer Empfindung und Intelligenz entstehen konnte.

Jeder Riegel, jeder Schlüssel, jedes Schloß, jeder Türknopf war ein kleines Meisterwerk.

Nirgend verriet sich eine Spur von Fabrikarbeit. Überall waltete ein individueller künstlerischer Geschmack.

Gobelins und Vorhänge waren nach Jeannes Angaben eigens gezeichnet und gestickt worden. Verbreck und Rousseau, die berühmten Dekorateure Versailles', hatten die Anordnung der kostbaren Stoffe überwacht.

Überall in den Paneelen, dem schmückenden Holzwerk

waren in plastischer Ausführung ländliche Szenen, Symbole der Musik, der Malerei, der Liebe angebracht.

Das Treppenhaus, das zu dem großen Stolz des Schlösschens, der von Jeanne entworfenen Galerie führte, malte Brunetti mit mythologischen Szenen aus. Die Galerie selbst zeigte, von leichten, zartfarbigen Blumenfestons umrahmt, eine Reihe entzückender Gemälde Bouchers.

Die Ausführung der Supraporten des Speisesaales, des Musiksaales, des Salons waren Oudry, Pierre und Karl Vanloo übertragen worden, dessen Erfolge ans Phantastische grenzten. Adam und Falconet hatten die Vorzimmer mit Statuen geschmückt. In den Gärten waren Meisterwerke Pigalles aufgestellt worden, von denen eines den König, ein zweites das Doppelbild "Freundschaft und Liebe", die Genien des Schlosses, darstellte.

Mit leidenschaftlichem Eifer hatte sich Jeanne der Bestellung der Möbel und Gerätschaften und ihrer sinnvollen Aufstellung im Schloß hingegeben.

Sie wünschte dabei nicht nur ihren persönlichen Geschmack zur Geltung zu bringen, sie wollte auch das Wohlgefallen des Königs erregen und verwandte ganz besondere Sorgfalt auf die ihm bestimmten Gemächer, die von den ihren durch ein vergoldetes Zimmer in persischem Geschmack getrennt lagen.

Da waren Öfen aus vergoldeter und ziselierter Bronze mit mythologischen Gruppen, sechsarmige Girandolen mit doppelten und dreifachen Blumengewinden, die ersten Produkte der Fabrik von Vincennes, Uhren in Marmor und Bronze, in Form von Tempeln, Säulenhallen und Altären.

Da waren zahlreiche Gebrauchsmöbel aus Eichenholz, mit Palisander fourniert, mit Beschlägen, Füßen, Knöpfen und Schlüssellochzierat aus vergoldetem Kupfer.

Da waren Konsolen in den verschiedensten Goldarten ausgelegt.

Da waren ein paar besondere Prachtstücke: eine große Lackkommode in chinesischem Stil, aus dem köstlichen Material gefertigt, das Martin erfunden hatte, mit Beschlägen aus vergoldeter Bronze, Goldschaummalereien und Schubläden mit goldgestickten Seidenauslagen.

Da war ein Schreibtisch aus Rosenholz mit reichen Goldornamenten, ein Nachttisch aus Zedernholz mit köstlichen bunten Blumenzieraten.

Jeanne verteilte alles mit gleichem Eifer, mit gleichem Schönheitssinn.

Die kostbarsten Stücke hatte Jeanne in der rue Saint-Honord bei dem berühmten Lazare Duvaux bestellt. Er war ein raffinierter Kenner, den der König mit seinem ganz besonderen Vertrauen beehrte. Duvaux fabrizierte weniger, als daß er überall die feinsten und originellsten Stücke aufzuspüren verstand, wobei ihm das sachkundige Urteil und der erlesene Geschmack der Marquise von höchstem Wert waren. Überdies war er Juwelier und Goldschmied in einer Person. Aber auch Duvaux' Kollegen und Nachbarn Hébert, Bazin, Lebrun, Dulac hatten lohnende Aufträge für Bellevue bekommen.

Zwei Tage vor dem Fest kam Alexandra, das kleine Herz von Erwartungen geschwellt.

Großvater Poisson empfing das Kind wie eine Prinzessin an den breiten Marmorstufen zum großen Eingangstor, das von Schweizer Grenadieren, gleich dem Eingang zum Palais Royal bewacht war.

Die Kleine, obwohl an Pracht und Luxus gewöhnt, staunte das Zauberschlößchen mit großen Augen wie ein Weltwunder an. Sie schlug in die Hände und hüpfte vor Entzücken auf ihren zierlichen Beinchen.

“Das alles gehört Schön-Mütterchen?” rief Alexandra ein über das andere Mal. “Das alles hat Schön-Mütterchen gemacht?”

Und sie lief wie eine kleine Wilde aufgeregt durch die Zimmer, flog über die Marmorfußböden und das Parkett aus Amaranth- und Zedernholz, daß ihre geblümten Seidenröckchen flogen und das Mieder sich straffte, staunte die samtnen Purpuruniformen mit den breiten Goldstickereien - die Uniform für Bellevue - an, die ein paar junge Offiziere zur Probe angelegt hatten.

Ungeduldig drängte das verwöhnte Kind, gleich auch die Gärten zu sehen, obwohl es November und unfreundlich kalt draußen war.

Großvater Poisson fing den reizenden Schmetterling in seinen Armen auf.

“Hübsch ruhig, mein Herzblatt! Ehe wir die Gärten besuchen, mußt du Schön-Mütterchen Guten Tag sagen und Herrn von Tournehem und Onkel Abel begrüßen.”

“Ist Onkel Abel noch so dick?” lachte die Kleine.

“Gottlob nein, er ist in den zwei Jahren Italien magerer geworden.”

“Auch fleißiger?” fragte der kleine Naseweiß.

"Viel! Er hat tüchtig gearbeitet. Der Maler Cochin, der Architekt Soufflet, der Abbé Le Blanc, die Mütterchen ihm mitgegeben, haben ihn gründlich in die Schule genommen. Die Mutter und Herr von Tournehem sind augenscheinlich zufrieden mit ihm. Wenn du's wissen willst, kleine Neugierige, sogar ich habe mich vollständig mit Onkel Abel ausgesöhnt."

Das lebhafte Kind klatschte Beifall.

"Das muß ich Mademoiselle Épinal in l'assomption erzählen. Sie ist unsere strengste Lehrerin und kann keine faulen Leute und unartigen Söhne leiden."

"Und die unnützen Töchter?"

"Töchter sind nie unnütz!" rief Alexandra mit liebenswürdigem Übermut.

François Poisson streichelte zärtlich das braungoldene Haar seiner Enkelin, das schon beinahe die Farbe von Jeannes köstlicher Haarfülle hatte.

"Da hast du recht, mein Herz." -

Großvater und Enkelin fanden die ganze Familie in den Gemächern des Königs beisammen.

Schön-Mütterchen war gerade damit beschäftigt, im Schlafzimmer einen vorteilhaften Platz für die beiden Girandolen aus Vincennes zu suchen.

Alexandra stürzte ihr um den Hals und erstickte sie fast mit ihren Küssen. Auch Herr von Tournehem und Onkel Abel, den das Kind mit kritischen Blicken bezüglich seines Leibesumfanges musterte, erhielten ihren Anteil an zärtlichen Liebkosungen.

Jeanne schickte das Kind mit dem Großvater, den sie

mit seinem schwer zu hemmenden Redefluß am wenigsten bei der eiligen Arbeit brauchen konnte, bald wieder aus dem Zimmer. Alexandra warf, nachdem sie gegangen, noch einen sehnsüchtigen Blick zurück.

"Wie schön Mama ist", sagte sie, vor Bewunderung leise aufseufzend. "Und wie gut! Wie vielen Menschen sie mit dem schönen Schloß und dem schönen Fest wieder eine Freude macht. Wie kommt es, Großväterchen, daß es Menschen gibt, die häßlich von Schön-Mütterchen reden?"

François Poisson sah mit peinlichem Staunen auf seine Enkelin. "Wie kommst du auf so etwas?" polterte er.

"Meine Freundin hat mir's erzählt."

"Die Prinzessin von Soubise?" Der Alte fragte es atemlos vor Entsetzen.

"Nein, die nicht, ich habe noch eine andere Freundin in l'assomption, Enole Parcival. Sie besucht öfter ihren Vater, der Advokat in Paris ist. Der hat ihr erzählt, daß die Menschen in Paris häßlich von Schön-Mütterchen reden. Daß sie ihr böse Worte nachrufen und schelten, daß sie zuviel Geld verbraucht und es armen Leuten fortnimmt."

Poisson war ausnahmsweise auf den Mund geschlagen. Noch ehe er eine Antwort finden konnte, fuhr die Kleine fort: "Auch ein Minister und Mamas Cousine, hat Herr Parcival gesagt, wollen ihr Böses zufügen. Ich habe Enole aufgetragen, sie solle ihrem Vater sagen, Schön-Mütterchen sei keine schlechte Frau. Sie will mit allem bloß unserem lieben König eine Freude machen, das hat Mama mir selbst erzählt."

Poisson hatte endlich wieder Worte gefunden.

“Recht so, mein Kind. Im übrigen mach’ dir den Kopf nicht dick mit dergleichen. Dazu bist du noch viel zu klein.”

Alexandra reckte sich in den zierlichen Hüften und nahm ganz die stolze Haltung ihrer Mutter an.

“Ich bin mehr als zehn Jahre, Großpapa. In fünf Jahren kann ich heiraten, sagt Schön-Mütterchen. Und wenn ich erst den Prinzen oder Herzog zum Mann habe, den Mama mir versprochen hat, soll er jeden totschlagen, der Böses von Schön-Mütterchen spricht, auch den Minister und die Cousine.”

François Poisson sah bewundernd auf seine Enkelin. Es war ihm vordem nie aufgefallen, wie ganz sie der Mutter glich. Er küßte die kleine, schöne, energische Hand des Kindes und zog sie unter seinen Arm.

So gingen sie zwischen den herrlichen Anlagen der Gärten von Bellevue spazieren.

Am 25. November nahm das auf zwei Tage berechnete Einweihungsfest seinen Anfang.

Jeanne hatte zuerst den Einfall gehabt, das Schloß mit den Gärten illuminieren zu lassen, damit seine Herrlichkeiten weit ins Land hinausstrahlten.

Berryer, der getreu über der Marquise wachte, hatte ihr den Rat gegeben, den Gedanken an eine Illumination fallen zu lassen. Zu viele Zuschauer dürften sich in der Ebene von Grenelle ansammeln. Wieder würde es Sticheleien und Schlimmeres geben.

So begnügte sich Jeanne damit, den Schloßeingang mit flammenden Fackeln und Tausenden von Lichtern zu erleuchten.

Zwanzig Lakaien in den neuesten Pompadour-Livreen waren auf beiden Seiten der Marmortreppe aufgestellt, die trotz der kalten Jahreszeit mit den herrlichsten Blumen aus den Treibhäusern von Versailles geschmückt war.

Die Marquise empfing ihre Gäste in dem großen Bankettsaal. Wie eine Königin stand sie inmitten der von ihr selbst geschaffenen Pracht. In wundervollen Linien floß das weiße Brokatkleid mit den köstlichen Silberstickereien an ihrer schlanken, elastischen Gestalt nieder. In dem gewellten, leicht gepuderten Haar trug sie eine Brillantspange, die der König ihr eigens für dies erste Fest in Bellevue zum Geschenk gemacht hatte.

Strahlenden Auges, mit immer neuem liebenswürdigen Lächeln und anmutigen Worten nahm sie die Huldigungen entgegen, die ihr von allen Seiten dargebracht wurden.

An ihrer Seite stand das reizende Kind, zum erstenmal wie eine kleine Dame gekleidet, stolz auf die schöne, gefeierte Mutter.

Eine Trompetenfanfare verkündete die Ankunft des Königs. Jeanne stieg, von den Herren und Damen ihrer nächsten Umgebung begleitet, die Marmorstufen hinunter, ihren hohen Gast am Eingangstor zu empfangen.

Louis, der Bellevue zum erstenmal betrat, war geblendet von dem Glanz und der Schönheit, die ihm vom Treppenhaus, aus den geöffneten Gemächern, von den blumengeschmückten Emporen, auf denen vier Musikkapellen konzertierten, entgegenstrahlte.

Er überließ den Lakaien seinen Mantel und gab der Marquise den Arm. “Zauberin, einzig schöne, süße Zauberin", flüsterte er, während sie zwischen den blaugoldnen Lakaien mit ihren Wachslichtern die Treppe hinaufstiegen.

D'Argenson, in seiner Nähe die d'Estrades, verzogen hämisch die Gesichter, als das schöne, stolze Paar glückstrahlend an ihnen vorüberging.

Mit wieviel heißem, unermüdlichem Eifer hatten sie die Saat gesät. Wollte die Ernte denn niemals reifen?

"Geduld, meine Liebe", flüsterte der Minister der Freundin im Vorübergehen zu, "auch unsere Zeit wird kommen."

"Meine Geduld ist zu Ende", knirschte die d'Estrades.

In dem von Oudry ausgemalten Speisesaal war die Königstafel gedeckt. Zwischen schwerem Silber, funkelnden Kristallen leuchteten Blumendekorationen in zauberischer Pracht. Der ganze Saal war von Veilchen-, Jasmin- und Rosendüften erfüllt.

Jeanne saß an der Seite des Königs, an seiner anderen die Prinzessin von Conti.

Trotz ihrer Jahre hatte die Prinzessin sich's nicht nehmen lassen wollen, der Einladung der Marquise zu folgen.

Die Contischen Finanzen waren dermaßen derangiert, daß es höchste Zeit war, sich dem König und der Marquise wieder einmal liebenswürdig zu erweisen.

Das Gespräch an der Königstafel ging sehr lebhaft. Die Champagnerkelche klangen zusammen, das Plätschern der künstlichen Springbrunnen, die zwischen blühenden Pflanzen zum Plafond aufstiegen, mischte sich mit den Harfen-, Celli-, Geigen- und Flötentönen der Kapellen.

Abwechselnd erklangen Lullys, Rameaus, Lalandes berückende Melodien.

Öfter wandte sich der König an das “Brüderlein”.

Er hatte Abel seit seiner Rückkehr aus Italien noch nicht gesehen. Er fand ihn vollkommen umgewandelt. Die Lehren seiner Schwester, die Kosten, die der König auf diese Studienreise verwendet, waren nicht umsonst gewesen.

Klug und mit feinem Anstand erzählte er von seinen Beziehungen zu hervorragenden und gelehrten Männern, von den Kunstschätzen, die er studiert hatte, von dem, was er für die Entwicklung der französischen Kunst für nötig und wichtig erachtete.

Der König nickte zufrieden. Es war ihm lieb, den jungen Menschen so reif und zum Vorteil entwickelt wiederzusehen. War er doch dazu ausersehen, den letzthin oft kränkelnden Tournehem zu ersetzen.

Zwei Menschen waren es, die Jeanne bei ihrem Fest vermißte: Voltaire, der trotz all ihrer Abmahnungen im Begriff stand, nach Preußen zu gehen, und Bernis, der als Gesandter nach Venedig entsendet worden war, um einen Zwist zwischen dem Papst und der venezianischen Regierung beizulegen, dessen friedlicher Ausgang für Benedikt XIV. und Louis XV. gleich erwünscht war.

Gerade heute hatte die Marquise einen ausführlichen Brief von Bernis erhalten, der gute Aussicht auf eine glückliche Lösung gab.

Sie berichtete Louis bei der Tafel darüber. Von dem sehnsüchtigen Unterton, der durch den Brief geklungen, von den huldigenden Versen, die ihm beilagen, sagte Jeanne dem König nichts. Auch nichts davon, daß sie große Dinge mit Bernis vorhabe.

Der König hob die Tafel auf. In zwanglosen Gruppen verteilte sich die Gesellschaft. Gefrornes und Champagner wurde in kristallnen Kelchen auf goldenen Tellern gereicht.

Auf den seidenen Ottomanen, auf den goldenen, mit schwerem Brokat überzogenen Sesseln nahmen die Gäste heiter plaudernd Platz.

In dem blanken Parkett, auf den Marmorböden spiegelten sich die goldgestickten Atlasschuhe der Damen, die mit Juwelen besetzten, rothackigen Schuhe der Höflinge wieder, in den großen, geschliffenen Spiegeln die kostbaren Uniformen Bellevues aus Purpursamt und Gold, die seidenen, in Juwelenpracht schimmernden Roben der schönen Frauen, ihre gepuderten Köpfchen, ihre leuchtenden Augen und rosigen Wangen.

Boucher, der einen großen Erfolg mit seinen Gemälden an der Galerie erzielt hatte, war es endlich gelungen, sich der von allen Seiten umdrängten Marquise zu nähern.

Mit bewundernden Blicken überflog er Gestalt und Antlitz des herrlichen Weibes.

"So muß ich Sie malen, Marquise!" flüsterte er begeistert.

Jeanne lachte. "Wieder einmal, Meister? Wir sind ja mit den begonnenen Porträts noch nicht mal zu Ende."

"Tut nichts. Die Pompadour und Boucher, das ist ein Doppelklang, den die Nachwelt nicht oft genug hören kann."

Sie reichte ihm die Hand zum Kuß und wandte sich zu den anderen Künstlern, die ihrer Einladung gefolgt waren.

Da waren die Maler Vanloo, Oudry und Pierre, mit

ihnen Greuze und Joseph Vernet, der auf kurze Zeit von Rom nach Paris gekommen war, um einen Teil des königlichen Auftrages, sämtliche Häfen seines Reiches zu malen, entgegenzunehmen.

Da war Jean Baptiste Lemoyne, der gerade das Kolossalreiterstandbild Louis' XV. für Bordeaux vollendet hatte, sein Lieblingsschüler Falconet und Pigalle, da war Gabriel, der Architekt, da waren die Musiker. Rameau, Jeannes alter Lehrer Jélyotte, der Bassist Lagarde, der so reizende Arien und Duos schrieb, da waren die Dichter und Schriftsteller des Tages.

Vor Abschluß des Festes lud Jeanne ihre Gäste in den Musiksaal und führte dem König eine neue, kostbare Orgel von wundervollem Klange vor. Sie war ausnahmsweise nicht in Deutschland oder den Niederlanden, sondern in d'Anvers gebaut worden.

Während der König den Erfinder des neuen Orgelsystems ins Gespräch zog, bemerkte La Vallière zur Marquise, daß man sich einen herrlicheren Theatersaal kaum denken könne.

"Wie wäre es, wenn wir unser Theater nach Bellevue verlegten?"

Jeanne sann einen Augenblick.

Sichtlich stachen ihr die Vorteile dieses Vorschlages in die Augen. Die Kosten würden weniger auffallen als in Versailles, die bösen Nachreden, über diesen Punkt wenigstens, verstummen.

Nicht zuletzt würde man in Bellevue das Theater wirklich wohlfeiler führen können.

“Es wäre zu überlegen, Herzog. Wir sprechen nächste Woche darüber. Fragen Sie Gabriel um Rat. Arbeiten Sie mir die Idee möglichst ausführlich aus! Bellevue steht Ihnen selbstverständlich jederzeit offen.”

Sie grüßte leicht und trat zu dem König zurück.

Louis war offensichtlich müde und abgespannt und verstand es nicht so gut wie die Marquise, seine Erschlaffung zu beherrschen. Außerdem fror ihn. Er fand, daß die neuen Kamine ungenügend heizten.

Jeanne versprach, für Abhilfe zu sorgen, die in der Tat dringend not tat. Sie hatte selbst in der Zeit, in der sie draußen an der Einrichtung gearbeitet, fröstelndes Unbehagen empfunden. Ihr leicht angegriffener Hals war durch das häufige Rauchen der Kamine empfindlich geworden.

“Ich möchte mich zurückziehen, Jeanne. Du wirst mir morgen alles übrige zeigen. Sieh, daß du deine Gäste morgen zeitiger los wirst.”

In seine müden Augen sprang ein flackerndes Licht.

“Du bist schön, Jeanne, ich möchte morgen mit dir allein sein.”

Jeanne nickte kurz und bezeichnete ihm eine Tür, durch die er ungesehen in seine Gemächer gelangen konnte. La Vallière begleitete den König.

Lebel erwartete den Monarchen schon im Vorzimmer.

Unterwürfig, mit seinem ewig glatten Lächeln, fragte der Kammerdiener nach Seiner Majestät Befehlen.

Lebel nahm an, daß er für eine Stunde entlassen sei, daß die Frau Marquise den König noch besuchen werde.

Da der König nicht antwortete und ohne weiteres in

sein Schlafzimmer ging, wußte Lebel genug. Man würde doch endlich für etwas Abwechslung sorgen müssen!

Gleich nach dem Diner verließen die Gäste nächsten Tages Bellevue. Nur Jeannes Familie und der Herzog von Ayen waren mit dem König zurückgeblieben.

Louis sprach den Wunsch aus, von der Marquise durch das ganze Schloß geführt zu werden.

Jeanne hatte längst ungeduldig auf diesen Moment gewartet. Sie brannte darauf, dem König noch eine besondere Überraschung zu zeigen, die sie bisher vor allen übrigen geheimgehalten hatte.

Neben dem Bankettsaal befand sich ein kleines, ovales Gemach. Als die Marquise die Tür öffnete, strömte dem König süßer, schwerer Rosenduft entgegen. Louis stand sprachlos. Das ganze kleine Gemach war in eine einzige Rosenlaube umgewandelt.

Tausende von Rosen in allen Schattierungen, vom tiefsten Rot bis zum zartesten Rosa, dem blassen Gelb, dem unschuldigen Weiß, bedeckten die Wände; ein wahrhaft zauberhafter Anblick!

"Die Rosengärten von Schiras, Jeanne! Wie hast du sie mitten im Winter hierher gezaubert?"

Jeanne lächelte geheimnisvoll. "Der Weg, den die Rosen zu machen hatten, war nicht ganz so weit, als Sie glauben, Sire. Darf ich bitten, diese blutroten hier zu berühren?"

"Ich möchte deinen Wundergarten nicht verderben, Jeanne."

"Im Gegenteil, Sire, Ihre Berührung wird meine Rosen unsterblich machen."

Er fuhr leicht mit dem Finger über die Rosen, die Jeanne ihm bezeichnet hatte.

Erstaunt, beinahe erschreckt trat er zurück.

Jeanne jubelte.

“Unser Werk, Sire! Diese Rosen, in Vincennes entstanden, sind unverwelklich, unsterblich!”

Der König betrachtete das Kunstwerk, das aus seiner Fabrik in Vincennes hervorgegangen war, mit bewundernden Blicken.

Er streichelte ihre Hand.

“Dein Einfall ist entzückend.”

“Was nützte der Einfall, wenn er nicht durchzuführen gewesen wäre! Ich bitte Sie, Sire, unbesorgt die Feinheit der Rosenblätter zu prüfen.”

Er tat, wie sie geheißen. Er fühlte ein Blatt, kaum stärker als das der natürlichen Rose.

“Das ist das Geheimnis, ein wenig sogar meines. Ich habe Fulvy ein paarmal im Laboratorium besucht und ihn auf die Idee dieser besonders feinen Erdmischung gebracht.”

Stolz zog der König sie an seine Brust.

“Götterweib”, rief er mit einem Aufschwung seltenen Enthusiasmus. “Was du anfaßt mit deinen schönen, feinen Händen, gelingt.”

“Darf das Götterweib auch auf den natürlichen Rosenduft aufmerksam machen, Sire?” fragte sie neckend. “Sieur Dagé ist sein Erfinder.”

“Er soll morgen in Versailles sein Kompliment haben.”

“Darf das Götterweib auch eine Bitte wagen?”

“Soviel sie will!”

“Ich habe große Freude an dieser Mitarbeiterschaft in Vincennes gefunden, Sire. Aber Vincennes ist von Bellevue und Versailles unbequem zu erreichen. Ich kann nicht so oft hinausfahren, als ich es möchte, um Ideen in Taten umzusetzen. Wie wäre es, Sire, wenn Sie das alte Schloß in Sèvres zur Fabrik umbauen ließen? Die Lage ist günstig, die weiten Räume für die Ateliers und den Betrieb wie geschaffen.”

“Ein vortrefflicher Gedanke, Princesse Porcelaine.”

Sie lachten beide.

“Im übrigen, Sire”, - Jeanne zog ein drollig beleidigtes Gesicht - “habe ich allen Grund, gekränkt zu sein.”

“Oho, Madame!”

“Haben Euer Majestät gestern beim Schlafengehen die Girandolen auf dem Kamin nicht bemerkt? Sie sind gleichfalls Vincenner Arbeit, gleichfalls mit spinnwebfeinen Blütenkränzen geschmückt.”

Er zog sie in seine Arme und küßte sie heiß und begehrlich auf den blassen Mund.

“Ich habe nur gemerkt, daß du nicht bei mir warst, Jeanne. Heute nacht darfst du mir die Girandolen zeigen.”

Er rang ihr ein Versprechen ab, das sie schweren Herzens, voll schlimmer Zweifel gab.

Der König, der Bellevue zuerst frostig und kalt gescholten, fand am Ende sein Behagen, die Krönung all seiner Wünsche in dem reizenden Schlößchen.

Er erklärte auch die Idee, das Theater von Versailles nach Bellevue zu verlegen, für einen vortrefflichen Gedanken.

Er dachte wie Jeanne, daß es sehr angenehm sei, sich nicht von aller Welt in die Summe der Unkosten sehen zu lassen. Zudem wollte er auch Mesdames, die meist von der d'Estrades als "dame d'atour" begleitet waren, nicht fortwährend bei den Veranstaltungen anwesend wissen.

Sie mochten sich an den offiziellen Festen und ihrem eigenen Haushalt und seinen kostspieligen Vergnügungen genug sein lassen. Madame Henriette hatte sich letzthin ohnedies mehr, als ihm lieb sein konnte, auf die Seite des Dauphins geschlagen.

La Vallière und Bruder Abel, der den kränkelnden Tournehem vertrat, waren zu dem Entschluß gekommen, statt des Musiksaales den chinesischen Saal zu wählen, der sich bei näherer Überlegung noch besser zum Theatersaal eignete. Die Bühne wurde so eingerichtet, daß sie auch für die Oper, ihre Verwandlungen und Apotheosen ausreichte.

Als eine der ersten Vorstellungen war ein großes Ballett studiert worden, das mit seiner szenischen Aufmachung alle guten Vorsätze, in Bellevue sparsam zu wirtschaften, über den Haufen warf.

Das Ballett "Die Liebe als Baumeisterin" war eine Huldigung für Bellevue und bedurfte komplizierter Maschinerieeffekte, die den König stets ganz besonders fesselten und beschäftigten.

In einer sichtbaren Verwandlung wurde gezeigt, wie ein Berg sich mit Donnergepolter teilt, um das neue Schloß mit all seinem Schönheitszauber entstehen zu lassen. Weite Gärten taten sich auf, in denen Gärtner und Gärtnerinnen graziöse Tänze aufführten.

Auch außer den Theatervorstellungen arrangierte Jeanne in Bellevue reizende Feste mit Musikaufführungen, Gartenbeleuchtungen, Feuerwerken und jene mit ausgesuchtem Raffinement zusammengestellten kurzen Diners, wie sie der König ganz besonders liebte, Diners, zu denen allmählich der ganze Hof einschließlich des Dauphins, der sich der allgemeinen Strömung nicht mehr entziehen konnte, mit besonderem Vergnügen pilgerte.

Mitten in den Trubel dieser Feste hinein traf Jeanne, mit ihr alle Poissons und d'Étioles, ein schwerer Verlust: Herr von Tournehem starb, nachdem er in letzter Zeit häufig gekränkelt hatte.

Jeanne beweinte diesen treuen Freund, den Beschützer und Wohltäter ihrer Kindheit und Jugend, mit ebenso heißen, aufrichtigen Tränen, wie sie einst ihre Mutter beweint hatte. Für den Augenblick war es ihr nur ein schwacher Trost, daß der König Bruder Abel sofort in alle Rechte Tournehems einsetzte.

Nicht Jeanne allein trauerte.

Tournehem war ein Mann gewesen, der die Kunst ehrlich geliebt, der das gesamte Kunstleben Frankreichs von manchen Mißbräuchen befreit hatte.

Er hatte nützliche und anregende Einrichtungen getroffen, die weit über seinen Tod hinaus zu wirken versprachen. Seine Ideen waren die öffentlichen Wettbewerbe und Preisverteilungen gewesen, seine Idee die Jahresausstellung im Salon du Louvre mit einer Jury von Künstlern.

Angeregt durch die Marquise hatte er mit dem Institut der "Elèves protégés" eine Vorbildungsschule für jene begabten Zöglinge gegründet, die der König dazu ausersehen hatte, auf der französischen Akademie in Rom zu Künstlern ausgebildet zu werden.

Noch kurz vor seinem Tode hatte Tournehem den Auftrag zur Anfertigung eines Kataloges aller Kunstschätze in den Königlichen Schlössern gegeben und, einer Idee Jeannes folgend, die öffentliche, unentgeltliche Ausstellung der bedeutendsten Kunstschätze aus königlichem Besitz im Luxembourg angeordnet.

Abel, der junge Direktor und Generalintendant der königlichen Bauten, würde seine ganze Persönlichkeit daransetzen müssen, Tournehems Spuren folgen zu können.

Längst hatte der König, um der Stellung Abels als einem seiner höchsten Beamten Rechnung zu tragen, die Marquise und Machault damit betraut, François Poissons Finanzen zu regeln und sich nach einem Landsitz für ihn umzusehen. Die Wahl der beiden war auf ein Lehen des Herzogs von Gesvres, das Gut Marigny in der Landschaft Brie, gefallen.

Nachdem alle Formalitäten geordnet waren, zog Vater Poisson als Feudalherr und Großgrundbesitzer stolz auf Marigny ein, von seinen Bauern, für die er großtuerisch die Steuern bezahlt hatte, dem Pfarrer und der Gemeinde feierlich begrüßt und zu seinem Schloß geleitet.

François Poisson strahlte. Seine dankbare Zärtlichkeit, sein Stolz auf die schöne Tochter, in deren Händen er heute schon die uneingeschränkte Herrschaft über Thron und Land sah, kannte keine Grenzen. Er nahm mit immer offenen Händen, was sie ihm gab.

Nur eine Gabe verschmähte er: das Marquisat von Marigny. Er lehnte ab in dem Gefühl, daß ihm für einen Marquis denn doch die Qualitäten fehlten. Was fragte der vergnügte alte Herr auch nach hohen Würden? Ein fideles Landjunkerleben mit ergiebiger Jagd, guten Weinen und lustigen Kameraden wollte er führen, nicht Rang noch Zwang sollten ihn zu höfischen Sitten und Manieren verpflichten.

Er erbat das Marquisat für seinen Sohn, mit dem ihn, seit Abel aus Italien zurück war, die innigste Freundschaft verband. Nachdem er die Zusage erhalten, schrieb er ihm:

Monsieur de Gesvres will, daß Du den Namen eines Marquis von Marigny annimmnst. Ich für mein Teil nenne mich François Poisson. -

Deine teure Schwester ist himmlisch. Sie weiß nur immer zu schenken und sich alle Welt zu verpflichten, man muß nur ihrem Herzen freien Lauf lassen. -

Einundzwanzigstes Kapitel

So ziemlich zum erstenmal in seinem Leben wußte der superkluge Monsieur Lebel nicht, was er zu tun, was zu lassen hatte.

An jenem ersten Abend in Bellevue war er fest entschlossen gewesen, ein Amt wieder aufzunehmen, das ihm vor des Königs unbegreiflich dauerhafter Liebe zu Madame Pompadour obgelegen hatte, ein Amt, dem er mehrmals im Jahr, zuweilen auch mehrmals in einem Monat, ja, mehrmals in einer Woche mit besonderem Vergnügen nachgegangen war.

Die plötzlich wiedergekehrte gute Laune des Königs, der Umstand, daß er öfters zu Haus gelassen als nach Bellevue mitgenommen wurde, das wieder frische, glückliche Aussehen der Marquise hatten ihn stutzig gemacht.

Vergebens hatte er sich an Madame du Hausset und Doktor Quesnay gewandt. Beide waren und blieben von einer geradezu unausstehlichen Diskretion.

Monsieur Binet, sonst ein gefälliger Kollege, hatte mit beiden Händen abgewehrt. Unvergeßlich war ihm der Sermon des Bischofs, die monatelang andauernde Verstimmung Seiner Hoheit des Dauphins geblieben.

Im Grunde seiner Seele war Binet stolz auf sein Werk. Er sonnte sich, wenn auch in gebührender Entfernung, im

Glanze der Pompadour, deren erste Schritte vom Hôtel des Chèvres nach Versailles er so geschickt gelenkt, aber er hütete sich ein für allemal, an irgendwelchen Intrigen teilzunehmen. Er machte es wie der König, der vor allem seine Ruhe haben wollte.

Lebel hatte daran gedacht, die d'Estrades auszuforschen. Alsbald hatte er den Gedanken wieder aufgegeben. Von Grund ihrer Seele falsch und verlogen, würde diese Frau nur das sagen, was in ihr eigenes Spiel und das des Ministers paßte.

Er aber wollte nicht irregeleitet werden, das Vertrauen seines Königs nicht in Frage stellen.

Eifrig studierte er die Mienen seines Herrn. Wenn sie mürrisch und verdrossen waren, mußte das nicht unbedingt an einer Erkaltung zwischen ihm und der Marquise liegen.

Es gab auch sonst genug Ursachen zum Stirnerunzeln.

In Paris und auf dem flachen Lande grollte und murrte man. Bellevue und Sèvres hatten neue Ursachen gegeben.

Die Pamphlete und Karikaturen häuften sich.

Das Parlament wälzte dem König immer neue Schwierigkeiten entgegen.

Die Minister waren nicht unter einen Hut zu bringen. Die Jesuiten hetzten und schürten nicht nur die Flammen religiösen Hasses, sie machten sich auch in handelspolitischer Beziehung immer unangenehmer bemerkbar. Merkwürdige Dinge kursierten von ihrem Handelshaus in Martinique, das sie unter dem Vorwande von Missionszwecken gegründet hatten, und das den Betrieb der Erzeugnisse der benachbarten westindischen Inseln immer mehr an sich zog.

Recht hatte die Pompadour, daß sie ihnen an die Gurgel wollte. Um Bellevue hatte sie einen eisernen Ring gezogen, da durfte ihr keiner von den Schwarzen hinein.

Herr Lebel rieb den Nasenrücken in dem aalglatten Gesicht. Dies Bellevue war ein unbequemer Faktor, der ihm die Rechnung erschwerte. Bei einem ständigen Aufenthalt in Versailles oder auf Reisen, bei denen er den König stets begleitete, wären ihm Beobachtung und Entschluß leichter gewesen.

Mehrere Tage schon war der König gleich nach dem Diner von Bellevue nach Versailles zurückgekommen, verschlossener noch denn sonst.

Lebel schien er wieder ganz der schweigsame, gelangweilte Schüler Fleurys zu sein, als den er Louis XV. kennengelernt hatte. Es war absolut nicht mit ihm zu paktieren. Nachts wälzte er sich unruhig im Bett, sprach und seufzte vor sich hin, klingelte wiederholt, verlangte nach Leckereien, Biskuits und süßer Limonade. Vielleicht daß Lebels Zeit gekommen war!

Der Kammerdiener saß im Vorzimmer und ließ seine Gedanken wandern.

Da war die kleine rotblonde Modistin, eine Enkelin Dagés. Ein pikantes Dingelchen mit einem reizenden Figürchen und den niedlichsten kleinen Füßchen, aber dem Hof durch Sieur Dagé zu nahe gerückt. Es würde Klatschereien ohne Ende geben, und die Pompadour sah durch Bretter und Mauern.

Lise Breton, die Tochter seiner Waschfrau? Nicht doch! Sie war plump und hatte schlechte Manieren.

Die kleine Babette? Die wieder war zu mager, dünn wie ein Nädelchen! Geradeswegs zum Zerbrechen!

Es blieb nichts übrig, er mußte nach Paris, Umschau zu halten! Wahrhaftig, man war durch die lange Pause ganz aus der Übung gekommen.

Gerade als Lebel sein Schlafzimmer neben dem des Königs aufsuchen wollte, kam ihm ein Gedanke.

Er erinnerte sich, in der Nähe des Schlosses öfters einem schönen Kinde, einer Klosterschülerin aus St.-Cyre, begegnet zu sein. Sie war ganz das Genre, das der König bevorzugte. Die Kleine ging stets allein, in Träumereien versunken. Es würde keine allzu großen Schwierigkeiten haben, sie ins Schloß zu locken!

Am nächsten Morgen, sobald der König aufgestanden sein würde, wollte der schlaue Lebel sein Heil versuchen.

Wirklich, er hatte Glück. Wie von ungefähr traf er die reizende Kleine auf dem Waldweg, auf dem er ihr öfters begegnet war.

Er sprach sie artig an und stellte sich ihr vor.

Als das junge Ding hörte, daß Herr Lebel in der nächsten Umgebung des Königs lebe, riß sie die schönen sanften Augen weit auf. Tausend Fragen kamen von den frischen Lippen und der heiße Wunsch, den schönen König, Louis den Vielgeliebten, nur ein einziges Mal von Angesicht zu sehen.

Lebel schmunzelte und meinte gnädig, daß dieser Wunsch vielleicht nicht unerfüllbar sei.

"O mein Herr, wie wäre das wohl möglich? Ein dummes unscheinbares Ding wie ich und den König sehen!"

Lebel betrachtete sie wohlgefällig. Zum Küssen hübsch war das Kind und unschuldig wie ein Lamm. Es würde zweifellos Effekt machen.

Ohne sich lange zu besinnen, bestellte er die Kleine für einen der nächsten Nachmittage ins Schloß. Sie sträubte sich ängstlich, bis dem schlauen Fuchs der gute Gedanke kam, sie möge sich an den Almosenier Seiner Majestät wenden und ihn um einen Beitrag für den im Bau, begriffenen neuen Altar von St.-Cyre bitten. Alles übrige solle sie getrost ihm überlassen. Er würde schon sorgen, daß sie bei dieser Gelegenheit den König zu Gesicht bekäme.

Die Kleine sagte errötend zu. Dankbar küßte sie dem Herrn die Hand, der ihr den höchsten Wunsch ihres Lebens zu erfüllen versprach.

Am Nachmittag des übernächsten Tages betrat die Klosterschülerin Jvonne Fouquet klopfenden Herzens den Schloßhof von Versailles. Im Kloster hatte man sie mit tausend heißen Segenswünschen für ihre fromme Mission entlassen.

Unangefochten ging sie an den Wachen vorüber, die ihr lachend nachsahen. Ein Page wies ihr den Weg zu den ihr von dem freundlichen Herrn im Walde bezeichneten Zimmern. Ein Schloßbeamter in großer Uniform, der sie häßlich grinsend ansah und mit einem vorübergehenden Offizier eigentümlich lächelnde Blicke tauschte, öffnete ihr eine Tür, die in einen engen, spärlich beleuchteten Gang führte.

In diesem Gang traf sie den freundlichen Herrn aus dem Walde endlich wieder.

Hatte Jvonne bis zu diesem Augenblick vor Angst und Verlegenheit gezittert, so legte sie jetzt ihre Hand voll Vertrauen in die ihres Führers. "Kommen wir hier zu dem Almosenier Seiner Majestät?"

Lebel lächelte faunisch.

"Ich geleite Sie zu einem Akt des Wohltuns. Verlassen Sie sich darauf! Folgen Sie mir nur, Fräulein Fouquet, und tun Sie alles, was ich Ihnen sagen werde."

Jvonne nickte stumm. Würde man ihr das Geld für den Altar spenden, würde sie den König wirklich sehen?

Der Gang schien kein Ende nehmen zu wollen. Schließlich führte er zu ein paar Stufen, oberhalb derer ihr Führer eine Tür öffnete.

Ein sanftes, dämmriges Licht flutete ihr entgegen.

Mit großen Augen sah sich Jvonne um. Sie befand sich in einem viereckigen, in dunkeln Holzfarben gehaltenen Raum. Über Fenster und Türen fielen grünseidene Vorhänge. Von der Decke hing an goldenen Ketten ein vielarmiger Lüster herab, an dem nur wenige Kerzen brannten.

Der freundliche Herr nötigte Jvonne auf einen mit schimmerndem Brokatstoff überzogenen Ruhesitz und ersuchte sie, ein paar Augenblicke auf ihn zu warten. Er werde gleich wieder hier sein und den Almosenier mitbringen.

Angst und Unruhe überfielen die Kleine aufs neue, sobald sie sich allein in dem fremden Raum sah.Ein Druck wie von etwas Schrecklichem, Unbekanntem lastete auf ihr. Sie faltete die Hände und betete zu Gott und der heiligen Jungfrau, daß sie ihr frommes Werk gelingen lassen möchten. Dabei konnte sie es nicht hindern, daß ihre

Augen während des Gebetes unruhig im Zimmer auf und ab wanderten.

In einem Alkoven entdeckte sie ein Bett, über den sich ein kostbarer, goldener Thronhimmel spannte. Seine grünsamtnen Vorhänge waren von goldenen Löwenklauen gehalten. Auf dem Kaminsims schlug eine Uhr, aus feinen Porzellanblumen gebildet, sieben helle Schläge.

Jvonne erschrak. Um acht Uhr hatte sie spätestens wieder im Kloster sein sollen. Was würde Schwester Beatrice sagen, die in dieser Woche die Aufsicht hatte?

Da, plötzlich ein Geräusch! Eine der Türen hinter den grünen Seidenvorhängen öffnete sich.

Eine große, majestätische Gestalt in dunklem Samtanzuge trat ein. Im Kerzenglanz des Lüsters leuchteten ein paar blaue Augen, von denen Jvonne schon als Kind geträumt. Von heiligen Schauern erfüllt, sank sie vor ihrem König in die Knie.

Louis warf einen heißen, begehrlichen Blick auf die junge, blühende Gestalt, auf das reizende, in Scham und Entzücken glühende Gesichtchen.

Wahrhaftig, Lebel hatte nicht zuviel versprochen!

Er hob die Kleine auf, preßte sie einen Augenblick inbrünstig an sich und trug sie auf das Bett unter dem goldenen Thronhimmel.

In fiebernder Erwartung riß er die Schnüre aus den goldenen Löwenklauen und ließ die schweren samtnen Stoffe niedersinken. Seine durstigen Küsse erstickten den entsetzten Schrei des armen Kindes. Das Schicksal der kleinen Klosterschülerin hatte sich erfüllt.

Zweiundzwanzigstes Kapitel

Draußen lachte der Mai.

Am Fenster ihres Arbeitszimmers, das auf die Gärten hinausging, saß Jeanne und gravierte an einem Wappen für Bruder Abel, den künftigen Marquis von Marigny.

Sie war ein wenig zerstreut und nicht ganz zufrieden mit ihrem Werk, das ihrem Lehrer Guay keine sonderliche Ehre zu machen versprach und schwerlich Bouchers Beifall finden würde.

Ein leises Geräusch an der Tür ließ sie den Kopf wenden. Als ob ihre Selbstkritik ihn herbeigerufen, ließ Boucher sich bei ihr melden.

Jeanne schnellte auf und streckte dem gleich nach dem Lakaien Eintretenden erfreut beide Hände entgegen.

“Sie kommen wie gerufen, Meister”, rief sie in ihrer raschen, lebhaften Art. “Sie dürfen mein eigenes Verdammungsurteil unterschreiben.”

Er war an den Tisch getreten und prüfte die Arbeit mit raschem Blick.

“Es ist wahr, Sie haben Besseres gemacht, Marquise. Vielleicht liegt es auch am Stoff. Ich habe Ihnen ein paar Blätter mitgebracht, die Sie sicherlich zu lohnenderen Aufgaben ermutigen werden.”

Er legte eine Mappe auf den Tisch und setzte sich Jeanne gegenüber, eine bis an den Rand mit Jasmin, Flieder und Rosen gefüllte Sèvresschale beiseite schiebend.

"Stiche von Ihnen selbst, Meister, das wäre gescheit. Denn am Ende aller Enden bleiben Sie doch Ihr bester Graveur."

Boucher schüttelte den Kopf.

"Demarteau macht seine Sache ebenso gut, wenn nicht besser. Seine Gravüren sind von den Originalzeichnungen nicht zu unterscheiden."

"Mag sein, aber immerhin, er erreicht Sie doch nicht", meinte die Marquise liebenswürdig.

Boucher lachte. "Fünfzehn Stunden am Tage malen und dann noch selber Kupfer stechen, das kann niemand von mir verlangen und erreichen, selbst die schönste Frau Europas, genannt Madame Marquise de Pompadour, nicht."

Boucher öffnete die Mappe und schob Jeanne zwei übereinandergelegte Blätter zu. "Mein Porträt!"

"Aus jenen schönen Tagen, Marquise, da Sie noch mehr Zeit als heute für den getreuesten Ihrer Vasallen hatten."

Sie schlug ihm leicht mit dem edelsteinbesetzten Fächer, der neben ihrem Stichel und der Kupferplatte lag, auf den Arm und meinte halb kokett, halb resigniert:

"Sie wissen, Meister, ich kann nicht, wie ich will!"

Dann nahm sie die Demarteausche Gravüre ihres Porträts zur Hand.

Bewundernd wiegte sie den Kopf.

"Wahrlich, Sie haben recht, ein Meisterwerk. Seine neue Manier ist bewundernswert. Man kann viel von ihm lernen. Und das da?"

Sie hatte das zweite Blatt, eine Rötelzeichnung, zur Hand genommen und umgewendet.

"Ah! Ihr Original!"

Boucher war lebhaft aufgesprungen und hatte sich hinter die Marquise gestellt.

"Mein Original! Die Malerei - natürlich - !"

Dann lachte er hell und laut.

"Der neueste, größte Triumph. Um gerecht zu sein, Demarteau hat ihn zum Teil Louis Bonnet zu danken, der die neue Technik der Gravüre in bunten Stiften bis zur Vollendung trifft."

Boucher hatte sich wieder der Marquise gegenübergesetzt und weidete sich an ihrer staunenden Bewunderung.

"Ja, wir sind tüchtig vorwärtsgekommen. Diese Form der Nachbildung bietet eine weite Perspektive für den Kunsthandel, einen enormen Fortschritt für die Verbreitung der bildenden Künste in alle Volksschichten."

"Sie mögen recht haben", sagte Jeanne, noch immer das schöne Blatt, das sie wie das Original anmutete, in der Hand. "Überall da wenigstens, wo der Maler seine Graveure selbst dirigiert."

"Natürlich bleibt es die Hauptsache, daß die Stecher die spezielle Manier des Malers treffen. Ich erzählte Ihnen einmal, daß ich als blutjunger Bursche Watteau zeichnen sah. Ihn auf dem Kupfer und der Leinewand nachzuahmen, war damals mein größtes Streben, mein einziger Gedanke. Ich war nicht der einzige, der diesen Ehrgeiz besaß. Es teilten ihn viele, insbesondere die Graveure von Fach. Man gravierte damals Watteau und wieder Watteau. Jeder bemühte sich, seine Art aufs feinste nachzuahmen, und mit diesem Bemühen und seinen Erfolgen ist eigentlich die große Zeit der Gravüre in Frankreich erst angebrochen."

Jeanne hatte dem Meister aufmerksam zugehört und ihn mit keinem Worte unterbrochen. Sie kam selten genug dazu, unter vier Augen von ihm zu profitieren, und der leichtlebige Mann wiederum war selten dazu aufgelegt, lange und eingehend über ernste Dinge zu sprechen.

Heute schien er bei der Stange bleiben zu wollen.

Er legte die beiden Blätter in die Mappe zurück und entnahm ihr eine Zeichnung, die er der Marquise über den Arbeitstisch zuschob.

"Ich möchte Ihnen da eine Aufgabe stellen, die Ihrer Individualität vielleicht besser liegen dürfte, als die Aufgaben der Heraldik. Ich bin sogar überzeugt, Marquise, Ihr Stichel wird da ein kleines Kunstwerk schaffen."

Jeanne sah fröhlich zu ihm hinüber.

"Wenn meine beiden Meister mir die Vorlage geben, kann es ja nicht fehlen, sollte ich nicht plötzlich von allen guten Geistern verlassen sein. Ich irre doch nicht, daß dies die Zeichnung Ihrer "L'amour" ist, nach der Guay seinen Karneol mit den vertieften Figuren geschnitten hat?"

Boucher nickte und stand gleichzeitig auf, um sich zu empfehlen.

"Meine Zeit ist leider um, teuerste Marquise. Die Modelle warten. Gehen Sie fröhlich an die Arbeit! Sie wird gelingen. Wann darf ich Sie zur Sitzung erwarten?"

"Ich hoffe, in der nächsten Woche."

Boucher küßte Jeanne die Hand, sein Ideal einer schönen Frauenhand, und ließ sich von dem Lakaien an den Wagen geleiten.

Als Jeanne wieder allein war, blickte sie noch ein paar Augenblicke nachdenklich auf die neue Aufgabe, die ihr überaus lockend erschien. Dann öffnete sie das Fenster und sah in den Park hinab, aus dem frische Kinderstimmen zu ihr heraufklangen.

Sie kamen von drüben aus dem Feigengarten, in dem Alexandra mit dem jungen Herzog von Luc, dem Sohn der Vintimille, spielte.

Jeanne sah den beiden schönen, jungen Kindern ein Weilchen lächelnd zu. Wieder stieg der sehnsüchtige Wunsch in ihr auf, aus diesen beiden ein Paar zu machen. Ein Sohn des Königs und ihre Tochter!

Welch ein neuer Triumph!

“Meine Enkel sollen sich in die Ähnlichkeit zwischen mir und dem König teilen; diese Vereinigung, die ich eines Tages erleben werde, wird das Glück meiner Tage sein.” So hatte sie öfter gesprochen. Augenblicklich aber war sie nicht ganz bei diesem ihrem Wunsch.

Nachdem Boucher gegangen war, der ihre Gedanken so wohltätig abgezogen, hatte die unruhige Zerstreutheit sie wieder überfallen.

Immer wieder wandte sie den Kopf lauschend nach den inneren Gemächern zurück, ob der König sich noch nicht blicken lassen wollte.

Er war heute morgen ermüdet und verdrossen von Versailles gekommen und hatte sich nach einem kurzen Spaziergang durch die Gärten schlafen gelegt. Sie aber wollte ihn bei guter Stimmung haben, denn außer dem Heiratsprojekt brannte ihr eine Sache auf der Seele, die sich in der Stille von Bellevue besser erledigen lassen würde als in Versailles.

Jeanne blickte nachdenklich vor sich hin. Die zusammengezogenen Brauen, die Falte über der Nasenwurzel, der Ernst des Ausdrucks ließen sie älter erscheinen, als sie war. Die angestrengte Arbeit der letzten Jahre, die schwere Aufgabe, den fortwährend wechselnden Stimmungen des Königs Rechnung zu tragen, der unausgesetzte stumme Kampf gegen ihre Widersacher hatten ihre Spuren hinterlassen.

Unruhig sprang sie auf und lief im Zimmer hin und her.

Eine neue Idee, die sie seit Monaten beschäftigte und für die sie heute endlich das Ohr des Königs gewinnen wollte, versetzte sie in fiebernde Erregung.

Es galt, das edle Werk fortzusetzen, das Louis XIV. unter dem Einfluß der Maintenon in Saint-Cyre begründet, eine Ergänzung der "Invalides" zu schaffen.

Jeanne hatte den Plan zu einer Militärschule für die Söhne der im Kriege gefallenen oder im Dienst untauglich gewordenen Offiziere schon fast fertig im Kopfe. Sie hatte mit ihren alten Freunden, den Brüdern Pâris, bereits ausführlich über das Projekt konferiert, das ihr mehr als vieles andere ihr Aufgelastete am Herzen lag.

Sie hatte Pâris-Duverney nach Saint-Cyre geschickt, um die Organisation der "Invalides" zu studieren, sie hatte ihn gedrängt, mit ihrem Bruder ein geeignetes Terrain zu suchen, sie hatte mit Gabriel, dem sie schon um der Verdienste seines Großvaters und Vaters willen unbedingt vertraute, eingehende Rücksprache über die Baupläne genommen. Was aber nützte das alles, wenn sie nicht dazu kam, die Zustimmung des Königs für das Projekt einzuholen?

Unten lachten die Kinder. Jeanne trat wieder ans Fenster und beugte sich tief zu ihnen hinab. Arm in Arm gingen sie. Ein reizendes Paar. Der schöne Knabe, seinem Vater wie aus dem Gesicht geschnitten.

Eine Hand legte sich auf ihre Schulter. Der König war gekommen.

Er sah ausgeschlafen, heiter und zufrieden aus. Sie wollte ihn bitten, sogleich mit ihr an die Arbeit zu gehen. Aber er schnitt ihre Rede kurz ab und äußerte den Wunsch, sich draußen in den Gärten zu ergehen.

Eh bien, dachte Jeanne, also zuerst das Glück meiner Tochter und zum zweiten das der "École militaire". Auf die Reihenfolge kommt es am Ende nicht an.

Sie führte ihn in den Feigengarten und machte ihn auf die Kinder aufmerksam, die eng beisammen auf einer Bank saßen, sich unter Kichern und Necken gegenseitig die frischen Früchte in den Mund schoben und von dem Weißbrot und den Biskuits dazu aßen, die der Schweizer ihnen heruntergebracht hatte.

"Das gäbe ein schönes Paar, Sire. Sind Sie nicht auch der Ansicht?"

Der König näherte sich der kleinen Gruppe, aber er antwortete nicht. Er fing an, mit Alexandra zu scherzen.

Er zog das reizende Kind an seinen lichtbraunen Locken, nahm ihm die Feigen fort und steckte sie selbst in den Mund.Für seinen Sohn hatte er keinen Blick.

Jeanne versuchte es noch einmal, des Königs Aufmerksamkeit auf den kleinen Herzog zu lenken, dessen ganzes Gebaren, ebenso wie Gesicht und Wuchs, dem König zum Verwechseln glich.

“Ah, Sire, sehen Sie nur, man glaubt seinen Vater zu sehen! Sie sollten ihn umarmen, Sire. Er ist gar so hübsch.”

Louis lächelte ironisch.

“Ich wußte gar nicht, daß Sie den Grafen von Luc so genau kennen! Aber wenn ich schon umarmen soll, will ich wenigstens mit Demoiselle anfangen.”

Alexandra flog dem guten Onkel König um den Hals, der kleine Herzog mußte sich an einer kühlen Umarmung genügen lassen.

Die Tränen traten Jeanne in die Augen. Sie wußte, wenn sie auch die Gründe weder kannte noch erraten konnte, daß, wenn der König sich von der kühlen, ironischen Seite zeigte, nicht gegen seinen Eigenwillen aufzukommen war.

Sie gab das Heiratsprojekt auf, aber sie hatte auch nicht das Herz, heute von der “École militaire” zu beginnen.

Sie ließ dem König ein exquisites Diner servieren, bei dem die “Fruite du lac de Genèves” und die “Omelette royal” die Hauptrolle spielten, und versuchte nicht, ihn zu halten, als er, kaum daß er die Tafel aufgehoben, den Wagen befahl, ja, sie atmete erleichtert auf, als sie die Räder davonrollen hörte. Ärgerlich über sich selbst warf sich Louis in den Polstern hin und her. Er konnte sich keine Rechenschaft über seine Verstimmung geben.

Den Sohn der Vintimille und die Tochter Jeannes, das freilich wollte er nicht. Alexandra, die er aufrichtig lieb hatte, sollte ihn nicht lebenslang an Dinge und Personen mahnen, die besser vergessen waren. Aber es wäre nicht nötig gewesen, die Marquise mit seiner kühlen Ironie zu kränken. Er hatte sich auf Bellevue gefreut! Nun sollte er zurück, ohne eine gute Stunde gehabt zu haben!

In Versailles erwartete ihn im besten Falle die grausamste Langeweile. Von Jvonne war längst keine Rede mehr. Sie war ein Vergnügen von wenigen Tagen gewesen. Im Grunde überhaupt kein Vergnügen, denn die Tränen und die Verzweiflung der kleinen Klosterschülerin über ihren Fall hatten die kurzen Minuten des Genusses mehr als aufgewogen!

Lebel hatte sie nach Verlauf einer Woche in die Provinz zu einem seiner Verwandten gebracht, der an dergleichen diskrete Aufträge schon gewöhnt war.

Plötzlich riß der König seinen unerquicklichen Gedankengang selbst mitten durch.

“Zurück”, rief er dem Kutscher zu, “laß die Pferde laufen, was sie können!”

Jeanne glaubte ihren Augen nicht zu trauen, als der König nach einer kurzen halben Stunde wieder in Bellevue eintraf. Sie lächelte ihm zu, obwohl die Tränen ihr näher als das Lachen waren.

“Welch eine frohe Überraschung, Sire!”

Er zog sie rasch hinein und küßte sie.

Von den Kindern sprach er nicht. Aber er setzte sich an ihren Arbeitstisch und sagte liebenswürdig “Du wolltest mit mir arbeiten, ich bin bereit.”

Da kehrte auch ihr die gute Laune wieder.

Mit raschen, klaren Worten entwickelte sie ihm in ihrer lebhaften, präzisen Art das Projekt der "École militaire".

In dem Gefühl, ihr für den gescheiterten Heiratsplan Ersatz zu bieten, brachte Louis mehr Wärme und Interesse, eine raschere Entschlußfähigkeit als üblich für die geplante Gründung auf. Er ließ sich die Baupläne Gabriels mit der wundervollen majestätischen Fassade vorlegen, las die Berichte und Kostenanschläge Pâris-Duverneys und versprach, in den nächsten Tagen das ins Auge gefaßte Bauland mit den Brüdern Pâris und Bruder Abel zu besuchen. Noch in der Nacht schrieb die Marquise an Pâris-Duverney und teilte ihm mit, daß sie den König für das große Projekt gewonnen habe.

Was die Verheiratung Alexandras betraf, befreundete sie sich bald mit einem anderen, wenn auch nicht ganz so glänzenden Plan.

Der Herzog von Chaulnes, einer ihrer getreuesten Anhänger, versprach ihr seinen Sohn, den Herzog von Pecquigny, sobald Alexandra vierzehn Jahre alt sein würde. Nach vollzogenem Heiratskontrakt sollte die Kleine, adeligem Brauch gemäß, nach l'assomption zurückkehren, bis sie das zur realen Vollziehung der Ehe notwendige Alter erreicht hatte.

Inzwischen würde der Herzog seinen jungen Sohn mit einem der vorteilhaften Ämter versorgen, auf die der Abkömmling einer der vornehmsten Familien Frankreichs mit Bestimmtheit rechnen durfte.

Alexandra eine Herzogin! Das war der Gipfel ihrer ehrgeizigen Wünsche!

Dreiundzwanzigstes Kapitel

Im chinesischen Saal wurde eifrig an der letzten Vorstellung für die Saison geprobt.

Man studierte Jean Jacques Rousseaus Spieloper “Le devin de village”, obwohl Rameau, der niemals besondere Sympathien für Rousseau gehabt, sich sehr ablehnend über das Werk aussprach. Indes, da die Marquise die Rolle der “Colin” spielen würde, war man des Königs regster Anteilnahme sicher.

Die “Colette” war Madame de Marchais zuerteilt worden, die des “Devin” Monsieur de La Salle. Ein großes Feuerwerk auf der Bühne sollte den Schlußakt krönen.

Die Vorstellung hatte sich programmäßig abgespielt.

Jeanne hatte mit ihrer “Colin” einen enthusiastischen Erfolg errungen.

Alles feierte ihre Stimme, die seit langem nicht mehr so frisch geklungen hatte wie heute, die Kunst ihres Vortrages, ihr vollendetes Spiel, ihre originellen, kostbaren Kostüme.

Der König küßte ihr die Hand und überschüttete sie mit Komplimenten.

Wie stets in Bellevue, wenn die Königin oder Mesdames nicht zugegen waren, hatte Jeanne ihren Platz an der Tafel neben dem König. Gerade hob er sein Glas gegen sie, um auf ihren Erfolg zu trinken, als eine plötzliche Unruhe entstand.

Die Tür zum Vorzimmer hatte sich geöffnet.

Einer der blaugoldnen Lakaien der Pompadour zuckte die Achseln und sprach auf einen Kurier ein, der ungestüm in den Saal drängte.

Der König, der der Tür gerade gegenüber saß, hatte den Vorgang bemerkt. Er winkte dem diensttuenden Kammerherrn, der seinen Platz nahe dem des Königs hatte.

Der Herzog von Noailles eilte zur Tür und schloß sie hinter sich. Nach wenigen Augenblicken kam er verstörten Antlitzes zurück.

Er trat zwischen den König und den Prinzen Conti und berichtete flüsternd:

"Ein Expreßbrief an die Frau Marquise. Mademoiselle d'Étioles ist im Kloster schwer erkrankt."

Der König erschrak. Die kleine Alexandra, die er so herzlich liebte, gefährlich krank!

Jeanne hatte nichts oder wenig von dem Vorgang bemerkt, der sich sehr diskret abgespielt hatte.

Sie war im eifrigen Gespräch mit Machault, dem sie strahlend von den raschen Fortschritten der "École militaire" erzählte.

Ehe Louis ihr eine Mitteilung machte, gab er dem Herzog die geflüsterte Order, seinen Leibarzt Senac und den Chirurgen La Martinière mit seinen raschesten Pferden nach l'assomption bringen zu lassen, einen Wagen für die Marquise bereitzuhalten und die Hausset zu benachrichtigen.

Dann hob er die Tafel auf, gab der Marquise den Arm und führte sie in das kleine ovale Zimmer, in dem sie ihn einst mit dem Rosenzauber überrascht hatte.

Er sprach nicht und war sehr bleich.

Erschreckt fragte Jeanne, was geschehen sei.

"Trauriges für dich, mein armes Kind. Unsere liebe kleine Alexandra ist erkrankt."

Der Ausdruck seines Gesichtes, seine blasse Farbe, der Ton seiner Stimme machte sie erschauern. Ohne Zweifel, ihr geliebtes Kind war sehr krank, gefährlich krank.

"Ich muß zu ihr, sofort, Sire", rief sie mit tränenerstickter Stimme.

"Der Wagen und die Hausset warten schon auf dich. Der Himmel beschütze dich, meine arme Jeanne."

In ihrem Toilettenzimmer standen die Hausset und ein Kammermädchen bereit.

Jeanne drückte der treuen Hausset die Hand. Sprechen konnte sie nicht.

Das Kammermädchen hielt einen Schleier und einen dunklen Mantel.

Wenige Minuten später war der mit vier Rappen bespannte Wagen nach l'assomption unterwegs.

Ohne sich mit einer Frage aufzuhalten, stürzte Jeanne die Steintreppe des Klosters zum zweiten Stock hinauf, in dem Alexandra ihre kleinen Zimmer hatte. Auf dem langen Gang nahe der Tür standen zwei Nonnen und der Klosterarzt.

Senac, La Martinière und eine dritte Person, die niemand nannte, waren bei der Kranken.

Beim Anblick der Marquise stellte sich der Arzt vor die Tür zum Krankenzimmer.

“Geben Sie Raum! Lassen Sie mich hinein”, rief die Marquise aufgeregt.

Der Arzt, ein junger Mensch mit schwermütigen schwarzen Augen, schüttelte sanft den Kopf.

“Einen Augenblick, Frau Marquise. Die Leibärzte Seiner Majestät wollen in ihrer Untersuchung nicht gestört sein. Ich selbst und die Schwestern mußten ihnen Platz machen.”

Jeanne stand stumm und biß die Unterlippe.

Einen Augenblick nur, dann drängte sie den Arzt zur Seite und trat ein.

Auf ihrem schmalen Klosterbettchen lag das Kind, mit geschlossenen Augen, langgestreckt, weißgelben, spitzen Antlitzes - eine Tote.

Mit herzzerreißendem Aufschrei warf Jeanne sich über das Lager.

“Nein, nein”, rief sie in wilder Verzweiflung, “das kann nicht wahr sein - mein Kind - mein einziges, süßes Kind - sagen Sie, daß es nicht wahr ist.”

Mit verzweifelt fragender Gebärde hatte sie sich zu den Ärzten umgewandt. Senac, der manche Stunde mit ihr am Bett des Königs gesessen, beugte sich zu ihr nieder und sagte sanft:

“Wir konnten nicht mehr helfen, Frau Marquise. Die rätselhafte Krankheit hat das arme Kind zu schnell dahingerafft.”

Schluchzend verbarg Jeanne ihr Gesicht in den Kissen,

auf denen ihres toten Kindes lockiges Köpfchen lag.

Im Hintergrund des Zimmers wurde ein bebendes Schluchzen laut.

Die Ärzte tauschten einen Blick stummen Einverständnisses und verließen leisen Schrittes das Totengemach.

Jeanne lag noch immer wie gefällt über dem kleinen Lager, Worte der Liebe, der Zärtlichkeit, der Verzweiflung stammelnd.

Allgemach richtete sie sich ein wenig auf, sie streichelte die schöne kleine, kalte Hand. Sie küßte das wundervolle lichtbraune Haar.

"Dahin, alles dahin!"

Plötzlich fühlte sie, sie war nicht allein. Am Fuß des schmalen Klosterbettes stand in gedrückter Haltung ein Mann in dunkler Kleidung.

War einer der Ärzte zurückgekommen? Hatte man ihr Pater Anselmus, den Klostergeistlichen, geschickt? Sie wollte niemand sehen! Sie brauchte weder weltlichen noch geistlichen Trost.

Niemand sollte ihr diese letzte Stunde des Alleinseins mit der geliebten kleinen Toten rauben.

Jeanne richtete sich auf, um den Eindringling herrisch aus dem Zimmer zu weisen. Als sie näher auf ihn zutrat, erkannte sie - es war Charles Guillaume d'Étioles!

Er war der Vater, sie hatte kein Recht, ihn fortzuschicken.

Jeanne hatte sich stumm wieder abgewendet. Lange sprach keines der einstigen Ehegatten ein Wort!

Endlich fragte Jeanne, die schmerzerstarrten Augen auf

das Kind gerichtet, mit einem leisen Unterton zitternder Eifersucht:

"Haben Sie Alexandra noch lebend angetroffen?"

D'Étioles schüttelte den Kopf. Traurig verneinte er.

Da sie nicht sprach, sondern wieder über dem Lager niedergesunken war, sah er mit scheuen Blicken zu ihr hin.

Wie schön sie noch immer war, die einst so heiß geliebte Frau!

Der dunkle Mantel war ihr von den Schultern geglitten. Wie zartes Perlmutter schillerte die feine weiße Haut! Die Pracht ihres kostbaren, goldgestickten Kleides, die funkelnden Diamanten und matten Perlen, die Gegengaben Louis XV. für ihre ehebrecherische Liebe, schimmerten durch das Halbdunkel des Totengemaches.

Eisig zog sich das Herz des betrogenen Mannes zusammen.

Hatte er bis jetzt vergebens gegen seine Gefühle für Jeanne gekämpft, in diesem Augenblick starben sie ebenso jäh dahin wie das arme, kleine, süße Geschöpf, das der Himmel so jäh zurückgefordert hatte.

Nie wieder, nachdem er Jeanne so gesehen, beladen mit der gleißenden Frucht ihrer Schande und seiner Schmach, würde er, auch nicht in seinen Träumen, die Hand nach ihr ausstrecken wollen. Das war mit dieser Stunde vorbei und ausgelöscht.

Ihre Stimme rüttelte ihn aus seinem düsteren Brüten.

"Wie kam es?" fragte sie weinend.

Leise und gehalten gab er zurück:

"Die Krankheit hat sich in wenigen Stunden entwickelt.

Heftiges Erbrechen, furchtbares Fieber, das Ende Konvulsionen, die sie dahingerafft."

Auch er brach zusammen. Schluchzte aufs neue.

Sein lauter Schmerz störte sie offensichtlich.

Ihr ganzer Körper zuckte. Ihre Zähne schlugen wie im Fieber zusammen. Kalt ersuchte sie ihn, sie auf einige Minuten mit Alexandra allein zu lassen.

Er trocknete die Augen und verließ in gebeugter Haltung das Totenzimmer.

Jeanne war allein mit ihrem Kinde, dessen zärtliches Herz mit anbetender Liebe an ihr gehangen hatte, dem Kinde, das die einzige unschuldige Lust, das einzige wahre Glück ihres Lebens gewesen war! Was ihr blieb, waren Pflichten, war äußerer Glanz, waren Ruhmsucht und Ehrgeiz, die, sobald sie gestillt waren, öde Leere zurückließen, bis neue herrschsüchtige Wünsche erwachten.

Lange starrte sie auf die kleine Tote. Wie eine wilde Selbstanklage brannte der Gedanke plötzlich in ihr auf, daß sie dies Kind nicht hätte herzugeben brauchen, wenn sie den Gatten nicht verlassen, wenn sie statt im ruhmestollen Glanz des Königshofes im schlichten. bürgerlichen Heim dem Gatten und dem Kinde gelebt hätte.

Aber der Gedanke verflog so plötzlich wie er gekommen war. Wo war der Beweis, daß sie das Kind unter anderen Verhältnissen dem Tode hätte entreißen können? Viele Kinder sterben den sorgsamsten Müttern dahin. Auch als Madame d'Étioles würde sie das Kind zur Vollendung seiner Erziehung einem Kloster übergeben haben.

Es war ein Schicksalsschlag, den nichts hätte abwenden

können. Sie mußte ihn klaglos tragen, wie sie die anderen Lasten trug, die sie sich selbst auf die Schultern gewälzt hatte!

Aber als sie sich nun mit wankenden Knien erhob, fühlte sie, diese kleine Tote nahm den Rest ihrer Jugend mit in die kalte Gruft hinab.

Sie trocknete die Augen und strich über das verwirrte Haar. Dann öffnete sie die Tür und rief die treue Hausset, damit sie von dem Kinde Abschied nähme.

Mit großem Pomp wurde Alexandra d'Étioles, der ein Herzogtum gewiß gewesen, bestattet.

In dem reichen Grabgewölbe der Kapuzinerkirche auf dem Vendômeplatz, in dem Teil der Gruft, den der Herzog von La Trémoille der Marquise als letzte Ruhestatt für Madeleine Poisson einst abgetreten hatte, wurde Alexandra neben der Großmutter beigesetzt.

Der Schmerz der Marquise ging dem König tief zu Herzen. Er weinte mit ihr, er versuchte ihr jeden denkbaren Trost zu geben. Die Königin schickte einen Pagen mit einem warm gehaltenen Kondolenzschreiben nach Bellevue, Mesdames sandten Zeichen der Anteilnahme. Nur der Dauphin hielt sich, wie üblich, kalt zurück.

François Poisson ergab sich einem so leidenschaftlichen Schmerz, einer so heftigen Verzweiflung über den Verlust seiner reizenden Enkelin, die das Licht seiner Augen gewesen, daß der Schwerblütige, der längst nicht mehr der Gesündeste war, bedenklich erkrankte.

Nach kaum zwei Wochen hatte Jeanne auch den Verlust des Mannes zu beklagen, der trotz mancher derber Ungeschliffenheiten ihr im Grunde seines Herzens stets ein guter und zärtlicher Vater gewesen war.

Jeannes Trauer, die sie mit Aufbietung aller Kräfte zurückdrängte, um allen Ansprüchen gerecht zu werden, welche der König, das Zeremoniell, die Pflichten der Mitregierung an sie stellten, zehrte bedenklich an ihren Kräften, an ihrer Schönheit.

Ihre Augen, matt vom vielen Weinen, verloren ihren faszinierenden Glanz. Sie magerte sichtlich ab. Das zarte Oval ihres Gesichtes verlor an lieblicher Rundung. Ihre Gesundheit war schwankender denn je. Fieber und Husten quälten sie, die aufpeitschenden Medikamente, zu denen sie trotz aller Warnungen wieder und wieder gegriffen hatte, übten ihre unausbleiblich schädigende Wirkung aus.

Die Gesellschaft bemerkte das Abnehmen ihrer vollendeten Schönheit nur sehr allmählich. Der Glanz ihrer gesamten Erscheinung, ein Aderlaß oder ein unauffällig aufgelegtes Rot, das ihre Farben frischer erscheinen ließ, ihre königliche Haltung ließen die Marquise von Pompadour noch immer als die schönste Frau des Hofes erscheinen.

Nur vor dem König ließ sich nicht verbergen, was sie ihm gern verborgen hätte.

Langsam, langsam löste er sich von ihr. Von Stunde zu Stunde fühlte sie mit heißerem Erschrecken, er war der leidenschaftlich heischende Liebhaber nicht mehr. Oft vergingen Wochen, in denen er nicht daran dachte, sie in ihren Gemächern aufzusuchen. Die Eifersucht verzehrte sie. Die Angst, ihn zu verlieren, machte sie sinnlos. Was tat er, wenn er zu der gewohnten Stunde nicht bei ihr eintrat?

Wo war er, während sie ihn mit klopfendem Herzen vergebens erwartete? Hatte er eine neue Geliebte gefunden, die es besser als sie verstand, ihm die Zeit zu vertreiben? Oder gab er sich nur vorübergehenden Verlockungen hin? War es eine Dame der Gesellschaft, die er erwählt, eine Frau, klug und einflußreich genug, sie möglichenfalls aus ihrer Machtstellung zu verdrängen, oder waren es Dinge harmloserer Natur, die ihn fernhielten? Küsse, die er heute küßte, um sie morgen zu vergessen?

Sie zermarterte sich den Kopf. Sie suchte und forschte vergebens. Nichts Auffälliges wollte sich zeigen. Niemand raunte und tuschelte vor ihren Augen und Ohren.

Aber hinter ihrem Rücken mochte es geschehen! Ob die d'Estrades ihr Spiel gewann? Ob die Prinzessin von Rohan endlich ihr Ziel erreicht hatte?

Die Hausset beschwichtigte. Die Herzogin von Brancas, die ihr eine treue Freundin geblieben war, schalt sie kräftig aus. Männer waren nun einmal nicht anders. Alles bei ihnen hatte seine Zeit. Mit der Aufrichtigkeit der Liebe hatte dergleichen nichts zu tun. Aber wenn die Marquise die Leidenschaft wirklich entflohen glaubte, sollte sie die Freundschaft mit um so festeren Händen halten.

Hatte nicht die Mutter ähnlich gesprochen?

Jeanne zwang sich zu ruhiger Überlegung. Sie mußte der Angst, den König zu verlieren, die sie blind und taub machte, Herr werden!

Und war es denn bewiesen, daß der König seine sinnlichen Gefühle zu anderen trug, weil er zu ihr nicht mehr heiß und begehrlich kam?

Konnten ihn nicht andere Gründe leiten?

Die Brancas, die nicht ganz der Meinung der Marquise war, stimmte trotzdem zu. Es galt, die Schwergeängstigte zu beruhigen.

Ja, sie tat mehr. Sie gab Jeanne den klugen Rat, das Liebesnest unter den Dächern von Versailles zu verlassen und die Wohnung im Erdgeschoß zu beziehen, von der der König ihr schon öfter gesprochen, und die er ihr als besondere Ehrung zugedacht hatte.

Nur Prinzen von Geblüt pflegten sie zu bewohnen.

Die augenblicklichen Verhältnisse machten diese Veränderung leicht und nicht allzu auffällig.

Den Prinzessinnen sollten nach dem plötzlichen Tode Madame Henriettes, die von einem Tag zum anderen an Faulfieber gestorben war, eine andere Zimmerflucht angewiesen werden. Der König hatte den Wunsch geäußert, den Herzog von Ayen mit seiner Gattin mehr in seiner Nähe zu haben. Der Moment, dem Rat der Herzogin von Brancas zu folgen, war geradezu gegeben.

Es wurde Jeanne bitter schwer, dem König die geplante Veränderung nahezulegen.

Die Erinnerungen an ihren aufsteigenden Glanz, an die heiße Liebe Louis' sprachen vernehmlich aus jedem Winkel des lauschigen Nestes dort oben unter den Dächern von Versailles!

Dennoch siegte die Klugheit. Die Marquise wußte, sie würde sich die Achtung der Königin, der Prinzessinnen, vielleicht die des Dauphins gewinnen, wenn sie freiwillig auf die unmittelbare Nachbarschaft des Königs verzichtete, wenn sie ihren Beziehungen nach außen hin das Gepräge einer reinen Freundschaft gab.

Der König widersprach nicht, wie Jeanne es halb und halb gehofft hatte. Rascher, als man vermutet, fand der allgemeine Wechsel in Versailles statt.

Der Herzog und die Herzogin von Ayen bezogen die Gemächer der Pompadour, die Prinzessinnen erhielten die Wohnung, die ihre älteste Schwester, die Infantin, früher innegehabt hatte, Jeanne siedelte in das Erdgeschoß über, in dem ihr je ein Teil der Wohnung des Prinzen von Toulouse und des Herzogs von Penthièvre aufs prunkvollste eingerichtet wurde.

Wußte Jeanne, als sie sich zum erstenmal in dem kostbaren Purpurbett zur Ruhe legte, daß die Marquise von Montespan diese üppigen Gemächer in dem Augenblick bezogen hatte, da Louis XIV. zu seiner Ehe mit Frau von Maintenon schritt?

Wenige Monate, nachdem Jeanne sich von der Stätte der Erinnerungen an wollüstige Liebesnächte, an die ersten lebendig gewordenen Träume befriedigten Ehrgeizes losgelöst, erhob der König sie zur Herzogin und verlieh ihr das Schemelrecht. Die Marquise genoß fortab dieselben Auszeichnungen wie die Gattinnen der Herzöge und Pairs. Sie speiste mit der königlichen Familie an der Galatafel des Königs. Sie saß beim Morgenempfang, bei den Audienzen, den Cercles und Diners auf einem Lehnsessel, der ihr überall nachgetragen wurde.

In alle inneren Höfe der königlichen Schlösser stand ihren Equipagen die Einfahrt frei. Die höchste Ehrung, die der König zu vergeben hatte, war ihr zuteil geworden.

Jeanne genoß diese Auszeichnungen mit sehr gemischten Empfindungen. Sie war zu klug, um nicht zu begreifen, daß diese Rangerhöhung in erster Stelle eine Entschädigung für die entschwindende Liebe des Königs bedeute, daß sie die Einleitung zu einer neuen Ära, der Ära der Freundschaft, war.

Die Brancas hatte ihr geraten, diese Freundschaft mit beiden Händen festzuhalten. Es hätte dieses Rates nicht bedurft. Die eiserne Willenskraft der Pompadour half ihr auch über diesen Wandel fort. Schwer war der Kampf, heiß das Bemühen, ungleich der Erfolg, den sie sich abrang.

Um den Spöttern zuvorzukommen, den Hämischen das Wort abzuschneiden, ehe es gesprochen war, den Triumph ihrer Feinde im Kern zu ersticken, sprach sie selbst mit großer Ruhe und angenommener Heiterkeit von ihren veränderten Beziehungen zum König, die sie als ein gegenseitiges erwünschtes Arrangement hinstellte.

D'Argenson, der schon die Bahn für eine Nachfolgerin der Pompadour frei sah - freilich hieß sie nicht Madame d'Estrades -, trat bald nach der Vorstellung der neuen Herzogin lachend bei seiner Mätresse ein.

"Wissen Sie das Neueste, meine Liebe? Heute hab ich's aus dem eigenen Munde der Pompadour gehört, also muß es doch wohl wahr sein: Die Marquise schwört bei allem, was ihr heilig ist, daß zwischen dem König und ihr nur noch Freundschaft bestehe. Als ein Symbol ihrer neuen keuschen Beziehungen zum König hat sie die Liebesgruppe aus Bellevue entfernen lassen und Pigalle den Auftrag gegeben, sie in eigener Person als Göttin der Freundschaft auszuhauen."

Beide lachten laut.

"Ich gebe Ihnen den Rat, meine Teure, Ihre Nichte, die schöne Romanet-Choiseul, so bald als möglich in den Gesichtskreis des Königs zu rücken. Sie selbst dürften ja wohl endgültig verzichtet haben?"

Der Minister sagte es nicht ohne Mokerie und Schärfe. Da es für seine Stellung, im Augenblick wenigstens, nicht unbedingt notwendig war, daß der König die d'Estrades erhörte, da sie auch ohne die Erreichung dieses heißersehnten Zieles eine vortreffliche Spionin abgab, sah er dem vergeblich werbenden Treiben seiner eitlen Freundin belustigt zu.

Madame antwortete mit einem bösartigen Grinsen, das ihr häßliches Gesicht noch mehr entstellte.

"Ich bin nur begierig, welche Miene die hohe Geistlichkeit zum guten Spiel machen wird!" -

Lange zu Recht bestehende Meinungen lassen sich schwer beheben. Die Kirche glaubte an keine Wandlung oder wollte an keine glauben, je mehr man sie davon zu überzeugen suchte. Vergebens trachtete Bernis nach seiner Rückkehr aus Venedig, jeden Zweifel an der Unschuld der Beziehungen zwischen dem König und der Marquise zu zerstreuen. Die Geistlichkeit zog mit neugeschliffenen Waffen gegen die Pompadour los.

Der Jesuitenpater Griffet predigte beharrlich mit immer deutlicheren Fingerzeigen gegen die Sittenverderbnis und die Modelaster der Zeit, ja, er verfehlte nicht, in

Gegenwart des Königs eine vernichtende Predigt gegen den Ehebruch zu halten, von der alsbald ganz Paris und Versailles sprach.

Von allen Seiten drang man auf Louis XV. ein, bestürmte ihn, sich von der Pompadour zu trennen, dieser Frau, die sein und Frankreichs Verderben war, den Laufpaß zu geben.

Mehr noch als der Zorn der Jesuiten beunruhigte Jeanne der Umstand, daß der König fast regelmäßig den Predigten Griffets beiwohnte, sogar die ihm über alles wichtigen Jagdtage ausfallen ließ oder verschob, nur um keine zu versäumen.

Voll entsetztem Bangen fragte sie sich, ob wirklich eine religiöse Krise bevorstehe, ob der König sein beschwertes Gewissen in einer jener raschen Aufwallungen, vor denen man bei seinem wankelmütigen Charakter niemals sicher war, in die Hände der Geistlichkeit gelegt habe?

Die Königin, der Dauphin, vor allem der Orden der Jesuiten selbst gaben bereits der festen Hoffung Raum, Pater Griffet sei die Bekehrung des Königs gelungen.

Die allgemeine Meinung hieß diese Wandlung willkommen.

“Die Frommen sind sparsam”, hieß es, “und nur durch Sparsamkeit ist Frankreich zu retten.”

Jeanne grübelte verzweifelt, während sie nach außen eine heitere Miene zur Schau trug.

Sie zermarterte sich das Hirn, wie sie der Gefahr, den König an die Jesuiten zu verlieren, beikommen könne.

Die Philosophen, auf die sie sich so fest verlassen, erwiesen sich doch nicht als eine so starke Stütze ihrer Macht, wie sie es einst vorausgesehen hatte, zumal seit Voltaire in Sanssouci bei Friedrich II. weilte.

Lange hatte der Philosoph geschwankt, ob er Frankreich und seine hohe Gönnerin verlassen sollte, bis der König, der ihn nicht halten wollte, und der Tod seiner alten Freundin Châtelet ihn am Ende doch vermocht hatten, "das Land der Barbaren und Halbbarbaren" aufzusuchen.

Jeanne wußte, sie durfte ihren alten Freund nicht so bald, vielleicht niemals zurückerwarten.

Sanssouci und die Freundschaft des Preußenkönigs schmeichelten dem eitlen Mann ganz gewaltig. Die pekuniären Vorteile, die der sonst so sparsame Monarch ihm zuwandte, machten dem Habsüchtigen das Leben in Preußen angenehm. Frankreich schien vergessen.

Da plötzlich kam Jeanne ein Ereignis zu Hilfe, das mit einem Schlage alle Grübeleien und Ängste über den Haufen warf, ein Ereignis, von dem, die fromme Partei allerdings nichts weniger als die Wirkung eines neuen Triumphes der Pompadour erwartete.

In Paris starb Frau von Mailly, die älteste und letzte der Schwestern Nesle, denen des Königs Liebe so lange gehört hatte. Die zärtliche Hingabe der Mailly an Louis XV. war die stärkste und selbstloseste gewesen.

"Eine La Vallièrenatur", hatte Jeanne oft mit spöttischem Mitleiden gemeint, "die nur um ihrer selbst willen geliebt sein will."

Wirklich war es so. Die Mailly hatte den Verlust des Königs niemals überwunden. Wenn sie sich auch nicht wie die

La Vallière zu den Karmeliterinnen geflüchtet, so lebte sie doch in klösterlicher, bußfertiger Abgeschiedenheit, fern von jedem Lebensgenuß.

Ein Armenbegräbnis war ihr letzter Wunsch gewesen.

Man wartete nur darauf, daß dieser Tod mit seinen rührenden Nebenumständen des Königs vermeintliche Bußfertigkeit bestärken, ihn von der sündhaft verschwenderischen Mätresse, die keinen anderen Gedanken hegte als den eigenen Glanz, loslösen würde.

Man wartete vergebens!

Der König beweinte die Geliebte seiner Jugend aufrichtig, mehr noch die ferne Zeit, da er mit der Toten glücklich gewesen war. Hoch über allem Schmerz aber stand die bittere Erkenntnis, daß die Verstorbene in gleichem Alter mit ihm gestanden und daß der Tod ebenso grausam wie nach gewöhnlichen Sterblichen die kalte Hand nach Königen reckt.

Statt sich von Jeanne loszulösen, klammerte er sich nur um so fester an sie an. Nur bei ihr fand er Rettung vor Todesschauern und ödem Grauen. Nur bei ihr war Leben, Vergessen!

Nicht nur Jeanne atmete auf, als die gefährliche Krise endlich vorüber war. Auch Lebel schmunzelte wieder.

Er wollte nicht umsonst seine Lehren aus dem verfehlten Versuch mit der kleinen Klosterschülerin gezogen haben.

Wenn der König sich als Mensch dem Vergnügen, dem Genuß hingeben wollte, war es nötig, daß er als König kam?

Lebel hatte seine Ideen, mit denen er Louis XV. schon zum Teil bekannt gemacht hatte, der Marquise nicht vorenthalten.

Jeanne stimmte dem gewitzten Lebenskünstler unbedingt zu. So hart es war, sie mußte mit den erotischen Neigungen des Königs rechnen. Besser, sie fanden ihre Befriedigung nicht unter den Dächern von Versailles, sie gingen nicht auf des Königs persönliches Konto.

Im übrigen durfte Jeanne mit ziemlicher Bestimmtheit darauf rechnen, daß, was Lebel dem König in ein verstecktes Haus brachte, schwerlich jemals eine Dame der Gesellschaft sein würde!

Auf dem Terrain des früheren Hirschparks, dem beliebten Jagdrevier der französischen Könige, in der rue Saint-Médéric, hatte Lebel, nicht weit vom Schloß entfernt, ein hübsches Häuschen aufgespürt, das versteckt inmitten eines kleinen verwilderten Gartens lag.

Nachdem der König, von seinem frommen Wahn geheilt, sich dem Leben wieder in die Arme warf, erstand ein Geheimagent Louis' das Häuschen von dem Besitzer; Herrn Crémer, um eine mäßige Summe.

Als Käufer galt Herr Vallet, ein Pseudonym, unter dem Louis XV. den Kauf abschließen ließ.

Das Nachbargrundstück wurde von der alten Mutter Crémers bewohnt. Da es seine Fenster nach der Seitenstraße, der rue des Tournelles, hatte, war von Spähern nichts zu befürchten.

Das Haus war so klein, daß es außer der Hauptperson nur eine, höchstens zwei ständige Bewohnerinnen, eine “dame chargée de la garde” und eine Dienerin, fassen konnte. Es wurde beschlossen, daß der König seine Besuche im Hirschpark unter dem Namen eines polnischen Edelmannes, eines Verwandten der Königin, machte, der angeblich zum Besuch im Schlosse weile.

Lebel bedauerte es lebhaft, einen solchen Schlupfwinkel für die Orgien des Königs nicht früher aufgespürt zu haben. Die kleine Jvonne und mancher kleine, scheue Vogel mehr, den er in seiner Falle gefangen, würde sicherlich nicht so schnell und ängstlich die Flucht ergriffen haben, hätte er nicht mit Bewußtsein an der Brust eines Königs, in einem königlichen Bett gelegen.

In der rue Saint-Médéric Nr. 4 klappte die Sache ganz vortrefflich. Alles ging seinen geplanten Gang. Es flossen keine Tränen, es gab keine Verzweiflungsausbrüche, keine unerhörten Entschädigungsansprüche.

Sobald eines der jungen Dinger sich Mutter fühlte, wurde es in ein Entbindungsheim in der Avenue Saint-Cloud gebracht.

War das Kind glücklich zur Welt gekommen, erhielt es eine Rente von 10.000 bis 12.000 Livres. Die Mutter wurde mit einer Summe von 10.000 Franken abgefunden, in die Provinz geschickt und dort verheiratet.

Louis, dem es in den langen Jahren ihrer Liebe und Freundschaft zur Gewohnheit geworden war, der Marquise alles mitzuteilen, was er erlebte, was er dachte und empfand, kargte nicht mit seinen Mitteilungen aus dem versteckten Häuschen. Er dachte nicht einmal daran, daß es das Gefühl seiner einstigen Geliebten bitterlich kränken müsse, wenn er von dem molligen Körper der kleinen Trusson und den Grübchen, die er zeigte, sprach, wenn er ihr erzählte, wie drollig Demoiselle Robert in ihrem abscheulichen Patois in seinen Armen plauderte, welche neuen Schliche und Tricks die schöne Armande erfunden habe, seinen Ausschweifungen Genüge zu tun.

Zuweilen trat der König noch abends spät, wenn er aus der rue Saint-Médéric kam, bei Jeanne ein.

Sie trug, was sie nicht ändern konnte. Sie mußte es über sich ergehen lassen, von seinen Erfolgen bei dem kleinen Gesindel zu hören, an dem er seine Lust hatte. Hatte sie es nicht selbst zum Gesetz erhoben, daß ihr nichts geheim bleiben sollte?

An einem rauhen Herbstabend saß die Marquise fröstelnd am Kamin. Sie hatte lange mit Bernis konferiert, den der König vor wenigen Monaten zum Minister des Äußern gemacht hatte. Er hatte ihr Briefe Choiseuls aus Wien gebracht, die Wichtiges aus Österreich und von Maria Theresia enthielten.

Kaunitz, der während der zwei Jahre, da er als österreichischer Gesandter in Paris gewesen, vom ersten Tage an, Hand in Hand mit der Marquise, an der Allianz mit Österreich gearbeitet hatte, war durch Starhemberg ersetzt worden.

Jeanne dachte gerade über eine neue Frage zu dem geplanten Bündnis nach, die sie morgen in aller Frühe mit Starhemberg besprechen wollte, als der König ins Zimmer gestürmt kam.

Welch ein glücklicher Zufall! So konnte sie ihm ohne

Verzug die neuesten Nachrichten aus Österreich übermitteln.

Aber der König hörte gar nicht auf sie. Er rief aufgeregt nach Madame du Hausset, die eilends aus dem kleinen Nebengemach herbeigeeilt kam, wo sie mit ihrem Sohn, der kürzlich aus der Provinz nach Paris gekommen, plauderte.

"Schnell, machen Sie sich fertig, Madame! Es handelt sich um eine Unglückliche, die Sie aufsuchen sollen. Ich hoffe, Sie haben nichts dagegen, Marquise, daß Madame sich unverzüglich nach der Avenue Saint-Cloud begibt?"

Jeanne begriff sofort. All ihre rebellischen Empfindungen mit ruhiger Freundlichkeit niederkämpfend, gab sie der Hausset Anweisung, diskret nach den Anordnungen des Königs zu handeln.

Der König warf der Marquise einen dankbaren Blick zu und küßte ihr die Hand.

"Sie werden in der Avenue Saint-Cloud eine junge Person finden, die kurz vor ihrer Entbindung steht. Es handelt sich um ein besonders zartes, feinfühliges Geschöpf. Das arme Kind leidet sehr. Es soll nicht nach der Schablone abgefertigt werden."

"Sie werden so lange dort bleiben, Hausset, wie es der Zustand der Person erfordert", ergänzte Jeanne den König.

"Ganz recht, meine Liebe."

"Sie werden auch der Taufe beiwohnen", fuhr die Marquise fort, "die Namen des Vaters und der Mutter angeben."

Erfreut über dies unerwartete Entgegenkommen, lachte der König heiter auf.

“Ich glaube, der Vater hat einen leidlich anständigen Beruf.”

“Er ist geliebt und angebetet von allen, die ihn wahrhaft kennen”, fügte Jeanne hinzu.

Dann trat sie an eine kleine Vitrine und entnahm ihr ein Kästchen mit einem Brillantring. Sie gab ihn der Hausset.

“Geben Sie diesen Ring der Leidenden und sagen Sie ihr, eine Freundin bete für sie.”

Louis zog Jeanne in seine Arme und küßte sie.

“Wie gut du bist!”

Tränen standen in seinen Augen. Er beweinte es im Augenblick aufrichtig, ihr einen Kummer bereiten zu müssen, den sie mit soviel Standhaftigkeit und Güte ertrug.

Dann fiel er rasch wieder in sein Mitleiden und seine Sorge um das Mädchen zurück, das an Stelle Jeannes seine Liebe genossen hatte.

Er trieb die Hausset zur Eile an und trug ihr auf, Lebel unverzüglich Nachricht zu geben, sobald die Entbindung erfolgt sei.

Gleich nach der Kammerfrau verabschiedete er sich von Jeanne. Er küßte sie flüchtig auf die Stirn, mit all seinen Gedanken schon wieder bei dem armen Ding in der Avenue Saint-Cloud und allen Wonnen, die es ihm geschenkt hatte.

Jeanne blieb in heftiger Unruhe zurück. Diese plötzliche menschliche Anteilnahme des Königs an einem seiner Opfer machte sie stutzig, ängstigte sie.

Warum war er für die anderen nicht so feinfühlig gewesen, wenn ihre schwere Stunde nahte?

Ob Lebel nicht doch die Befugnisse überschritt, mit denen sie ihn ausgestattet hatte? Dem König nicht nur Personen in den Hirschpark brachte, die ihrer Herkunft nach keinerlei Rücksichtnahme zu fordern hatten?

Ihre aufgepeitschte Eifersucht beschloß, ein wachsameres Auge zu haben. Vielleicht, daß ihr selbst gelegentlich ein hübsches Ding unter die Finger kam, jung, töricht, ungefährlich, das sie ohne Sorge in die rue Saint-Médéric schicken konnte.

Nach einer schlaflosen Nacht war sie in aller Frühe zu Starhemberg geeilt. Die Nachrichten Choiseuls an Bernis waren bereits morgens durch neue überholt worden. Die Kaiserin Maria Theresia hatte bei ihrem Gesandten angefragt, ob sie sich klüger an den Prinzen Conti und sein Werkzeug, die Marquise von Coislin, halte oder ob sie sich der Pompadour bedingungslos anvertrauen könne?

Starhemberg, der wußte, wie Louis XV. an der Pompadour hing, wie jeder andere Einfluß neben dem ihren verblaßte, hatte seine Antwort bereits nach Wien geschickt, ehe die Marquise bei ihm eingetreten war.

Gleich Kaunitz hatte er untrügliche Beweise dafür, daß die Pompadour die Geheimallianz zwischen Österreich und Frankreich bedingungslos fördere.

Eine andere Frage war: Stand sie nur gleichgültig zu Preußen und seinem König, oder war wirklich Haß aus den höfischen Artigkeiten geworden, die Voltaire einst nach Sanssouci übermittelt hatte? Es war Starhemberg bei dieser Frage mehr um ein psychologisches Problem als um eine politische Sorge zu tun. Von einer solchen fühlte er sich absolut frei. Als feiner Kopf aber war er der Ansicht, daß es nicht schaden könne, einer Verbündeten bis auf den Grund der Seele zu sehen.

In den Ministerien, im Vorzimmer des Königs, erzählte man sich, Voltaires Plan, den harmlos liebenswürdigen Vermittler zwischen Friedrich II. und der Pompadour zu spielen, sei seinerzeit in das Gegenteil umgeschlagen.

Friedrich solle sich dahin ausgesprochen haben, daß ein König von Preußen nicht eben gehalten sei, Rücksicht auf eine Demoiselle Poisson zu nehmen, noch dazu, wenn sie arrogant ist und vergißt, was sie gekrönten Häuptern schuldig ist.

Mehr aber als diese nicht vollkommen kontrollierbaren Gerüchte bedeutete Starhemberg ein Brief Voltaires an seine Nichte und unzertrennliche Gefährtin, Madame Louise Denis.

Eine Kopie desselben war dem Gesandten von einem seiner Geheimagenten überbracht worden. Dieser Brief war, falls die Pompadour um ihn wußte, allerdings ganz dazu angetan, den Haß der Marquise auf den Preußenkönig zu erklären.

Aber wußte sie darum? Hatte Voltaire, der niemals mit der Gunst dieser allezeit getreuen Gönnerin gespielt hatte, der Marquise nicht vielmehr die wenig schmeichelhafte Meinung Friedrichs über sie verheimlicht?

Voltaires Brief an Madame Denis - eine Dame, die Friedrich aufs äußerste ennuyierte - hatte den folgenden Wortlaut:

Als ich in Compiègne von Madame de Pompadour Abschied nahm, beauftragte sie mich, dem König von Preußen ihre respektvolle Ehrerbietung zu übermitteln, man konnte einen Auftrag nicht liebenswürdiger und ehrerbietiger geben. Sie legte all ihre Bescheidenheit hinein und fügte mehrmals "wenn ich es wagen darf" und "ich bitte um Vergebung" und "wenn ich mir dem König von Preußen gegenüber diese Freiheit nehme" hinzu.

Es scheint, daß ich mich meines Auftrages schlecht entledig habe. Als Mann, ganz erfüllt von dem Hofe Frankreichs, glaubte ich, daß das Kompliment gut aufgenommen werden würde. Er antwortete nur trocken: Ich kenne sie nicht.

Geschickt hatte Starhemberg das Gespräch auf Voltaire und seinen Aufenthalt in Preußen gelenkt. Er sprach von dem König, seinem Flötenspiel, seiner als geistreich gerühmten Tafelrunde, seiner Bewunderung Voltaires, die Frankreich zur Ehre gereiche.

Er sprach von dem Kammerherrnschlüssel, dem Kreuz des Verdienstordens, den 20.000 Livres Jahresgehalt, der freien Wohnung, Tafel und Equipage, die Voltaire in Sanssouci und Berlin genoß.

Die Marquise hörte dem Gesandten schweigend zu.

Keine Wimper zuckte. Kein Zug in dem schönen bleichen Gesicht verriet, was in ihr vorging. Die Ausdauer ihres Körpers, ihrer Nerven hatte nachgelassen. Ihre eiserne Willenskraft hielt stand. Sie knüpfte da an, wo Starhemberg sie unterbrochen hatte.

“Es wäre das beste, Graf, wir ließen Herrn von Choiseul baldigst nach Versailles kommen.”

Jeanne dirigierte ihren Wagen nach der rue Rivoli. Sie hatte auf Berryers Rat Paris lange gemieden. Heute dachte sie weder an den Pöbel, vor dem der Polizeirichter sie gewarnt hatte, noch an Vorsichtsmaßregeln, sich vor der rohen Menge zu schützen.

Zuviel war seit gestern, seit der König geradewegs aus den Armen einer seiner Geliebten zu ihr gekommen, auf sie eingestürmt.

Finster blickte sie in den Schoß. Ihre Zähne gruben sich in die Unterlippe, daß sie blutete. Weshalb hatte Starhemberg ihr von Voltaire und dem verhaßten Preußenkönig gesprochen?

Wollte er sie absichtlich kränken? Wußte er wirklich nicht, wie tödlich dieser Friedrich sie beleidigt hatte? -

Die Rappen rasten durch die Straßen. In der warmen Herbstsonne leuchteten die Scharlachdecken des Wagens wie rotes Blut.

Die Leute stürzten an die Fenster und in die Türen.

Sie schnitten der Marquise Grimassen und ballten die Fäuste gegen sie.

Aus einer Rotte Arbeiter wurde ein Stein gehoben und ihrem Wagen nachgeworfen. Halbwüchsige Bengels verfolgten die Equipage eine kurze Weile und riefen Jeanne gemeine Schimpfreden nach, bis der Atem ihnen versagte. Weiber spuckten in weitem Bogen nach ihr aus.

Aber die Rappen waren schneller als die Meute, die ihnen auf den Fersen war.

Wohlbehalten erreichte Jeanne die rue Rivoli und die Stufen, die zum Atelier ihres alten Freundes Boucher führten.

Jeanne atmete auf; ihre Stirn entwölkte sich.

Des Malers unverwüstlicher Optimismus, seine laszive, immer amüsante Unterhaltung, die leichtlebige Gesellschaft, die man fast ausnahmslos bei Boucher traf, sollten ihr für eine kurze Stunde wenigstens freudigere Bilder malen als die Fratzen und Karikaturen, die sie seit gestern abend, seit der Rückkehr Louis' aus dem Hirschpark, seit ihrem Besuch bei Starhemberg, verfolgten.

Schon ehe Jeanne die Tür geöffnet, drang ihr Gelächter und Gläserklingen entgegen.

Sie blieb einen Augenblick auf der Schwelle des Vorzimmers stehen, das farbensatte Bild zu umfassen, das des Pinsels eines Rubens würdig gewesen wäre.

Unter den gestickten Wandteppichen von Beauvais saß auf einem Ruhebett aus Lyoner Seide Boucher, in seiner malerischen Arbeitstracht eines venezianischen Dogen. Lachend hielt er einem blutjungen, schönen, halbnackten Geschöpf das Champagnerglas an die schwellenden Lippen.

Gegen die reichen Schnitzereien Verbercks gelehnt, über denen Bouchers "Venus im Bade" und die "Geburt der Venus" in ihren leuchtenden Farben schimmerten, standen Graf Gontaut und der Marquis von Chétard, zwei bekannte Pariser Lebemänner, und sahen mit lüsternen Augen auf das halbnackte Mädchen und die großen und kleinen weiblichen Bühnensterne, die sich nachlässig um das Ruhelager zu Füßen des Meisters gruppiert hatten. In ihren extravaganten, teils kostbaren, teils zigeunerhaft abgerissenen Toiletten deckten sie den Boden mit seltsam zusammengesetzten Farbenspielen. Zwischen den zum Teil bis an die Nagelwurzel mit Ringen bedeckten Fingern hielten sie große dunkelblaue und goldgelbe Trauben von denen sie ab und zu eine Beere zwischen die geschminkten Lippen schoben.

Zu sehr mit sich selbst beschäftigt, hatte die kleine, übermütige Gesellschaft die Ankunft der Marquise nicht sogleich bemerkt.

Boucher, der der Tür zum Vorzimmer gegenübersaß, wurde zuerst auf sie aufmerksam.

Mit jugendlicher Lebhaftigkeit ließ der Fünfzigjährige die leichte Last von seinen Knien gleiten und eilte auf Jeanne zu.

Er küßte ihr beide Hände und konnte der Freude kein Ende finden, sie endlich einmal wieder bei sich zu sehen.

Die Herren verneigten sich tief, Mademoiselle Gauthier, Madame Fauvart und die schlanke Goldini von der Großen Oper küßten der Marquise ehrfurchtsvoll die Hand.

Ein Teil der kleinen Mädchen zog sich scheu in den Hintergrund zurück, die dreisteren küßten den Saum des gestickten Seidenmantels und der schleppenden Robe der Marquise. Sie dachten an eine Gagenerhöhung und einen kühnen Sprung aus dem Chor in das Solopersonal.

Die nackte Kleine, die Boucher von seinen Knien geschoben, hatte sich halb schamhaft, halb kokett in ein rotes Seidentuch gewickelt und sah neugierig mit großen

Augen auf die berühmte Pompadour, die sie nur aus zwei unvollendeten Portraits Bouchers kannte.

Der Meister zog die Kleine lachend nach vorn.

"Du brauchst dich nicht zu verstecken, kleines Mädchen! Die Frau Marquise hat mehr Kunstverstand als sämtliche tote und lebende Maler Frankreichs. Sie wird schon sehen, wozu du gut bist."

Er lüftete das rote Seidentuch.

"Gestatten Sie, Frau Marquise, Demoiselle Murphy, die kleine Morfil genannt, eine jüngere Schwester unseres Akademiemodells. Von väterlicher Seite irländischen Geblüts. Einstweilen noch eine kleine, vierzehnjährige Gans. Aber sie wird sich schon machen."

Boucher warf einen verliebten Künstlerblick auf den vollendet gebauten Körper, das wilde, rotblonde Haar, die blauen Augen, die wie Edelsteine schimmerten.

"Wozu steht Ihnen die Kleine Modell?"

Boucher lachte zynisch.

"Sie wissen, Frau Marquise, daß Ihre Majestät, die Königin, mir eine Heilige Familie für ihre Betkapelle bestellt hat.

"Ihre Majestät sprachen mir davon."

"Nun, zu einer Figur dieses Bildes steht mir die kleine Wilde."

Ein allgemeines frivoles Gelächter folgte dieser Erklärung Bouchers. Wahrhaftig, Modell und Motiv paßten zueinander wie die Faust aufs Auge!

"Zeig' einmal, was du außer dem Schönsein noch kannst, Morfil."

Boucher riß ihr die bergenden Hüllen ab. Dann wandte er sich zu den Kavalieren hinüber.

"Marquis, Sie sollen ja ein vortrefflicher Geigenspieler sein; da, nehmen Sie mein Instrument und begleiten Sie der Kleinen ein paar Tänze. Irgend etwas Hübsches von Rameau oder Lalande. Als moderne Menschen sind wir abgeschworene Lullisten. Wenn die Frau Marquise sich schon zu uns heraufbemüht hat, müssen wir ihr auch etwas bieten."

Boucher schlug in die Hände. Alles machte Platz und bildete einen Kreis um die Kleine, die bei den ersten Klängen der Geige einen phantastischen Tanz auszuführen begann, der mehr wild und ursprünglich als kunstgerecht war.

Jeanne, die auf der seidenen Ottomane vor einer Konsole in Rosenholz Platz genommen, beobachtete aufmerksam jede Bewegung des reizenden, jungen Geschöpfes.

Plötzlich kam ihr eine Idee. Wenn sie die kleine Murphy in den Hirschpark schickte? Als Tochter einer Altkleiderhändlerin und eines Flickschusters, wie sie des weiteren von Boucher belehrt worden war, würde die Kleine schwerlich weder mit blendendem Geist noch mit gesellschaftlichen Formen so stark belastet sein, daß sie ihr gefährlich werden könnte. Diese Art kleiner Mädchen ohne Erziehung fürchtete sie nicht.

Zum erstenmal seit langen Tagen lächelte Jeanne wieder. Ja, sie wollte Lebel ins Handwerk pfuschen. Dieses übermütige Naturkind war das richtige Material für die rue Saint-Médéric. Jung, naiv, vollkommen ungebildet, schön und kerngesund, kokett und entschieden für den Tanz begabt, würde sie den König eine Weile beschäftigen und gefährlichere Elemente fernhalten.

Während nach beendetem Tanz der Marquis sich der Gesellschaft der Kleinen bemächtigte, sie mit süßem Muskateller und Konfekt fütterte, die Damen vom Theater und der Graf sich auf den Champagner und die Leckerbissen stürzten, welche im Nebenzimmer aufgetischt waren, zog Jeanne den Maler beiseite.

Da der Hirschpark längst ein offenes Geheimnis war, brauchte sie, besonders dem alten Freunde gegenüber, nicht viel Umschweife zu machen.

Glaubte Boucher, daß die Kleine zu haben sein würde?

“Zweifellos. Die armen, mit fünf Töchtern gesegneten Leute werden gegen eine Abstandssumme nicht unempfindlich sein. Die Schönheit ihrer Töchter bildet das einzige Kapital der Murphys. Wie es angelegt wird, ist ihnen jedenfalls sehr gleichgültig”, fügte der Maler zynisch hinzu.

“Und die Kleine selbst?”

Boucher zeigte auf einen mit kostbaren Möbelstücken, Waffen, Bildern und Gobelins angefüllten, fast versteckten Winkel seines Ateliers.

Die kleine Murphy lag noch immer, wie Gott sie geschaffen, in den Armen des Marquis von Chétard. In regelmäßigen Abständen küßte der junge, verlebte Mensch die schwellenden Lippen des kleinen Mädchens oder schob ihm eine Konfitüre zwischen die blendend weißen Zähne.

“Voilà, Madame la duchesse!” -

Eine halbe Stunde blieb Jeanne noch im Atelier. Boucher hätte, da er sie nun endlich einmal da hatte, sie gern zu einer Sitzung überredet, aber er fand, daß sie heute wenig vorteilhaft aussähe. Ihre Augen waren matt und überwacht, der Teint fahl, die Haltung nicht so elastisch, wie man es an der Marquise gewöhnt war.

So zog es der Fruchtbare, immer Schaffensfreudige vor, ihr seine neuesten Arbeiten, Porträts aus der Hofgesellschaft und ein paar sehr laszive, in moderner Manier gemalte mythologische Bilder, für die er reißenden Absatz fand, zu zeigen.

Auch einige Skizzen aus der Zeit, da er mit Karl Vanloo in Italien gewesen, und die noch ganz den Einfluß seines Lehrers Lemoine zeigten, kramte Boucher vor.

Dann fragte er nach dem Gedeihen der neuesten Gravüren der Pompadour. Sie gestand ihm, daß sie sich an die Kopie einiger seiner Illustrationen für die große Molièreausgabe gemacht und die Absicht habe, es mit einem der galanten Feste von Watteau zu versuchen.

"Alles nur zu Studienzwecken natürlich."

Aber was sie sagte, klang zerstreut, und über die Bilder fort, die Boucher vor sie hingelegt, sah Jeanne auf die kleine Murphy, die müde und satt, zusammengerollt wie ein kleines Murmeltier auf dem seidenen Ruhebett eingeschlafen war.

Vierundzwanzigstes Kapitel

Der Ankauf des Hôtels d'Évreux, rue du faubourg Saint-Honoré, hatte einen neuen Sturm gegen die Pompadour heraufbeschworen.

Man wußte, daß sie tief in Schulden steckte, daß die Jahresrente, die ihr der König ausgesetzt hatte, seine reichen Geldgeschenke längst nicht ausreichten, ihren Luxus zu bestreiten. Man wußte auch, daß der Ankauf dieses neuen Hauses, welches der Pompadour immerhin nur ein Pariser Absteigequartier bedeutete, 73.000 Livres gekostet, daß sie es überdies vom Keller bis zum Dachgeschoß hatte neu und überaus kostbar einrichten lassen. Fiel dem König, und was dasselbe bedeutete, dem Staat auch diese neue Last wieder zu?

In immer neuen Schmähschriften warf man der Marquise die Verhöhnung der allgemeinen Not vor. Man beschimpfte sie, wo immer man ihrer habhaft werden konnte. Nach der ersten Nacht, die sie im Hôtel d'Évreux zugebracht, fand sie an der Ostwand ihres neuen Hauses einen Zettel mit der obszönen Inschrift:

"AEdes reginae meretricum."

Das war zuviel! Wahrlich zuviel!

Was nützte es ihr, daß sie nicht mehr des Königs Geliebte war, daß ihre Beziehungen zu der Königin, den Prinzessinnen, der Dauphine die besten waren, daß sie die Töchter dem Herzen des Vaters wieder nähergebracht, seit sie das Liebesnest unter dem Dache von Versailles verlassen hatte, wenn der allgemeinen Hetze gegen sie nicht Einhalt getan werden konnte? Wußte sie, ob nicht am Ende weniger das Volk als die Kirche hinter diesen neuerlichen Schmähungen steckte? Sollte sie darauf warten, daß die Geistlichkeit sich aufs neue öffentlich gegen sie erhob, ein zweites Mal den König von ihr loszureißen trachtete?

Nein, sie wollte der Kirche keine Zeit zu einem zweiten Angriff lassen.

Unvergessen waren die schwarzen Schrecken jener Tage, da sie den König schon verloren zu haben glaubte.

Einen einzigen Weg gab es, der ihr Sicherheit bot, ein einziges Ziel, das ihr Ruhe verhieß: Der Weg hieß Versöhnung mit der Kirche, das Ziel eine Stellung am Hof der Königin.

Als Palastdame Maria Leszinskas würde der feindliche Ansturm gegen sie schweigen. -

Die Komödie, sich der Königin als reuige Sünderin zu nahen, hätte sie sich gern geschenkt, aber sie wußte, nur die Priester konnten ihr die Bahn zu einer Vertrauensstellung bei der Königin freimachen.

Mit eiserner Konsequenz, mit unbeugsamer Willenskraft machte Jeanne sich an ihre neue Aufgabe.

Den König weihte sie nur so weit ein, als es ihr unbedingt notwendig und nützlich erschien. Von ihren kirchlichen Bestrebungen hielt sie ihn absichtlich fern. Wozu ihn wieder in unmittelbare Nähe der Priester rücken? Er war im Moment durch die übermütige Murphy und die unaufhörlichen Streitigkeiten mit dem Parlament vollauf beschäftigt.

Seine Fürsprache bei der Königin würde sie in Anspruch nehmen, sobald der Zeitpunkt dafür gekommen war.

Jeanne hatte Père de Sacy, einen leicht zugänglichen Jesuitenpriester von milder Denkart für ihre "Bekehrung" ausersehen. Sie zweifelte nicht, daß dieser Mann, bekannt für seine Nachsicht mit den Sünden und Schwächen der Zeit, ihr ohne Schwierigkeit die Absolution erteilen würde. Als Auftakt zu der eigentlichen Handlung begann sie ihr Leben nach den neuen Prinzipien zu regeln. Sie besuchte täglich die Messe in Nôtre Dame; nicht etwa in der vergitterten Loge, die der König ihr seit Jahren zur Verfügung gestellt hatte, nein, sie kniete unten im Schiff der Kirche zwischen Bettlern und gemeinem Volk.

In der Gesellschaft erzählte sie jedem, der es hören wollte, daß sie sehr ernsthaft an ihr Seelenheil denke, daß sie seit dem Tode ihres geliebten Kindes tief bereuend in sich gegangen sei.

Trotz ihrer frommen Miene schenkte man ihren Worten wenig Glauben. Im Gegenteil, man bespöttelte und kritisierte diese neue Laune der Pompadour weidlich hinter ihrem Rücken.

Man bezweifelte die plötzliche Sinnesumkehr dieses Freigeistes, dieser Freundin Voltaires und der Encyklopädisten. Oder war sie beides nicht mehr, seit Voltaire Frankreich grollend den Rücken gewandt und am Preußenhof weilte?

Erst als man die Pompadour im täglichen Verkehr mit Père de Sacy sah, fing man an, ihren Worten zu trauen.

Der gute Pater enttäuschte Jeanne. Zwar erfüllte er in bezug auf eine milde, nachsichtige Beurteilung, auf eine große Geschicklichkeit, die Dinge dieser Welt mit den Anforderungen des Himmels unter einen Hut zu bringen, all ihre Erwartungen. Dafür aber war seine Methode umständlich und langweilig. Es gab weitschweifige Pourparlers, in der der Priester ihre Wünsche weder zurückwies, noch sie zu erfüllen versprach, endlose Auseinandersetzungen über den Standpunkt der Marquise zur Philosophie, vorsichtige Tastübungen in bezug auf die Sündhaftigkeit ihrer Beziehungen zum König.

Jeanne wurde ungeduldig. Sie erklärte ihrem Beichtiger kurz und bündig, daß sie den Segen der Kirche brauche, um ein ihr und dem König erwünschtes Amt bei der Königin zu erlangen.

Père de Sacy wurde verlegen. Sehr allmählich erst kam er zu einem peinlichen Punkt, der ihm offenbar schon lange auf der Seele gelegen hatte: Er eröffnete seinem zornigen Beichtkind, daß an eine Absolution nicht zu denken sei, ehe die Marquise sich nicht mit ihrem Gatten ausgesöhnt, nicht reuig zu ihm zurückgekehrt sei, und zwar müsse sie selbst die Verzeihung Herrn d'Étioles erbitten.

Jeanne stutzte. An diese Bedingung hatte sie allerdings nicht gedacht. Was dann, wenn Charles sie noch immer liebte, ihre Annäherung nicht für eine leere Form, sondern für eine Sache des Herzens hielt?

Père de Sacy erbot sich, der Marquise den schwierigen

Brief aufzusetzen.

“Meinetwegen!” gab sie kurz zurück und eilte davon.

Während der schwerfällige Priester sich mit der Abfassung des ehelichen Reuebriefes abmühte, war Jeanne längst ein erlösender Gedanke gekommen. Noch ehe Père de Sacy mit seiner Aufgabe zu Ende war, stand der Prinz von Soubise, einer der ergebensten Freunde der Marquise, bereits vor Charles Guillaume d’Étioles und teilte ihm mit, daß er nächsten Tages einen Brief der Madame Pompadour erhalten werde, in dem sie seine Verzeihung erbitten und den Wunsch, zu ihm zurückzukehren, äußern würde.

Mit väterlicher Geste legte der Prinz dem verdutzten Ehemann die Hand auf die Schulter.

“Mein lieber Herr d’Étioles”, in der Stimme des Prinzen lag eine ziemlich deutliche Warnung, “ich möchte Ihren Entschlüssen keineswegs vorgreifen, noch Ihren Willen beschränken, aber ich möchte Ihnen in aller Freundschaft den guten Rat geben, das Anerbieten der Frau Marquise zurückzuweisen. Sie dürften im gegenteiligen Fall den König schwer erzürnen.”

Gleichzeitig überreichte der Prinz einen Brief Machaults ähnlichen Inhalts, den die Marquise ihm aus Vorsicht mitgegeben hatte.

D’Étioles, der seit der Begegnung mit Jeanne am Totenbette Alexandras der einst so heiß geliebten, lange zurückersehnten Frau nur noch mit bitterer Verachtung gedachte, hätte auch ohne die Vorsichtsmaßregeln seiner Gattin einen Annäherungsversuch abschlägig beschieden.

Er hatte sich in sein Schicksal gefunden und trug es mit

einer Art stumpfer Gleichgültigkeit, aus der nichts und niemand ihn mehr herausreißen konnte.

Die offiziöse Mitteilung des Prinzen verursachte ihm nicht den geringsten Seelenkampf. Gleich nach Eingang des angekündigten Briefes beeilte er sich, Madame de Pompadour in den respektvollsten Ausdrücken mitzuteilen, daß er ihr von ganzem Herzen verzeihe, aber nicht daran denken könne, sie wieder bei sich aufzunehmen.

Mit der Waffe dieser heißersehnten Antwort in der Hand machte Jeanne sich daran, ihren letzten und größten Trumpf auszuspielen.

Die Jesuiten, die ohne eine Wiedervereinigung mit d'Étioles ihr niemals Absolution erteilen würden, konnten ihr, wie die Dinge lagen, nichts mehr nützen. Was hinderte sie, endlich einen Racheplan auszuführen, den sie seit lange gehegt?

Die Stunde war gekommen, das Schreiben an den heiligen Vater aufzusetzen, das sie seit Jahren in ihren Gedanken bewegte. Ein Schreiben, in welchem sie die Jesuiten für die Ausschweifungen des Königs verantwortlich machte und sich selbst von allen Sünden rein wusch. Jeanne machte sich ohne Besinnen ans Werk.

Sie schrieb:

Anfang 1752 wurde ich durch Gründe, über die es unnütz wäre, Rechenschaft zu geben, bestimmt, dem König nur noch Gefühle der Dankbarkeit und der reinsten Zuneigung zu widmen, und ich erklärte dies Seiner Majestät. Zugleich bat ich Seine Majestät, die Gelehrten der Sorbonne zu befragen und seinem Beichtiger zu schreiben, daß dieser noch andere befragen möchte, damit ein Mittel gefunden werde, mich, weil er das wünschte, in der Nähe seiner Person zu belassen, ohne daß ich dem Verdacht einer Schwäche, die ich nicht mehr hatte, ausgesetzt wäre. Der König, in Kenntnis meines Charakters, wußte, daß er von meiner Seite nie wieder etwas zu hoffen hatte, und willigte in meine Wünsche ein. Er ließ die Gelehrten befragen und schrieb an Pater Pérussau, der ihm eine vollständige Trennung befahl. Der König antwortete ihm, er sei durchaus nicht in der Lage, darauf einzugehen; nicht um seinetwillen wünsche er ein Arrangement, das dem Publikum keinen Verdacht mehr lasse, sondern zu meiner eigenen Genugtuung; ich sei ihm zum Glücke seines Lebens und zum Gedeihen seiner Angelegenheiten nötig, ich sei die einzige, die es wage, ihm die den Königen so nützliche Wahrheit zu sagen usw. Der gute Pater hoffte, jetzt könne er sich zum Herrn über den Geist des Königs machen, und wiederholte täglich dasselbe. Die Gelehrten schickten Antworten, nach denen ein Arrangement möglich gewesen wäre, wenn die Jesuiten zugestimmt hätten. -

Im Verlauf des weiteren Schreibens teilte die Marquise Seiner Heiligkeit dem Papst Benedikt XIV. mit, daß die Dinge durch einige Jahre so ihren Lauf genommen hätten, daß sie sich selbst vor wenigen Monaten im Gefühl aufrichtiger Reue und Sehnsucht nach Bekehrung an den Père de Sacy gewandt habe, daß sie seinem ausdrücklichen Wunsch, eine Versöhnung mit ihrem Gatten anzubahnen, gefolgt sei, dieser Versuch aber von Herrn d'Étioles abschlägig beschieden worden sei. Sie schilderte in beredten Worten ihre und des Königs vergebliche Bemühungen, an die Herzen der Jesuiten zu klopfen und wie man sie überall abschlägig beschieden habe. Der König, der keinen lebhafteren Wunsch hatte, als seine christlichen Pflichten zu erfüllen, wurde jeder Möglichkeit dazu beraubt und fiel nach und nach in dieselben Irrtümer zurück, aus denen es ein leichtes gewesen wäre, ihn zu befreien. -

Die Marquise wartete ungeduldig auf eine Antwort aus Rom, die niemals kam. Sie tröstete sich schließlich mit der Genugtuung, daß der Papst wenigstens durch sie erfahren habe, wie es in Frankreich um den unheilvollen Einfluß der Jesuiten bestellt war.

Von ihrem ehrgeizigen Plan, in die unmittelbare Nähe der Königin zu gelangen - die Prinzessin Conti hatte ihr versprochen, die Königin vorzubereiten - gab Jeanne kein Jota auf.

Es galt jetzt auf eigene Hand, ohne die Unterstützung der Kirche, zu handeln.

Sie besprach mit dem König jeden einzelnen Schachzug ihres beabsichtigten Spieles.

"Versuche, Maria Leszinskas Herz zu rühren", riet der König mit leichtem Spott, "du kommst jedenfalls weiter damit, als wenn du an ihren Verstand appellierst."

"Wird Ihre Majestät über ihre religiösen Skrupel fortkommen?"

Louis zuckte die Achseln.

"Das wird auf die Geschicklichkeit ankommen, mit der du deine Sache führst; am Ende bin ich auch noch da."

Jeanne war nicht ganz so siegesgewiß wie bei früheren Operationen. Sie kämpfte leichter und lieber mit den bewährten Waffen ihres klugen Kopfes als mit den problematischen ihres Herzens. Immerhin machte sie sich kampfbereit.

Mit dem Brief ihres Gatten in der Hand eilte sie nach Fontainebleau.

Unter Tränen versicherte sie die Königin ihrer tiefsten Reue.

“Ich habe gesündigt, Euer Majestät, niemand weiß es besser als ich. Aber ich war zu jeder Buße bereit. Ist es meine Schuld, daß mein Gatte taub für meine Tränen, meine Bitten blieb? Daß er seine Tür vor mir verschloß! Ist es meine Schuld, daß die Kirche sich meiner nicht erbarmen will? Sich das Ohr verstopft vor dem Schrei meiner Buße!”

Sie hatte sich der Königin zu Füßen geworfen und küßte den Saum ihres Kleides.

“Nur ein Wort, Majestät, daß Sie an meine Reue glauben!”

Der gutmütigen Königin standen die Tränen in den Augen. War es nicht eines der vornehmsten Gebote der christlichen Religion, dem reuigen Sünder zu vergeben?

“Stehen Sie auf, Marquise, ich bitte Sie darum - ich - ich glaube an Ihre Reue!”

Jeanne war lebhaft emporgeschnellt.

“Und Euer Majestät erfüllen meinen heißen Wunsch, den die Prinzessin Conti Euer Majestät schon angedeutet haben?”

Maria Leszinska hatte sich abgewandt. Verlegen nestelte sie an den Spitzen ihres dunklen, schleppenden Kleides. Ihre Haltung war zurückhaltend, ihre Stimme kalt geworden, als sie nach einer langen, drückenden Pause sagte

"Das, Frau Marquise, will überlegt sein."

Jeanne begriff, daß sie für den Augenblick nicht eben gnädig entlassen sei. Aber sie gab das Spiel nicht auf. Noch hatte der König nicht gesprochen.

Am späten Nachmittag, zu einer Stunde, da Louis der Königin seit Jahren nicht mehr die Freude seines Besuches gemacht hatte, trat er in die Gemächer Maria Leszinskas. Sie schrak erfreut zusammen und schickte Moncrif, der ihr Corneille vorgelesen, aus dem Zimmer.

Louis küßte ihr artig die Hand und sprach ein paar nichtssagende Worte. Dann kam er auf die Angelegenheit der Pompadour.

Maria Leszinska erschrak. Wollte er wirklich auch diese Sache der Marquise führen?

Gegen jede Gewohnheit ereiferte sie sich heftig.

"Das nicht, nur das nicht! Euer Majestät können befehlen - es ist meine Pflicht zu gehorchen. Aber im Interesse der gesamten königlichen Familie beschwöre ich Euer Majestät, davon abzusehen, einer Exkommunizierten, einer geschiedenen Frau den Platz an meiner Seite geben zu wollen!"

Louis seufzte. Würde er denn niemals zur Ruhe kommen? Am liebsten hätte er der aufgeregten Königin den Rücken gewandt und wäre seines Weges gegangen.

Diesmal aber wollte er standhalten. Er war es sich selbst und der Marquise schuldig. Wie stets war ihre Auffassung der Lage die richtige: Als Palastdame der Königin würde man ihm und ihr mehr Duldsamkeit entgegenbringen. Ein Teil der Hasser und Schmäher wenigstens würde verstummen.

Louis sprach auf die Königin ein. Er stellte ihr vor, wie schwer die Marquise gerungen, auf wie harten, ungerechten Widerstand sie von allen Seiten gestoßen sei. Er brachte Maria Leszinska wirklich zu dem ehrlichen Vorsatz, den guten Willen in die Tat umzusetzen.

Drei Tage später hatte Jeanne ihre Ernennung zur Palastdame der Königin in der Hand.

Maria Leszinska aber sprach zu ihren Getreuen mit Tränen in den Augen und in der gebrochenen Stimme:

“Meine Lieben, ich habe einen König im Himmel, der mir die Kraft gibt, Unrecht zu leiden, und einen König auf Erden, dem ich stets gehorsam sein werde.” -

Wenige Tage nach diesem unvergleichlichen Triumph wurde die frohe Stimmung der Marquise aufs neue herabgedämpft. Pâris-Duverney und Bruder Abel teilten ihr mit, daß der weit vorgeschrittene Bau der “École militaire” mangelnder Mittel halber unterbrochen, möglichenfalls ganz eingestellt werden müsse.

Jeanne wäre nicht die Marquise von Pompadour gewesen, wenn sie sich bei einer Hiobspost beruhigt hätte, die eines ihrer Lieblingsprojekte bis in den Lebensnerv traf.

Ohne den König zu fragen, schrieb sie, nachdem sie Gabriel in gleichem Sinn verständigt, im ersten warmen Impuls einen Brief an ihren alten Freund Duverney, dessen Inhalt der “École militaire” frischen Atem einblies:

Unter keiner Bedingung, mein lieber Nigaud, werde ich kurz vor dem Hafen ein Etablissement scheitern lassen, das den König unsterblich machen, seinen edlen Sinn beglücken und der Nachwelt meine Anhänglichkeit für den Staat und die Person Seiner Majestät bezeugen soll. Ich habe Gabriel verständigt, daß er die notwendigen Arbeiter nach Grenelle schicken soll, um die Arbeiten zu Ende zu führen. Meine diesjährigen Revenuen sind mir noch nicht zugegangen, ich werde sie in ganzer Höhe dafür anwenden, die vierzehntägige Dienstzeit der Handwerker zu bezahlen; ich weiß nicht, ob ich eine Deckung für diese meine Zahlung bekommen werde, aber ich weiß sehr wohl, daß ich mit großer Befriedigung auch hunderttausend Livres für das Glück dieser armen Kinder riskierte. Gute Nacht, cher Nigaud, wenn Sie am Dienstag nach Paris kommen können, werde ich mich sehr freuen, wenn nicht, schicken Sie mir Ihren Neffen gegen sechs Uhr. -

Wenige Monate später geleitete d'Argenson in vierzig Fiakern, von der Scharwache mit klingendem Spiel eskortiert, die ersten jungen Pensionäre des Königs zu der neuerrichteten "École militaire". Heftiger denn je wurde der König von seiner Sinnlichkeit beherrscht.

Madame d'Estrades hatte alle Ursache zu frohlocken. Die reizende Murphy, die eine Weile nicht nur des Königs Sinne, sondern auch sein Herz beherrscht, die er mit Geschenken überhäuft hatte, war für eine Weile vom Schauplatz verschwunden. Sie sah in der Avenue Saint-Cloud ihrer Entbindung entgegen.

Der Zeitpunkt für den Plan der d'Estrades, dem König ihre Nichte zuzuführen, hätte nicht geschickter gewählt sein können.

Charlotte-Rosalie Choiseul-Romanet war wie dazu geschaffen, sich den König im Sturm zu erobern. Schön, von zärtlichem Gemüt, schien sie den beiden Verbündeten ganz die geeignete Person, an die Stelle der Pompadour zu rücken.

Als Tochter eines Präsidenten "au grand conseil" war sie 1751 unter dem Protektorat der Marquise mit einem Vetter Choiseuls, dem Grafen Martial de Choiseul-Beaupré, verheiratet worden.

Da beide Gatten vorteilhafte Stellungen beim Dauphin und Mesdames erhalten hatten, war es nicht schwer, die schöne Charlotte in der Gesellschaft zu poussieren, aber trotz Fontainebleau und der mancherlei Gelegenheiten zu einem heimlichen Liebesspiel, die das Schloß und die Gärten boten, machte die Sache nicht so rasche Fortschritte, als d'Argenson und die d'Estrades gehofft und erwartet hatten.

Der König, schüchtern wie stets Frauen gegenüber, die sich ihm nicht sofort ergaben, schien sich zunächst mit einer zärtlichen Korrespondenz begnügen zu wollen. Die schöne Gräfin dagegen hatte sich's in den Kopf gesetzt, sich dem König nicht eher hinzugeben, bevor sie die Nachfolgeschaft der Pompadour nicht mit allen Rechten verbrieft und versiegelt hatte.

So füllte sich die geheime Kassette Charlotte Romanets mit königlichen Liebesbriefen, ohne daß man einen Schritt vorwärts kam.

In Fontainebleau raunte und tuschelte man von sehr heißen, aussichtsreichen Beziehungen, allein die eigentlichen Veranstalter der Intrige wußten nur allzu gut, daß man in den Präliminarien steckengeblieben war.

Ein Zufall, den die Verbündeten noch oft genug zu beklagen Gelegenheit hatten, fügte es, daß gerade in dem Augenblick, in dem Charlotte Romanet sich geneigt zeigte, auch ohne verbriefte Sicherheiten dem Werben des Königs nachzugeben, Choiseul in geheimer Sendung des österreichischen Kabinetts nach Fontainebleau kam.

Der unglückliche Ehemann hatte nichts Eiligeres zu tun, als dem mächtigen Vetter sein Herz auszuschütten und ihn um Intervention bei seiner stark strauchelnden Gattin zu bitten.

"Schicken Sie sie nach Paris zurück, mein Lieber. So viel ich höre, ist Madame in gesegneten Umständen. Befehlen Sie ihr, bis zur Entbindung vom Hofe fernzubleiben. In vier, fünf Monaten wird niemand mehr etwas von einer Affäre Choiseul-Romanet wissen. Wahrhaftig, es gehen augenblicklich wichtigere Dinge in der Welt vor."

Der arme Ehemann zuckte betrübt die Achseln.

"Wenn Sie selbst mit ihr sprechen wollten, Exzellenz! Ich habe es schon versucht, sie weigert sich aus Furcht vor ihrer Tante und dem Kriegsminister."

Choiseul hatte zwar den Kopf mit einer Mission voll, die um das Wohl und Wehe Europas ging; die Unterredung mit der Pompadour, an die sein Auftrag gerichtet war, brannte ihm auf den Fingern. Aber da er in dem Weltdrama, das sich vorbereitete, selbst eine Rolle zu übernehmen gedachte, lag ihm daran, jeden Schatten einer üblen Nachrede von dem Namen Choiseul fernzuhalten, eine Intrige aus der Welt zu schaffen, die ihn, wäre sie ernst geworden, die Gunst der Pompadour gekostet und so mit einem Schlage all seinen ehrgeizigen Plänen ein vorzeitiges Ende bereitet hätte.

Unter solchen Umständen beschloß Choiseul, diesem Liebesspiel, an das er nicht einmal ernsthaft glaubte, ein rasches Ende zu bereiten.

Er führte sich am gleichen Nachmittag als aufrichtiger Freund bei seiner schönen Cousine ein.

Die nicht allzu begabte Charlotte, die den brennenden Ehrgeiz ihres Vetters kannte, sparte nicht mit leichtverständlichen Andeutungen, daß sie in Bälde in der Lage sein werde, Choiseuls Karriere zu fördern, all seine Wünsche, auch die verwegensten, zu erfüllen.

Binnen einer Viertelstunde hatte Choiseul die eitle Frau so weit gebracht, daß sie als Beweis ihrer kühnen Behauptungen die Geheimkassette herbeiholte und Choiseul einen Blick in die zärtlichen Briefe des Königs gewährte, die gerade so verworren zwischen wahren und erlogenen Gefühlen und schwermütigen Betrachtungen hin und her schwankten, wie die meisten Briefe Louis XV.

Als Choiseul den Beweis in Händen hielt, daß er hier scheinbar wirklich vor einer Krise stand, die ihm selbst am teuersten zu stehen gekommen wäre, bot er sehr energisch seine Autorität als älterer Verwandter auf, Charlotte Romanet von Fontainebleau zu entfernen.

Beide hielten einander Wort.

Die Gräfin fuhr nach Paris, innerlich nicht unzufrieden, einem Kampf entronnen zu sein, dem sie in ihrem augenblicklichen Zustand noch weniger als sonst gewachsen war. Choiseul dagegen paktierte mit d'Argenson und nahm ihm das Versprechen ab, die d'Estrades zu besänftigen.

"Und der König?" fragte Choiseul. "Wird ihn die Angelegenheit ernsthaft beschäftigen?"

"Ich möchte wetten, Exzellenz, daß Seine Majestät sich im schlimmsten Falle ein paar Minuten über die Abreise der Gräfin wundern wird. Die Marquise Coislin beschäftigt den König zu ausgiebig mit ernsten Dingen der Politik. Vorausgesetzt natürlich, daß Madame Pompadour ihm Muße dazu läßt."

Freien Kopfes begab sich der Gesandte zu Starhemberg. Zuvor aber hatte er Sorge getragen, daß, ehe er zur Audienz bei der Pompadour erschien, die allmächtige Frau erfuhr, wie er ohne Befehl und Auftrag für ihre Ruhe Sorge getragen hatte.

Choiseul traf den österreichischen Gesandten in bester Laune an. "Es geht vorwärts, Exzellenz. Ich hoffe mit Bestimmtheit, daß der Vertrag binnen Wochenfrist zustande kommt."

"Zweifellos nach dem, was ich Ihnen bringe."

Choiseul zog einen offenen Brief Kaunitz an Starhemberg aus der Tasche, der klipp und klar bekannt gab, daß man im Kabinett der Kaiserin Maria Theresia aller Zweifel ledig sei und die Marquise von Pompadour dem Prinzen Conti und der Coislin vorziehe.

"Ich bin mit den weitgehendsten Vollmachten an die

Marquise ausgerüstet. Es handelt sich jetzt in erster Stelle darum, den König durch die Pompadour zu einer bindenden Erklärung zu bewegen."

Starhemberg seufzte. "Das dürfte der schwerste Teil unserer Aufgabe sein."

Choiseul schüttelte lachend den Kopf. "Es gibt nichts, lieber Graf, was die Pompadour nicht über den König vermöchte! Neben der katholisch-protestantischen Frage spricht in unserer Sache ein starkes persönliches Moment mit, das wir nicht unterschätzen dürfen, ja, das uns vielleicht die größten Garantien bietet: die Eitelkeit der geborenen Poisson, sich eine Kaiserin zu verpflichten. So liegen die Dinge ja doch, wenn wir ehrlich sein wollen."

Nachdem Jeanne von der zärtlichen Korrespondenz des Königs mit der Choiseul-Romanet erfahren, war ihre Verstimmung gegen Louis XV. ebenso groß, als ihre Dankbarkeit für Choiseul.

Jedoch vor den vertrauensvollen Botschaften Maria Theresias, die der Gesandte überbrachte, verflog jede ärgerliche, eifersüchtige Regung wie Spreu vor dem Winde. -

All ihre Liebenswürdigkeit, allen Zauber ihrer Persönlichkeit bot Jeanne auf, um sich des Vertrauens der österreichischen Kaiserin würdig zu zeigen, ihre Mission beim König zu einem glücklichen Ende zu führen.

Louis XV. war in einer jener Stimmungen, die es ihm nicht leicht machten, Herr seiner hin und her flatternden Gedanken zu werden. Ungeduldig und ein wenig gereizt, unterbrach der König ihre glühende Beredsamkeit.

"Wenn ich nur wüßte, Marquise, aus welchen Gründen

Sie sich so leidenschaftlich für diesen Vertrag einsetzen? Nur aus Haß gegen den König von Preußen? Dieser Einsiedler von Sanssouci, wie er sich zu nennen beliebt, mit seinem Streifchen Land und seiner Handvoll Soldaten gibt doch wahrhaftig wenig Grund, sich zu echauffieren!"

"Sie vergessen, Sire, daß Maria Theresia im Vertrag von Aix-la-Chapelle gezwungen worden ist, Schlesien an Preußen abzutreten."

Louis schwieg, wie er immer schwieg, sobald ihm eine erwartete Antwort unbequem wurde.

"Sie wissen, Sire, daß Maria Theresia nicht die Frau ist, an ihren Taten und Aussprüchen deuteln zu lassen. Graf Choiseul hat Ihnen das Wort Ihrer Majestät der Kaiserin wiederholt: Wenn jemals ein Krieg zwischen mir und dem König von Preußen ausbrechen sollte, werde ich in alle meine Rechte wieder eintreten, oder ich werde mit dem Letzten meines Hauses zugrunde gelten."

Louis rückte unruhig und unbehaglich auf seinem Stuhle hin und her.

"Es ist gegen jede Tradition, daß wir Österreich zu Hilfe kommen. Bedenken Sie das, meine Liebe! Zweihundert Jahre lang haben Frankreich und Österreich in gegenseitigem Haß gelebt. Stets ist es Frankreichs angestrengtes Bemühen gewesen, die anwachsende Kraft Habsburg-Lothringens zu unterdrücken, und jetzt, gerade in diesem Augenblick, wo wir den Kopf mit England voll genug haben -"

Die Marquise war lebhaft aufgesprungen.

"Gerade jetzt, Sire! Gerade jetzt, da England und Hannover samt Hessen-Cassel und Hessen-Darmstadt mit

Preußen im Bunde sind, gerade jetzt, da die protestantischen Länder sich zu einer Allianz zusammenschließen, durch die der katholischen Kirche eine nicht abzusehende Gefahr droht, sollten Euer Majestät keinen Augenblick zögern, in eine Allianz mit Österreich zu willigen, die zugleich der Schutz der katholischen Kirche ist. Ich beschwöre Sie, bieten Sie dem Vertrag von Westminster, in dem England und Preußen sich zusammenschlossen, ein Paroli! Hinter einem Bunde Frankreichs mit Österreich stehen Rußland, Sachsen und Polen. Zögern Sie nicht, Sire!"

Der König antwortete noch immer nicht. Auch er war aufgestanden und gegen das Fenster getreten. Draußen im Park von Versailles begann der Frühling zu blühen. Louis' düsterblickendes Auge gewahrte nichts von seiner schwellenden Pracht.

Ein einziges peinigendes Gefühl beherrschte sein ganzes Wesen. Ob er wollte oder nicht, er mußte sich's einmal wieder klarmachen, wie sehr diese Frau mit ihrem weitsehenden Blick, ihrem raschen Verstand, ihrem energischen Zugreifen ihm überlegen war.

Jeanne sprach fort.

"Es ist nicht das erste Mal, Sire, daß wir über diesen Punkt sprechen. Verzeihen Majestät, wenn ich daran rühre, die Zeiten sind andere geworden seit Frau von Châteauroux die Allianz mit Preußen befürwortete. Ihre Majestät die Kaiserin Maria Theresia hat Ihnen durch Kaunitz, Choiseul, Starhemberg oft genug zu bedenken gegeben, daß, wie die Dinge heute liegen, ein Zusammengehen Österreichs und

Frankreichs ein Gewinn nicht nur für die Macht der katholischen Kirche, nein, auch für den Frieden Europas bedeute."

Der König hatte sich umgewendet. Er hatte ihr entgegenhalten wollen, wie gänzlich abweichender Meinung ihr alter Freund Bernis sei, er hatte ihr zum soundso vielten Male den traditionellen Antagonismus der Dynastien Bourbon und Habsburg-Lothringen vor Augen führen wollen, der Anblick des strahlend sieghaften, beredten Weibes entwaffnete ihn. Einer jener seltenen Augenblicke war gekommen, da Louis sich mit Bewußtsein klein vor ihr machte.

Er reichte ihr die Hand und behielt die ihre fest in der seinen. "Ich bitte die beiden Herren Gesandten und den Minister des Auswärtigen Abbé Bernis um neun Uhr abends zur Audienz."

Vierzehn Tage später, am 2. Mai 1756, unterschrieben Bernis und Starhemberg den ersten Vertrag von Versailles.

Da Richelieu das Kommando der Expedition gegen Minorka führte, hatte Maria Theresia den Wunsch ausgesprochen, den Prinzen Conti an der Spitze der französischen Hilfsarmee gesetzt zu sehen. Unversöhnlich hatte die Marquise diese Absicht Louis' durchkreuzt.

Sie konnte Conti den Versuch nicht vergessen, die Coislin an ihre Stelle zu rücken.

Statt seiner übernahm der Marschall von d'Estrées das Oberkommando. Dem Prinzen von Soubise, einem der treuesten Anhänger der Pompadour, wurde eine Division unter dem Oberbefehl des Marschalls zuerteilt.

Paris und Versailles nahmen nach dem Abmarsch der

Truppen wenig Anteil mehr an dem Franco-Österreichischen Bündnis.

Noch waren keine Schlachten geschlagen, keinerlei aufregende Nachrichten über die Grenzen gekommen. Unbekümmert, zum mindesten sorglos in bezug auf alles, was sich da draußen zwischen Österreich und Preußen begab, gleichgültig gegen die Dinge, die sich auf dem Mittelmeer im Kampfe gegen England abspielten, ging der Pariser seinen gewohnten Beschäftigungen und Vergnügungen nach.

Viel mehr Staub als zukünftige Siege oder Niederlagen wirbelten die inneren Unruhen und Gebresten des Staates auf, die andauernden Kämpfe zwischen Jansenisten und Jesuiten, die stets sich neu wiederholenden Streitigkeiten und Reibereien zwischen König und Parlament.

Schwerere Sorgen als der Krieg bereitete dem Volke von Frankreich die stetig zunehmende Teuerung, die immer drückendere Last der Steuern.

Der Hunger entfachte immer neue Drohungen gegen den König, der längst nicht mehr der "Vielgeliebte" hieß, und seine "blutsaugerische Mätresse".

Fünfundzwanzigstes Kapitel

Am 5. Januar hatte sich Louis XV. zur Feier des Heiligen Dreikönigstages nach Trianon begeben wollen.

Die Marquise war in Gesellschaft von Frau von Brancas, unter starker militärischer Bedeckung, ohne die sie sich seit kurzem nicht mehr nach Paris wagen durfte, in das Hôtel d'Évreux gefahren.

Gleich in den ersten Vormittagsstunden hatte sie die Minister Bernis und Machault zu sich beschieden, um ihnen den Inhalt eines Geheimbriefes von Kaunitz, der sie gestern noch in Versailles erreicht hatte, mitzuteilen.

Jetzt saß sie in ihrem Arbeitskabinett. Collin war eben mit den letzten Aufträgen entlassen worden, die Minister wurden erst in einer halben Stunde erwartet, als sie von einem Brief an Bruder Abel aufschreckte.

Ein wüster, immer mehr anwachsender Lärm war plötzlich unter ihrem Fenster laut geworden. Weiber kreischten, schrille Pfiffe tönten, lautes Gebrüll, untermischt mit den zuerst undeutlichen, dann immer klarer vernehmbaren Rufen:

"Feiner Hund!" "Meuchelmörder!" "Mord!" "Mord!" drangen zu ihr herauf.

Jeanne hatte sich im ersten Entsetzen von ihrem Arbeitstisch am Fenster fort in die Mitte des Zimmers geflüchtet. Ihre flatternden Hände krampften sich um eine Stuhllehne. Sie hielt den Kopf vornübergebeugt. Angstvoll gespannt lauschte sie hinaus. Plötzlich brach ein lauter Wehruf über ihre Lippen.

Nein, das galt nicht ihr, das, das galt dem König. Entsetzliches, Unfaßbares war geschehen. "Der König ist ermordet!" "Fluch dem Mörder!" "Der König ist tot!"

Wie gefällt schlug Jeanne zu Boden. Laut aufschreiend vor Schmerz und Grauen, das Gesicht in den Händen vergrabend. War es wahr? Konnte dies Entsetzliche Wahrheit sein? Louis tot? Der einzige Mann, den sie geliebt hatte, tot? Tot, dem sie alles war. Sie selbst vernichtet. Verflucht, beschimpft von der brüllenden Rotte da draußen. Unbeschützt, der Rache des Dauphins preisgegeben. Hinter Klostermauern verbannt, ausgelöscht aus dem Buche des Lebens, aus dem Buche der Geschichte!

Einen Augenblick schien der wütende Lärm da draußen den Atem anzuhalten. Starren Blickes, weißen Antlitzes richtete sich Jeanne mühsam ein wenig auf und lauschte hinaus.

Irrte sie oder war es das Rollen eines Wagens, das Stampfen von raschen Pferden, das statt des Brüllens zu ihr heraufdrang?

Mit den kalkweißen, erstarrten Händen eine Lehne des Stuhles fassend, neben dem sie niedergestürzt war, hob sie sich schwer vom Boden. In dem gleichen Augenblick wurde die Tür rasch geöffnet. Bernis stand auf der Schwelle.

Tränenüberströmt, schluchzend, stammelnd, keuchend warf sich Jeanne an seine Brust.

“Ist es wahr, mein Freund, ist es wahr?”

Bernis ließ die verzweifelte Frau sanft in einen Stuhl gleiten.

“Trocknen Sie Ihre Tränen, Marquise, es ist nichts oder wenigstens so gut wie nichts geschehen.”

“Er lebt, o Gott, er lebt?”

“Der König lebt! Gelobt sei Gott! Nur eine kleine, kaum nennenswerte Wunde hat der Verruchte ihm in der Schultergegend beigebracht, gerade in dem Augenblick, als Seine Majestät in den Wagen steigen wollten, um sich nach Trianon zu begeben.”

Jeanne faltete die Hände.

“Der König lebt, gelobt sei Gott”, stammelte sie, noch weiß vor Schrecken, Bernis nach.

“Seine Majestät nehmen die Wunde schwerer, als sie nach Ausspruch der Ärzte ist. Sie selbst, Marquise, haben mir anvertraut, daß der Monarch letzthin unter der verzehrenden Angst lebe, das Opfer eines Meuchelmordes zu werden. Nun glaubt er wohl, sein schauriges Schicksal habe sich erfüllt.”

“Ich will zu ihm, ihn aufrichten, ihn trösten. Nur ich, ich allein bin dazu imstande. Hat er nicht nach mir verlangt, mich nicht rufen lassen?”

Bernis wandte den Kopf ein wenig zur Seite.

“Seine Majestät haben die ganze königliche Familie und seinen Beichtiger, Père Desmarets, an sein Lager befohlen.”

“Und Machault? Warum ist er nicht mit Ihnen gekommen, Bernis? Ich erwartete ihn und Sie! Hat ein so alter

Freund in einer so schweren Stunde mir nichts zu sagen?"

In Bernis' noch immer schönes Antlitz trat eine feine Röte.

"Seine Hoheit der Dauphin haben Machault in einem anderen Auftrag -"

"Seine Hoheit der Dauphin?"

Jeanne fragte es atemlos vor Staunen.

Eine kurze, schwüle Pause entstand. Dann sagte Bernis gepreßt, mit einem mitleidigen Blick auf die Marquise:

"Seine Majestät haben während der Dauer seiner Krankheit Seiner Hoheit dem Dauphin die Staatsgeschäfte übertragen."

Mit gefurchter Stirn, die Zähne in der Unterlippe vergraben, die Hände zur Faust zusammengeballt saß die Marquise.

"Der König wird genesen. Es dürfte Monsieur Machault bald gereuen, dem Dauphin gehorsamer gewesen zu sein als mir."

Sie sprach es in eiskaltem, herrischen Ton. Dann richtete sie sich mühsam auf, trat an ihren Arbeitstisch und setzte die silberne Klingel in Bewegung, daß ihr schriller Klang durch das Haus gellte.

Madame du Hausset erschien. An ihren verstörten Mienen sah Jeanne, daß die treue Frau alles wußte.

Jeanne preßte die Hand aufs Herz, das seinen Schlag auszusetzen drohte.

Mit heiserer Stimme gab sie den Befehl:

"Es soll angespannt werden, sofort. Die Rappen, sie sollen laufen, was ihre Lungen hergeben können."

Bernis hob erschreckt die Hand.

"Um Gott, Marquise, Sie wollten -"

"Wie ein dummes, kleines Gänschen nach Versailles laufen? Dem Dauphin geradeswegs in die Arme? Mich von den Wachen fortweisen lassen?" Sie lachte höhnisch auf. "Nein, Exzellenz, da sollten Sie die Marquise von Pompadour doch besser kennen."

Sie wandte sich an die Hausset zurück.

"Ihr Sohn soll nach Versailles fahren, er soll mir rascheste Nachricht von dem Befinden des Königs bringen, Lebel selbst soll ihm Antwort geben." Und leiser fügte sie hinzu: "Lebel soll den König fragen, ob Seine Majestät nicht den Wunsch habe, mich zu sehen. Eilen Sie, Hausset!"

Nachdem die Kammerfrau das Zimmer verlassen hatte, fragte Jeanne spöttisch:

"Wie ist es, Exzellenz, wollen Sie nicht auch die alte Freundschaft vergessen, wie Monsieur Machault sie vergessen hat? Wer weiß, ob es nicht das klügste wäre!"

"Er wich nur der Gewalt, teure Freundin."

Jeanne lächelte melancholisch.

"Sie werden mich bald anders nennen, mein lieber Bernis, morgen, übermorgen, in drei Tagen, wenn ich ein Bonmot von vorgestern geworden bin."

Frau von Brancas trat ein. Sie umarmte die Marquise. Beide Frauen weinten laut. "Es geht bergab mit mir, meine Liebe. Seine Majestät haben es nicht einmal der Mühe wert gehalten, mir Nachricht von dem Unglück zu senden."

Die Brancas tröstete, selbst von der Wahrheit ihrer Worte vollkommen überzeugt.

“Meine Liebe! Sie und der König! Der König und Sie! Das ist ein untrennbarer Begriff. Sie sind sein Herz, sein Kopf, sein Gewissen. Nur zugleich mit seinem Leben wird der König von Ihnen lassen.”

Still blieben sie beisammen. Nach einer Weile fragte Frau von Brancas Bernis leise nach dem Namen des Attentäters.

“Ein gewisser Damiens, ein Fanatiker, wie man sagt.”

“Ein Werkzeug der Jesuiten?”

“Nicht unmöglich. Die einen schreiben den Anschlag den Jesuiten, die anderen dem Parlament zu.”

Mit verhaltenem Atem, die Zähne tief in die blutende Unterlippe vergraben, wartete Jeanne auf die Rückkehr des Boten aus Versailles.

Endlich hörte sie die Hufe ihrer Rappen auf dem Pflaster. Bis ins Vorzimmer stürzte sie dem jungen du Hausset entgegen.

Der arme, junge Mensch zitterte am ganzen Leibe und stützte sich auf seine Mutter, die herbeigeeilt war.

“Was ist? Schnell, sprechen Sie!”

“Das Befinden Seiner Majestät ist befriedigend.”

“Und weiter, rasch doch, reden Sie!”

Der Arme ward grün im Gesicht.

“Es war mir unmöglich, Herrn Lebel zu sprechen. Überhaupt jemand - .”

“Was soll das heißen?” herrschte die Marquise.

“Mut! Mut!” flüsterte die Hausset ihrem Sohn zu.

“Seine Hoheit der Dauphin haben den Befehl gegeben, jedem Boten der Frau Marquise die Tür zu sperren.”

Die Marquise schrie auf. Sie packte den jungen Menschen am Arm und schüttelte ihn.

“Durch wen kam dieser Befehl? Ich will es wissen! Die Wahrheit will ich wissen!”

Der junge Hausset stammelte Undeutliches.

“Lauter!” Sie trat hart mit dem Fuß auf die Marmorfliesen.

“Durch den Herrn Kriegsminister d’Argenson.”

Laut und gellend lachte sie auf.

“Sein Werk also, sein Werk!”

Der Fluch, den sie auf den Lippen hatte, verflatterte. Geschlossenen Auges sank sie gegen Bernis, der hinter ihr stand.

Eine tiefe Ohnmacht hielt sie umfangen. -

Der Tag sank in den Abend. Das Hôtel d’Évreux wurde nicht leer von Besuchern, die aus Neugierde oder wahrer Anteilnahme kamen.

Oft warteten fünfzig Personen und mehr im Vorzimmer, um vorgelassen zu werden. Nur die erprobtesten Freunde wurden empfangen. Boucher, Pâris-Duverney, Gabriel, Bruder Abel, der Herzog von Auteuil.

Die kleine Marschallin von Mirepoix hatte schon mehrmals nachfragen lassen und ihren Besuch angemeldet.

Doktor Quesnay fuhr zwischen Paris und Versailles hin und her. Er fürchtete sich nicht, der Marquise Nachrichten aus dem Krankenzimmer zu bringen.

Immer noch hoffte Jeanne, Machault würde sich eines anderen besinnen, eingedenk seiner glänzenden Karriere, die er allein ihr zu danken hatte, der aufrichtigen Freundschaft, die sie ihm geschenkt. Ayen war auf dem Lande bei seiner Familie. Wenn man ihn benachrichtigte, ehe es zu spät war!

Wie eine plötzliche Vision kam das Erinnern an die Stunde über sie, da Ayen und Richelieu sie dem König im Stadthaus zugeführt hatten.

Trotz alles Schweren, welch eine große Zeit war seit jener Stunde für sie angebrochen! - Triumphierend hatte sie eine Sprosse nach der andern auf der goldenen Leiter des Ruhmes zurückgelegt. Jetzt stand sie oben, eine siegreiche Herrscherin! Herrscherin über den König, über Frankreich, wer wollte es wissen, über Europa vielleicht!

Und das alles sollte der Dolchstoß eines Verruchten vernichtet haben?!

Sie richtete sich ein wenig auf ihrem Lager auf, das die Freunde umstanden. Waren nicht wieder neue Schritte im Vorzimmer lautgeworden? Vielleicht - Ah!

Collin selbst hatte die Tür zum Kabinett der Marquise geöffnet und ließ den Großsiegelbewahrer eintreten.

Jeanne nahm all ihre Kraft, all ihren zähen Willen zusammen.

Während die anderen das Zimmer verließen, richtete sie sich stolz und gerade auf. Ehe sie nicht wußte, wie weit sie Machault trauen konnte, sollte er nichts als die Maske ihrer Gefühle und Gedanken sehen.

Machaults Antlitz, das in Gegenwart Bernis' für einen Augenblick eine lächelnde Miene gezeigt hatte, wurde streng und kalt, sobald sie allein waren. In eisigem Ton fragte er nach dem Befinden der Marquise.

Jeanne umging die Frage.

"Und Seine Majestät der König, wie befindet er sich?"

Machault streifte die Frau, der er in der Tat alles zu danken hatte, mit einem kalten Blick.

"Es ist besser, Frau Marquise, Sie fragen nicht nach dem König."

Jeanne war im Begriff, aufzufahren. Aber sie beherrschte sich. Ein Feind, und als solcher kam Machault, das fühlte sie, noch bevor er zu sprechen begonnen, ein Feind sollte zuletzt in ihr schmerzzerrissenes, zu Tode getroffenes Innere sehen.

"Seiner Majestät Wunsch geht dahin, daß die Frau Marquise Versailles nicht mehr betritt, daß die Frau Marquise -"

Jeanne schnellte auf. Ihre Augen funkelten ihn mit der Wut einer gereizten Tigerin an. Ihre Hände hoben sich drohend gegen ihn.

"Gehen Sie, gehen Sie auf der Stelle, wenn Sie mir nichts anderes zu bringen haben als eine Botschaft des Dauphins. So also sieht Ihre Freundschaft - Ihr Dank aus!"

Sie wendete sich mit verächtlichem Lächelns von ihm ab.

"Auch der meine wird nicht ausbleiben, verlassen Sie sich darauf. Noch bin ich die Marquise von Pompadour!"

Nachdem Machault, froh, der Mission des Dauphins ledig zu sein, die Tür hinter sich geschlossen hatte, brach Jeannes künstliche Fassung zusammen. Sie schleppte sich bis zur Klingel und läutete schwach. Dann brach sie in konvulsivisches Weinen aus. Erst allmählich begriff Bernis, nach dem sie verlangt hatte, was vorgegangen war. Vergebens versuchte er, sie zu trösten, ihr vorzustellen, daß Machault in der Tat nichts anderes als den Befehl des Dauphins überbracht habe.

Bis auf den Grund ihrer Seele verletzt, erklärte sie Bernis, daß sie gehen werde um jeden Preis. Fort von Paris, fort aus Frankreich.

Bei Maria Theresia würde sie eine Heimat finden.

Sie ließ die du Hausset und ihren Haushofmeister kommen. Sie gab Order, das Nötigste einzupacken und nach Bellevue zu bringen. Von dort aus würde sie weitere Entschlüsse fassen.

Trotzdem es fast Nacht geworden, mußte sofort mit dem Einpacken begonnen werden.

Die Marschallin von Mirepoix wäre beinahe über die Gepäckstücke gefallen, die am Fuß der Treppe aufgestapelt lagen.

Lebhaft trat die kleine Frau ins Zimmer. Matt und verweint lag die Marquise auf ihrem Ruhebett. "Sie wollen fort? Ja, warum in aller Welt?"

"Ach, meine liebe Freundin, der König will es so."

"Wer hat Ihnen das gesagt?"

"Monsieur Machault."

Die Marschallin empörte sich ehrlich. "Er steckt mit dem Dauphin und d'Argenson unter einer Decke, dieser Biedermann, verlassen Sie sich darauf. Das fromme Kleeblatt redet sich ein, es stehe mit dem König schlimmer, als die Ärzte wahrhaben wollen. Glauben Sie mir, meine Liebe, es ist alles Lug und Trug. In wenigen Tagen wird der König im Hôtel d'Évreux an der Seite seiner lieben und getreuen Freundin sitzen, der besten, die er auf der Welt hat, oder besser noch, sie nach Versailles zurückbitten."

Die kleine Marschallin sollte recht behalten. Nach kaum einer Woche saßen der König und die Marquise in dem prunkvollen Boudoir Jeannes beisammen und blickten heiteren Auges in die verschneite Pracht des Versailler Parkes.

Der König war glücklich, der Gefahr so leichten Kaufs entronnen zu sein.

Jeannes Hand in der seinen, fragte er in beinahe zärtlichem Ton, nach langer Zeit wieder einmal in das trauliche Du fallend:

"Und wenn es anders gekommen wäre, wenn der Stahl des Mörders mich tödlich getroffen hätte, wie dann, Jeanne? Hättest du dich des Versprechens erinnert, mich den dunklen Weg nicht allein gehen zu lassen, mit mir zu sterben?"

Jeanne drückte die Hand, die in der ihren lag.

"Es hätte keines besonderen Entschlusses bedurft, Sire. Ich wäre schon aus Gram gestorben. Ich war schon jetzt nicht weit davon."

Louis zog galant die schöne Hand an seine Lippen.

"Ich weiß, wenn auf irgend jemand in der Welt, kann ich mich auf Sie verlassen, Jeanne."

"Und Machault?"

Der König runzelte die Stirn.

"Er ist seit gestern entlassen."

Die Augen der Marquise leuchteten auf.

"Und d'Argenson?"

Der König schwieg. -

Wenige Wochen später war auch der siegesgewisse d'Argenson seinem Geschick verfallen, er, der gewähnt hatte, nach dem Sturz Machaults dem König unentbehrlich zu sein.

Ein letzter erbitterter Streit zwischen dem Kriegsminister und der Marquise hatte den Ausschlag gegeben.

Eine Woche nach dem Attentat hatte Jeanne den Polizeiminister zu sich gebeten und ihn ersucht, in den Papieren, die er dem König vorlegen werde, das Attentat selbst so wenig als irgend möglich zu erwähnen, da dem König jede Erinnerung daran die peinlichsten Aufregungen bereite. Der Polizeiminister hatte das Versprechen gegeben, sich nach den Wünschen der Frau Marquise zu richten.

D'Argenson schäumte vor Wut über diese neue Einmischung der Pompadour. Er war kühn genug, ihr dieselbe einfach zu untersagen.

Jeanne, diesmal ihrer Sache gewiß, warf ihm ohne weiteres den Fehdehandschuh hin. Sie schrieb ihm:

Seit lange kenne ich Ihre feindlichen Dispositionen gegen mich, ich sehe wohl, daß nichts imstande ist, sie zu, ändern. - Wie alles das werden wird, weiß ich nicht, aber gewiß ist, daß Sie oder ich vom Schauplatz verschwinden müssen.

Zwei Tage später erhielt der Minister, der das Leben der Marquise durch so viele Jahre mit seinen unausgesetzten Intrigen beschwert hatte, seine Entlassung mit dem strikten Befehl des Monarchen, sich auf seine Güter in Ormes zurückzuziehen.

Jeanne atmete auf. D'Argensons Abschied, dem die Verbannung der d'Estrades auf dem Fuß folgte, befreite sie von ihren erbittertsten Gegnern.

Vom Kriegsschauplatz waren endlich bedeutsame Nachrichten gekommen. Für Jeannes Ungeduld hatte der Marschall d'Estrées bisher viel zu langsam und vorsichtig operiert. Erst im Hochsommer kehrte er als Sieger von Hastenbeck nach Paris zurück.

D'Estrées, der wie die meisten Einsichtigen keinen Segen in dieser Hilfsbereitschaft für Österreich sah, sträubte sich keinen Augenblick, das Oberkommando auf Betreiben der Pompadour an Richelieu abzugeben, der siegreich aus dem Mittelmeer zurückgekommen, nachdem er den Engländern Minorka genommen hatte.

Die Marquise, die im Grunde ihres Herzens Richelieu längst nicht mehr zu ihren Freunden zählte, hätte Soubise weit lieber an der Spitze des Heeres gesehen. Aber da der Prinz erst Generalleutnant war, fürchtete sie die Unzufriedenheit der rangälteren Offiziere zu erregen, wenn sie Soubise zum Marschall machte. In Frankreich war man mit der Wahl Richelieus keineswegs einverstanden. Man murrte sehr laut und öffentlich über die Entsetzung des siegreichen d'Estrées, die man der Pompadour in die Schuhe schob. Auch gegen Soubise, den man als Günstling der Pompadour genügsam kannte, und das Kommando, das die Marquise ihm zuerteilte, nahm man energisch Stellung.

Wenige Monate später schon sollte die allgemeine Unzufriedenheit mit der Wahl der Oberkommandierenden ihre traurige Bestätigung finden.

Am 7. November traf bei der Marquise ein verzweifelter Brief des Prinzen von Soubise ein, in dem er ihr die verlorene Schlacht von Roßbach meldete.

Jeanne war empört über den Sieg Preußens, untröstlich über das Unglück Frankreichs, in Tränen aufgelöst über das Schicksal des Prinzen, das sie um so tiefer beklagte, als Soubise nicht den geringsten Versuch machte, die Schuld für diesen schweren Verlust Frankreichs von sich abzuwälzen. Was nun?

Hatte Bernis recht, wenn er behauptete, daß die Fortsetzung des Krieges sich um nichts glücklicher gestalten würde, daß weder Frankreich noch Maria Theresia über Heerführer verfügten, die es mit dem König von Preußen und dem Prinzen Ferdinand von Braunschweig aufnehmen konnten? Hatte Choiseul recht, wenn er dazu drängte, den Krieg fortzusetzen? Kaunitz, wenn er um eine Erneuerung der Allianz bat?

Ganz Frankreich plädierte für den Frieden. Genug der Schmach an diesem Rossbach! Genug verschleuderter Summen, genug an diesen zehntausend Toten, die allein das Feld von Roßbach deckten. In Versailles und Paris höhnte man Soubise in allen Tonarten.

Auf allen Gassen konnte man die Spottverse hören.

Soubise dit, la lanterne à la main:
J'ai beau chercher, où diable est mon armée?
Elle étoit là pourtant hier matin.
Me l'a-t-on prise; ou l'aurois-je égarée?
Ah! je perds tout, je suis un étourdi;

Mais attendons au grand jour, à midi.
Que vois-je? ô ciel! que mon âme est ravie!
Prodige heureux, la violà, la violà! ...
Ah, ventrebleu! qu'est-ce donc que cela?
Je me trompois, c'est l'armée ennemie!
Frédéric combattant et d'estoc et de taille,
Quelqu'un au fort de la bataille
Vint lui dire: Nous avons pris...
Qui donc? - Le général Soubise.
Ah, morbleu! dit le roi, tant pis,
Qu'on le relâche sans rémise. -

Aber trotz aller Drohungen und Schmähschriften, die auch ihr wiederum auf den Arbeitstisch flogen, wollte die Marquise nichts von Frieden hören. Frieden bedeutete ihr das Aufgeben ihres heißesten Ehrgeizes, ihres höchsten Triumphes: des Sieges über den Preußenkönig.

Weshalb sollte sie den unglücklichen Chancen des Augenblickes weichen, ihnen die Hoffnung auf die Zukunft opfern? Weshalb Frankreich um ein Glück bringen, auf das es alle Anwartschaft hatte, das es in so viel anderen Kriegen bewiesen hatte?

Wies die Geschichte nicht Tausende und Abertausende von Beispielen siegreicher Schlachten auf, die mit einem Schlage alles vorhergegangene Unglück wettmachten?

War nicht der verhaßte Sieger des Tages, Friedrich II., selbst ein lebendiges Beispiel dafür, was Hartnäckigkeit und Ausdauer zu erreichen vermochten?

Ohne sich erst mit dem König zu beraten, ohne Wissen

Bernis', bei dem sie nur auf Widerstand gestoßen wäre, schrieb die Marquise an Kaunitz:

Ich hasse den Sieger, mehr denn je. - Treffen wir gute Maßnahmen, vernichten wir den Attila des Nordens, und Sie werden mich ebenso zufrieden sehen, wie ich jetzt schlecht gestimmt bin. -

Vergebens bäumte sich der Dauphin gegen die Fortsetzung des Krieges auf. Er verabscheute die Politik Choiseuls, den er als treuesten Verbündeten der Pompadour, als erbittertsten Gegner der Jesuiten kennengelernt hatte.

Maria Josepha, die der Fürsprache der Marquise ihre Ehe mit dem Dauphin dankte, die bei ihrem Einzug in Frankreich der mächtigen Geliebten des Königs so liebenswürdig gehuldigt hatte, erzürnte sich am lautesten gegen die Kriegsmanie der Pompadour und ihre unglückliche Hand bei der Wahl der Heerführer.

"Mag die Marquise Generalpächter ernennen", rief die Dauphine in leidenschaftlicher Erregung, "aber sie soll die Hände davonlassen, wenn es Generale für die Armee zu ernennen gilt."

Der König war tief bedrückt. Bleich, finster, wortkarg schritt er einher. Jeanne hatte am meisten unter seiner Stimmung zu leiden. Er stand nicht gegen sie, aber er zitterte vor der Verantwortung, die zu schwer für seine schwachen Schultern war. Stundenlang konnte er bei ihr sitzen, ohne ein Wort zu sprechen. Düster starrte er vor sich hin, in wirrem Chaos trübe Gedanken wälzend.

Selten nur sprach er sich aus. Eines Tages erschien er scheinbar angeregter als während der letzten Wochen.

Jeanne benutzte diese Gelegenheit, ihm Mut einzusprechen.

Vom Kriegsschauplatz waren bessere, wenn auch unkontrollierbare Nachrichten eingegangen.

Louis schüttelte den Kopf.

“Ich glaube nicht mehr daran. Nachdem wir mit allen historischen Traditionen gebrochen, flieht uns das Glück. Die Toten rächen sich dafür, daß wir nicht in ihren Fußstapfen gingen. Unser Landheer wird aufgezehrt, unsere Flotten von den Engländern aufgerieben.”

“Und Minorka?”

“Sie werden es zurückerobern, diese Engländer. Unsere Kolonien werden verloren gehen. Die Arbeit von Jahrzehnten wird vernichtet sein. Die Demoralisation frißt uns auf. Was dann? Was dann?”

Der König legte die Hand über die Augen und seufzte schwer.

Jeanne hatte sich kerzengerade aufgerichtet und einen Blick des Mitleids halb, halb der Verachtung auf den König geworfen.

Des Jammerns müde sagte sie hart:

“Nach uns die Sintflut.”

Sechsundzwanzigstes Kapitel

An einem lachenden Januartage war Jeanne zum letztenmal nach Bellevue zurückgekehrt, um Abschied von einem Besitz zu nehmen, der ihr lange Jahre teurer als jeder andere gewesen war. Sie hatte das Schloß für 325.000 Livres an den König zurückverkauft, um einen Teil ihrer Schuldenlast zu decken, die in den letzten Jahren zu einer enormen Höhe angewachsen war. Louis XV. hatte das Schloß seinen Töchtern zugedacht.

Durch die großen Fenster des Musiksaales sah Jeanne nachdenklich auf die Terrassen hinaus, auf deren Marmorstufen die strahlende Wintersonne glitzerte und gleißte.

Ihre Blicke flogen über die heimlichen Grotten und statuengeschmückten Bassins, über die immergrünen dichten Bosketts, über die Allee italienischer Pappeln mit dem Silberglanz des Rauhreifs auf den entlaubten Ästen, die zu der Nymphengruppe von Pigalle führte. Sie ruhten auf dem marmornen Reiterstandbild des Königs von Genes, auf Coutons wundervoller Apollostatue. Alte Erinnerungen überkamen sie mit zwingender Gewalt. Sie sah das geliebte Kind, das der Tod ihr so unbarmherzig entrissen, mit seinen leichten, federnden Schritten die Stufen zum Feigengarten hinabfliegen, sie sah das goldbraune Lockenhaar um das feine Köpfchen wehen, den lächelnden Mund, mit dem die Kleine sich rückwärts wendend ihr einen letzten Gruß hinaufrief.

Sie sah den König, von Sorgen nicht so hart bedrängt als heute; sie lebte all die guten, heiteren, glücklichen und beglückenden Stunden wieder, die sie gerade in Bellevue mit ihm gelebt.

Sie sah den Vater und Onkel Tournehem, die beide schon den ewigen Schlaf schliefen, an allem, was dies Schloß anging, den liebevollsten Anteil nehmen, sie sah die Gäste, die die Feste des Glanzes in der goldleuchtenden Pracht der Säle mit ihr gefeiert, sah die, die außerhalb des Schwarmes standen und ihr mehr gewesen waren als die große, ihr fremd gebliebene Menge. Vor allem sah sie Bernis, diesen besten und selbstlosesten Freund, der seit den Tagen ihrer ersten Jugend neben ihr geschritten war und der trotz allem ein Opfer ihrer Politik geworden, der um Choiseuls willen hatte fallen müssen.

Ihr Kopf senkte sich, da sie es dachte. Seltsam, wie schwer es ihr wurde, über das Muß dieses Entschlusses fortzukommen!

Sie hatte nicht anders handeln können. Bernis, dieser stete Warner, dieser Mann, der den Frieden zu seiner Mission gemacht, hatte in die Politik des Krieges nicht mehr getaugt. Choiseul war an seine Stelle getreten. Aber oft wünschte Jeanne, es hätte nicht so kommen müssen.

Madame du Hausset war ins Zimmer getreten, um die Marquise zu erinnern, daß der Herr Minister von Choiseul seinen Besuch für die elfte Stunde angesagt habe.

“Ich habe es nicht vergessen, liebe Hausset.”

“Frau Marquise sehen traurig und angegriffen aus”, bemerkte die Getreue voll aufrichtiger Teilnahme.

“Es geht mir auch nicht zum besten, meine Liebe. Sie wissen das so gut wie ich. Seit dem Anfall im Vorzimmer der Königin, seit mich der fatale Herzkrampf nicht bis in das Kabinett Ihrer Majestät gelangen ließ, will das törichte Herz nicht so wie ich. Überdies - ich dachte einmal wieder an den Kardinal Bernis! Wissen Sie, Hausset, wem ich im Grunde dieses harte Muß danke, mit dem ich mich selbst eines meiner besten Freunde beraubte? Niemand anderem, als diesem falschen Hund von Jesuiten, diesem Boyer von Mirepoix!”

Jeanne unterdrückte nur schwer eine Verwünschung.

“Viel hat er mich im Leben gekostet, dieser fromme Mann. Um ein Haar wäre ich selbst im Anfang meiner Karriere sein Opfer geworden, hätte mich der König nicht so heiß geliebt, wäre ich diesem Boyer nicht doch überlegen gewesen! Wenn er dem König damals nicht abgeraten hätte, Bernis die Pension von 20.000 Ecus zu geben, die der König mir schon für ihn zugesagt, niemals wäre Bernis Gesandter, niemals Minister geworden. Er bekleidete jetzt einen hohen kirchlichen Posten. Er wäre glücklicher geworden und ich hätte nicht nötig gehabt, mich von ihm zu trennen, ihm wehe zu tun!”

Jeanne fuhr mit dem Tuch über Stirn und Augen.

“Ah bah! Was nützt das Klagen! Ich schaffe ihn mir nicht wieder, und vielleicht ist es gut so, wie es ist!”

Der Minister wurde gemeldet.

Jeanne empfing Choiseul in ihrem Arbeitskabinett.

Leichten Schrittes, ein Lächeln auf den Lippen, kam der kleine häßliche Mensch mit dem Mopsgesicht auf sie zu, die trotz ihrer Leiden kerzengerade in ihrer königlichen Haltung saß.

Er küßte ihr die Hand und legte ein großes Paket und einen Brief auf ein Tischchen neben dem Arbeitstisch der Marquise.

"So heiter, Exzellenz? Bringen Sie mir etwa eine Siegesnachricht?"

Ihre Lippen krausten sich spöttisch.

"Oder hat unsere neue Allianz mit Österreich eine neue Niederlage gezeitigt?"

"Ich bringe weder Sieg doch Niederlage, Frau Marquise, aber etwas, was Ihnen Freude machen wird. Starhemberg, der leider noch immer bettlägerig ist, hat mich gebeten, Ihnen dieses Schreiben zu überbringen."

Er übergab der Marquise einen Brief aus Wien.

"Lesen Sie zuerst, Marquise, ich werde mir derweilen erlauben, den Inhalt des Paketes zu enthüllen."

Kaunitz schrieb:

Die Kaiserin ist gerührt, Madame, von dem Interesse, welches Sie an Ihrem Bündnis mit dem König nehmen. Sie hat bis heut die Beständigkeit und die Festigkeit gesehen, mit der Sie seit seinem Beginn dem glücklichen System zwischen beiden Höfen treu geblieben sind. Sie befiehlt mir, Ihnen Ihr Wohlgefallen in Ihrem Namen zu bezeugen. Sie nimmt an, daß es Ihnen nicht unangenehm sein wird, und daß der König es nur gutheißen kann, wenn Sie versucht, Ihnen zu bewei-

sen, wie sehr Sie für Ihre Gefühle, für Ihn und Sie empfänglich ist, indem Sie Herrn Grafen Starhemberg beauftragt, Ihnen ein kleines Andenken zu überreichen und den Wunsch auszusprechen, daß Sie es als einen kleinen Beweis Ihrer Gefühle für Sie annehmen möchten.

Ich bin entzückt, daß die Kaiserin sich meiner Person bedient hat, Ihnen diese Gefühle zu übermitteln. Erweisen Sie mir die Gnade, davon überzeugt zu sein, und bewahren Sie mir Ihre gütige Gesinnung, die ich durch die Achtung und unverbrüchliche Anhänglichkeit zu verdienen bemüht sein werde, mit der ich, solange ich sein werde, bin -

Jeanne hatte strahlenden Auges gelesen. Von Minute zu Minute hatte sich ihr Antlitz mehr erhellt, ihre immer noch schönen Züge sich belebt.

Ein sanftes Rot, das sie jung und reizend machte, flog wie Morgensonne über ihr Gesicht.

Choiseul, der wärmer für diese Frau empfand, als er es wahrhaben mochte, stand fasziniert von ihrem Anblick. Nie hatte er sie so strahlend schön gesehen. Seine sonst so hochmütige Haltung schrumpfte vor der Schönheit und dem Geist dieser Frau wieder einmal in Nichts zusammen.

Einem raschen Impulse folgend, zog er ihre Hand an seine Lippen und preßte einen langen heißen Kuß darauf.

Jeanne, mit ihren Gedanken ganz bei der Huld Maria Theresias, bemerkte die temperamentvolle Regung kaum.

Sie trat an das Tischchen, auf dem das Geschenk der Kaiserin seiner Hüllen ledig in der Morgensonne funkelte.

Ein Ruf des Entzückens kam über Jeannes Lippen.

Aus einem wundervollen Schreibzeug von venezianischem Holz, mit den kostbarsten Intarsien, Beschlägen und einer Fülle edelster Steine geziert, leuchtete das brillantenumrahmte Bildnis der kaiserlichen Geberin.

Jeannes Entzücken kannte keine Grenzen. Jedem, der es hören oder nicht hören wollte, erzählte sie von der Huld Maria Theresias. In einem begeisterten Brief an Kaunitz bat sie, ihren Dank zu übermitteln.

Fast schien es, als sei das kostbare Geschenk der Kaiserin nur der Auftakt zu neuen Triumphen gewesen. Maria Theresias Freundschaft wuchs von Tag zu Tag. Bald wurde Jeanne die einzige Vermittlerin zwischen den beiden Höfen, ja, das österreichische Ministerium stützte sich in seiner Politik ausschließlich auf die Nachrichten der Pompadour.

Monsieur Lebel war entschieden schlechter Laune.

In der ruc Sainte-Mérédic, Nummer 4, war es durchaus nicht gegangen, wie es hätte gehen sollen. Der König war unzufrieden gewesen, aber Lebel hatte sich an dieser Unzufriedenheit so unschuldig wie ein neugeborenes Kind gefühlt.

Die Angelegenheit Murphy, so wie sie sich nach und nach entwickelte, kam ganz und gar auf das Konto der Frau Marquise und des Herrn Boucher.

Was konnte er dafür, daß die Kleine, nach ihrer Entbindung übermütig gemacht durch die reichen Geschenke und die allzu huldreiche Art des Königs, durch die Besuche der vornehmen Damen, welche die Neugier in den Hirschpark trieb, an eine von ihnen die freche Frage gerichtet hatte: “Wie weit seid ihr denn mit eurer famosen Alten?”

Was konnte er dafür, daß die Murphy als Antwort auf diese Frage Knall und Fall den Hirschpark hatte verlassen müssen, daß der König ihr 200.000 Livres Ausstattungsgelder und dem Offizier, der die Gefälligkeit gehabt, sie vom Fleck weg zu heiraten und das Kind des Königs zu adoptieren, 50.000 Livres Schmerzensgeld hatte zahlen müssen?

Was konnte er dafür, daß die kleine Louison, die jüngste Flickschusterstochter, dem König sehr bald langweilig geworden war, daß er mit den Schwestern Murphy kein Glück gehabt, wie seinerzeit mit den Schwestern Nesle?

Und nun sollte er gar dafür verantwortlich gemacht werden, daß das schöne Fräulein Romans sich sehr energisch geweigert hatte, im Hirschpark Wohnung zu nehmen, und auf einem reizenden kleinen eigenen Hause in Passy bestanden hatte!

Sacre nom de dieu, was zuviel war, war zuviel. Er hatte genug davon. Er wollte mit dem ganzen Weiberkram nichts mehr zu tun haben.

Nach kaum zwei Minuten aber war sein Zorn verraucht. Lebel schmunzelte wieder. Wahrhaftig, man konnte es dieser Anne Romans nicht übelnehmen, daß sie ihre Ansprüche gestellt hatte. Sie stammte ja am Ende nicht aus einem Flickschuster- und Altkleidergewölbe, sondern war die Tochter eines Advokaten in Grenoble und war dem König in aller Form von ihrer Schwester, Madame Varnier, in den Gärten von Marly vorgestellt worden.

Und die Hauptsache - Lebels Schmunzeln verwandelte sich in ein wollüstiges Grinsen - schön war sie, schön wie ein orientalisches Märchen.

Üppig und groß, ein wenig zu groß vielleicht, dabei aber von den herrlichsten Formen. Eine feine weiße, seidige Haut und kohlschwarzes wundervolles Haar, in das sie sich wie in einen langen Mantel wickeln konnte. Unter fein geschwungenen Brauen lohten glutheiße schwarze Augen. Eine edle Nase und der reizendste kleine Mund mit den weißesten Perlenzähnen vollendeten das köstliche Frauenbild.

Wahrhaftig, der König war zu beneiden. Er war denn auch nicht schlecht verliebt! Himmel und Hölle hatte er in Bewegung gesetzt, diese Romans zu besitzen. Dieu merci, nun war er so weit und würde für eine Weile Ruhe geben. Aber durchgemacht hatte man, bis es so weit gekommen, durchgemacht!

Ganz erschöpft von der Erinnerung an die Martern dieser qualvollen Ereignisse lehnte Lebel sich in seinen bequemen Sorgenstuhl zurück, schlürfte den Tokayer, der vor ihm stand, und aß die kalte Frühstückspoularde zu Ende, die er beim Beginn seiner Reminiszenzen griesgrämig zurückgeschoben hatte.

Ein Narr, der sich eine gute Stunde verderben ließ!

Erst nachdem die schöne Romans in dem verschwiegenen Häuschen in Passy dem König einen Sohn geboren hatte, hörte Jeanne von dieser neuen Liebschaft.

Schwerer betroffen von einem Ereignis, das sich außerhalb des Hirschparkes abspielte, als sie selbst es für möglich gehalten, rief sie umsonst die Lehren Madeleine Poissons zurück.

Gewiß, sie wollte nicht verzweifeln, daß eine neue Leidenschaft den König gepackt, sie wollte ihm doppelt an Geist und Güte geben, aber ach, sie vermochte es nicht.

Der stetig zunehmende Kampf mit den von Minute zu Minute wechselnden Stimmungen des Königs, die angestrengten Arbeiten mit den Ministern, die unablässige Sorge um den Krieg hatten sie matt und widerstandslos gemacht.

Umsonst versuchte Quesnay ihren in immer kürzeren Intervallen auftretenden Herzaffektionen Herr zu werden. Umsonst tröstete Frau von Brancas. Umsonst appellierte Jeanne an ihre eigene Willenskraft. Sie blieb dabei, daß die Romans im Herzen des Königs wahre Liebe entzündet habe, daß er ihr verloren sei.

"Ich bitte euch, meine Lieben, wie sicher muß diese Romans ihrer Sache sein, daß sie sich überall mit ihrem Kinde zeigt? Daß sie ihren Stolz dareinsetzt, diesen Knaben, in kostbare Spitzen gehüllt, wie einen jungen legitimen Prinzen durch das Bois zu tragen, den herbeidrängenden Menschen lachenden Mundes zu sagen: Meine Herren, meine Damen! Geben Sie acht! Erdrücken Sie nicht das Kind des Königs. Würde sie es wagen, wäre sie nicht seiner Liebe, seines Einverständnisses gewiß?"

Unzählige Male hatte Jeanne es auf der Zunge, den König geradeheraus zu fragen. Aber er zeigte sich sofort ungeduldig und ablehnend, sobald sie auch nur Miene machte, von anderen als von politischen Geschäften, kriegerischen Ereignissen, von den Angelegenheiten der "École militaire" und Sèvres, der Königin, den Prinzessinnen zu sprechen.

Auch der Name des Dauphins war ausgeschaltet. Choiseul hatte dem König den Verdacht eingeflößt, Seine Hoheit der Dauphin stehe durch seine Beziehungen zu den Jesuiten zweifellos mit dem Attentat Damiens in Zusammenhang.

Seitdem war der Rest von Zuneigung für den bigotten Prinzen im Herzen des Königs erloschen.

Jeanne durfte die Sorge um diesen letzten ihrer Feinde begraben. Aber auch diese Gewißheit konnte ihr die Ruhe ihres Herzens nicht wiedergeben.

Eines Tages trat der König lebhafter als sonst bei Jeanne ein. Sein Gesicht war gerötet, seine Augen flackerten unruhig.

Sie bemerkte sofort, daß er Ärger gehabt hatte. Er besann sich auch nicht lange, ihr Mitteilung von der Ursache zu machen.

"Ich war bei der Königin", sagte er mißlaunig, "diese notgedrungenen Besuche gehen ja jetzt seltener denn je ohne Ärgernis ab. Maria Leszinska wollte mich mit Augenaufschlag und gefalteten Händen über die Tugenden meines Sohnes belehren. Ich unterbrach sie ungeduldig. Sie begann mir mit verstärkten Gesten eine Predigt über das Verbrechen unseres österreichischen Bündnisses zu halten, das sich furchtbar durch verlorene Schlachten räche, da wurde mir die Sache zu bunt. Ich schlug mit der Faust auf den Tisch, daß ihr Lieblingsstück, die kostbare

Sèvresvase, in tausend Stücke zerbrach. Die Königin weinte bittere Tränen, und ich machte, daß ich aus dem Gemach kam. Wenn ich auch meinen wohlberechtigten Ärger nicht bereue, so möchte ich ihr doch den Verlust der kostbaren Vase so rasch als möglich ersetzen. Sie würden mich verbinden, Jeanne, wenn Sie sogleich nach Sèvres führen und ein schönes Stück aussuchten, in dem Genre etwa, das den Prinzessinnen auf der letzten Ausstellung im Spiegelsaal so wohl gefallen hat."

Mit Freuden sagte Jeanne zu. Sie war froh, dem König gefällig sein zu können. Madame du Hausset begleitete sie nach Sèvres. Der Direktor empfing die Marquise, glücklich über diesen langerwarteten Besuch. Er hatte tausend Fragen zu stellen, an ihren Geschmack und ihre Phantasie zu appellieren. Er hatte ein paar neue Formen anfertigen lassen, eine neue prachtvoll wirkende Farbenmischung probiert.

Jeanne war voll Eifer und Interesse. Wieder einmal fühlte sie, wie sehr ihr diese ihre Gründung ans Herz gewachsen war.

Die Maler, Zeichner und Former wurden herbeigerufen. Jeanne war ganz in ihrem Element. Sie gab Ratschläge, lobte, kritisierte. Sie verstand jede künstlerische Intention, jeden Anflug einer künstlerischen Absicht.

Ein junger venezianischer Maler, dessen Vater in Venedig im Dienst Bernis' gewesen, genoß die besondere Gunst der Marquise.

Der Direktor forderte den jungen Menschen auf, Madame Pompadour sein jüngstes Meisterstück zu zeigen.

Geraldo Bozzi trug eine Vase herbei, die das Entzücken Jeannes erregte. Sie war gerade das, was dem König für die Königin gefallen würde. Mit einer köstlichen Überfülle rankender Blumen bedeckt, lachte das kleine Kunstwerk wie der Frühling selbst.

Jeanne drückte dem stolz errötenden Bozzi lebhaft die Hand. "Bravo, bravo, mein junger Freund! Das haben Sie wirklich trefflich gemacht!"

Nach einer Stunde verließ Jeanne die Fabrik von Sèvres. Kaum daß sie aus ihrem Bereich heraus war, überfiel sie die alte Traurigkeit wieder. Die Anstrengungen der Hausset, die Gedanken der Marquise auf die Erfolge der Fabrik zurückzulenken, waren umsonst.

Plötzlich schnellte Jeanne aus den Polstern ihres Wagens auf und befahl dem Kutscher, zu halten.

"Es ist zwei Uhr", sagte sie leise und aufgeregt. "Die Stunde, in der Mademoiselle Romans mit ihrem Kinde im Bois zu sein pflegt. Ich will sie und den Knaben sehen. Wir wollen durch das Bois gehen."

Vergebens bat die Hausset, sich dieser Aufregung nicht auszusetzen, keine peinliche Szene herbeizuführen.

Jeanne war von ihrem Vorhaben nicht abzubringen.

"Wenn sie mich überhaupt kennt, diese Person, wird sie mich nicht erkennen. Von einer Szene kann keine Rede sein. Und was die Aufregung betrifft -"

Sie unterbrach sich, zog einen dichten Spitzenschal aus dem seidenen Beutel und schlang ihn um den Kopf. Dann schritt sie so schnell aus, daß die Hausset ihr kaum zu folgen vermochte.

Im Dickicht einer Allee, das man der Marquise bezeichnet haben mochte, fanden die Frauen nach kurzem Suchen, wonach die Marquise so stürmisch gedrängt: Anne Romans, ihren Knaben an der weißen Brust.

Jeanne schrak zusammen. Ein eisiger Schauer rann ihr den Rücken entlang, ein heißes Würgen stieg in ihrem Halse auf.

“Mein Gott!” stöhnte sie. “Mein Gott, wie schön ist dieses verruchte Weib!”

Wirklich war es ein schönes Bild: diese junge, üppige Mutter mit dem säugenden Knaben im goldigen Grün des Buchenganges.

Stolz, den klassischen Kopf mit der Fülle schwarzen Haares, das ein kostbarer, diamantengeschmückter Kamm zusammenhielt, ein wenig gesenkt, blickte Anne Romans auf das schöne Kind an ihrem Busen.

Die eiskalte, bebende Hand der Marquise umklammerte die Finger ihrer treuen Begleiterin.

“Geh zu ihr. Sprich mit ihr. Frage sie nach dem Vater!” keuchte Jeanne.

Die du Hausset tat schweren Herzens, was die Herrin sie hieß.

Während die Marquise abgewandt stand, das Taschentuch an den Mund gepreßt, um ihr Schluchzen zu ersticken, trat die Hausset zu der jungen Mutter.

“Ein schönes Kind”, sagte sie mit aufrichtiger Bewunderung.

Anne Romans hob stolz lächelnd den Kopf.

“Ich muß es zugeben, obwohl ich die Mutter bin.”

“Ist auch sein Vater ein schöner Mann?”

“Wunderschön! Wenn ich ihn nennen wollte, Sie würden meiner Meinung sein.”

“Also kenne ich den Vater des Kindes, Madame?”

“Mehr als wahrscheinlich.”

Die Hausset trat grüßend zurück.

Jeanne war wie hingemäht auf einer mosigen Erhöhung des Waldrandes niedergesunken. Sie hatte jedes Wort gehört, was gesprochen worden war.

“Gleicht der Knabe seinem Vater?” fragte sie mit bebender Angst in der Stimme. Die du Hausset nickte stumm.

Langsam erhob sie sich.

“All seine illegitimen Kinder gleichen ihm auf ein Haar! Man sagt, die Ähnlichkeit des Kindes mit dem Vater lasse auf die heiße Liebe seines Erzeugers zu der Mutter schließen. Gott sei’s geklagt, mir hat der Himmel keins beschieden. Wer weiß, ob es ihn nicht unlösbar an mich geknüpft!”

Bittere Tränen rannen über ihre bleichen Wangen, als sie es sprach.

Am Abend des folgenden Tages besuchte die Marschallin von Mirepoix die Marquise.

Der frischen, klugen Frau, die allen Dingen des Lebens die heiterste, gesundeste Seite abgewann, gelang es, Jeanne zu trösten, wie sie sie nach dem Attentat getröstet hatte.

“Mut, Mut, meine Liebe! Der König denkt nicht daran, den Knaben anzuerkennen. Ebensowenig wie den Herzog von Luc und all die anderen. Sie wissen das selbst am besten. Wir leben nicht im Zeitalter des von Ihnen angeschwärmten vierzehnten Louis, der mit anerkennenswerter

Gewissenhaftigkeit für seine illegitime Nachkommenschaft sorgte. Des Königs Neigung zu Mademoiselle Romans wird vorübergehen, wie all seine Neigungen vorübergegangen sind. Er wird sich dauernd weder mit ihr noch mit dem Knaben beschweren. Mehr noch denn andere Männer ist der König Gewohnheitsmensch. An Sie ist er durch Jahre treuester Anhänglichkeit gewöhnt. Sie kennen seine Licht- und Schattenseiten. Er braucht sich weder zu bemühen, Ihnen zu gefallen, noch sich zu fürchten, Ihnen zu mißfallen. Sie durchschauen ihn bis auf den Grund seiner Seele. Er wird Sie ebensowenig verlassen, wie er Versailles und seine Lieblingsgemächer verlassen würde. Seien Sie klug, Marquise. Nehmen Sie die Dinge, wie sie sind. Weiß der Himmel, das Leben hat Sie vor schwerere Aufgaben gestellt, als vor den Kampf mit einer unbedeutenden Schönheit." -

So leicht, als die Mirepoix es sich vorstellte, vermochte Jeanne ihre Ruhe nicht wiederzufinden.

Aber sie fühlte, die Marschallin hatte recht, auch darin recht, daß sie sich nicht in fruchtloser Trauer erschöpfen dürfe. Großes forderte die Zeit von ihr, Großes im Ertragen von immer neuen Schicksalsschlägen, Großes im Aufringen zu immer neuen Entschlüssen.

Mit unerhörter Pein stürmten die Erinnerungen an jüngst Erlebtes auf Jeanne ein.

Ein kurzes Aufatmen nach den Siegen Soubises, und das Kriegsglück hatte sich aufs neue gewandt. Ferdinand von Braunschweig hatte sämtliche von den Franzosen besetzten Plätze angegriffen und wiedergewonnen. Zwischen den beiden Heerführern Soubise und Broglie war ein Kampf entbrannt, heiß wie auf den blutgedüngten Schlachtfeldern. Einer hatte dem anderen die Verantwortlichkeit für die verlorenen Positionen aufgebürdet.

Der eine warf dem anderen vor, zu früh, der andere dem einen, zu spät angegriffen zu haben, die Schuld an der Niederlage von Villinghausen zu tragen, den Verlust von 5.000 Menschenleben auf dem Gewissen zu haben!

Sie hatte bei diesem Streit, in Gemeinschaft mit Choiseul, Soubise im Recht erklärt, den Marschall Broglie von seinem Posten enthoben und ihn auf seine Güter exiliert.

Nur mit Schaudern vermochte sie daran zu denken, wie wenig sie bei diesem Entschluß mit den Sympathien der Pariser Bevölkerung für den populären Helden gerechnet hatte. Mit Entsetzen stand die Erinnerung an die öffentliche Kundgebung im Théâtre Français wieder vor ihr auf, als bei einer Vorstellung des "Tancrède" Mademoiselle Clairon, die unvergleichliche Darstellerin der Aménaide, von der Bühne herab den Vers gesprochen:

On dépouille Tancrède, on l'exile, on l'outrage,
C'est le sort d'un héros d'être persécuté
Tout son parti se tait! Quel sera son appui?
Sa gloire -
Un héros qu'on opprime attendrit tous les cœurs.

Ein einziger Schrei der Empörung aus Tausenden von Kehlen hatte die Luft erschüttert: Ein Vivat Broglie, ein Pereat der Pompadour war wie eine wilde, alles verschlingende Meereswoge über sie hingegangen. Welch ein Triumph, welch eine große Stunde für ihre Feinde!

Hohn und Spott für sie, die sie nur von Sieg und Ruhm geträumt! Sollte Bernis recht behalten, als er die Saat dieses Krieges einen Frevel genannt, aus der Frankreich nur Blut und Schande erwachsen würde!

Alles bäumte sich in Jeanne gegen das Gespenst einer solchen Erkenntnis auf. Nein, tausendmal nein! Sie hatte die Brandfackel des Krieges entzünden helfen, um den verhaßten Feind niederzubrennen, Frankreich groß zu machen. Sollte dieser kühne Plan ein Hirngespinst, ein leerer Wahn bleiben?

Sie glühte wie im Fieber. Ihre Pulse flogen. Nur das nicht, nein! Keinen Schritt weit herunter ins Nichts. Höher, immer höher hinauf zu der goldenen Sonne des Ruhmes und der Größe. Und kaum daß sie es gedacht, traf Frankreich ein neuer Schicksalsschlag.

Die große Verbündete, Elisabeth von Rußland, war gestorben und Peter III. schloß, wider jede Voraussetzung, einen Waffenstillstand mit dem Preußenkönig, dem der Frieden von Petersburg folgte. Was nützte der frühe Tod des Kaisers, da Katharina II. den Frieden bestätigte und strenge Neutralität bewahrte?

Sie rief Choiseul, heut ihren treuesten Freund und Verbündeten. Er sollte helfen, Rat schaffen!

Mit finsterer Miene trat der Minister bei der Marquise ein. Lange gab er keine Antwort auf ihr rasch und herrisch hervorgestoßenes: "Was nun? Was nun?"

"Friedrich erhält freie Hand gegen seine übrigen Feinde", sagte er endlich hart. "Wenn nicht ein Wunder geschieht, sind wir die Leidtragenden und können die Zeche zahlen." -

Die Marquise knirschte. Ihre Eitelkeit, ihr Stolz bäumten sich himmelauf. Schauer des Entsetzens packten sie. Aber sie konnte dem Unabweisbaren nicht wehren. Nah und näher rückte es, Tag um Tag.

Wie ein schwarzes, blutsaugerisches Gespenst reckte es die Arme, krallte es seine beutegierigen Finger um das unglückliche Land.

Soubise wurde aus Hessen vertrieben, Kassel durch den Herzog von Braunschweig zurückerobert.

Der Seekrieg gegen England, bei dem die französische Flotte sich nicht glücklicher gezeigt als das Heer in deutschen Landen, wurde durch den Präliminarfrieden, den der am 10. Februar 1763 zu Paris geschlossene endgültige Frieden bestätigte, ruhmlos beendet.

Nur ein Schritt noch, nur eine armselige Frist von fünf Tagen bis zum Frieden von Hubertusburg, der Frankreichs und der Pompadour stolze Hoffnungen begrub!

Wie gefällt brach die Marquise zusammen. Alles, was sie gewollt, ersehnt, war in das Gegenteil umgeschlagen. Friedrich II. war nicht vernichtet. Der Frieden von Hubertusburg befestigte im Gegenteil die Stellung Preußens unter den ersten Mächten Europas. Maria Theresia, der sie auf Kosten Frankreichs gegen den Verhaßten zu Hilfe geeilt, mußte all ihren Ansprüchen, mußte Schlesien und Glatz entsagen.

Vergebens das Opfer ungezählter Menschenleben, aufgewandter Summen. Vergebens Hoffnungen, Wünsche, Gebete. -

Unter der Maske der Stumpfheit barg Louis XV., was er bei diesem Ausgang empfand, den Bernis ihm vorausgesagt hatte. Er sprach kein Wort zu Jeanne. Das bleiche, schmerzzerwühlte Gesicht, in dem nur noch die wundervollen Augen lebten, jammerte ihn. Mit grimmiger Verachtung strafte er Choiseul und Starhemberg, aber er ließ es zu keiner offenen Fehde kommen. -

In den vielen einsamen Stunden, die dem Friedensschlusse folgten, dachte Jeanne lange und schmerzlich über das Wort, das sie, des königlichen Jammers müde, Louis nach der verlorenen Schlacht von Roßbach entgegengeschleudert hatte.

"Nach uns die Sintflut!" Sie begriff dieses Wort heute selbst nicht mehr.

In dieser Stunde bitterster Selbsterkenntnis ward es ihr klarer denn je, daß sie niemals das Grab als das Ende ihrer Herrschaft angesehen, daß es ihr niemals gleichgültig gewesen war, wie die Nachwelt über sie richten würde. Seit sie den Fuß auf die erste Sprosse der goldenen Leiter gesetzt, hatte sie keinen anderen Gedanken gehabt, als ihren Namen ruhmgekrönt, im strahlenden Glanz, in das Buch der Geschichte einzuschreiben.

An ruhmvoll eroberte Städte, unterjochte Provinzen hatte sie diesen Namen geknüpft gesehen. An all die großen Unsterblichkeiten, die siegreiche Kriege verleihen.

Ja, es hatte in diesem Feldzuge Augenblicke gegeben, da sie Friedrich gnadebettelnd zu ihren Füßen gesehen!

Augenblicke, da sie die Hand des Eroberers auf Hannover, Hessen und beide Sachsen gelegt! Augenblicke, da sie die Fahnen Frankreichs bis an die Schelde getragen hatte!

Und sie hatte des Gerichts der Nachwelt spotten wollen!

Wie Jeanne so gramversunken grübelnd saß, schlich die du Hausset behutsam ins Zimmer. Seit der Minister Choiseul ihr gesagt, er fürchte sehr, daß ihre Herrin vor Kummer sterben werde, hatte die treue Frau nicht mehr den Mut, die Marquise lange sich selbst zu überlassen.

Jeanne verstand den Blick voll Liebe und Angst, der auf ihr ruhte. Sie lächelte schwach.

"Sorge nicht um mich! Es dauert noch ein Weilchen bis zum Sterben. Madame Bontemps hat mir aus ihren Karten prophezeit, daß mir Frist bleiben werde, mich selbst zu erkennen. Ich glaube ihr gern. Es stirbt sich nicht so rasch an Kummer. Sie wird recht behalten, wie die Lebou recht behalten hat, die mir als Kind schon vorausgesagt, daß ich des Königs Geliebte sein würde!"

Siebenundzwanzigstes Kapitel

Ein kalter Februartag. Auf Wiesen und Hecken lag ein zarter Rauhreif. Die Myrten-, Jasmin- und Rosengebüsche in den Gärten von Choisy standen von glitzernden Schleiern überzogen, über die die Sonne ihr goldenes Netz spann.

Jeanne saß fröstelnd und hustend am Fenster ihres Salons und blickte auf das winterliche Bild.

Wie still es in Choisy geworden war! Kein Laut, keine Schritte, kein Sprechen, kein Lachen! Der Hof war nach Versailles gegangen. Sie war zurückgeblieben - eine Kranke.

"Bis zu deiner Genesung, meine arme Jeanne!" hatte der König gesagt.

Jeanne lächelte skeptisch. Sie glaubte an keine Genesung mehr. Niemand, vielleicht nicht einmal Quesnay, wußte so gut wie sie, wie es um sie stand, wie ganz die letzte brennende Eifersucht auf die schöne Romans, in deren Banden der König noch immer lag, wie völlig der unglückselige Ausgang des Krieges sie aufgezehrt hatten.

Sie nahm einen brillantengefaßten Spiegel von dem Tischchen, das mit Medizinflaschen, Pulvern und Riechbüchschen bedeckt neben ihrem Stuhl stand.

Jeanne erschrak vor ihrem eigenen Bilde. Bleich, abgemagert, ein Zerrbild ihrer selbst. Nur ihre Augen leuchteten im alten Glanz, und um ihren blassen Mund lag, unvergänglich wie der Glanz ihrer Augen, jener Zug willensstarker Energie, der sie zur Höhe getragen hatte.

Die bleiche Frau öffnete ein kleines goldenes Döschen, das zwischen den Medikamenten stand. Sie, die die Frauen "qui s'enluminaient la mine" lebenslang belächelt hatte, sie, deren blendender Teint bis auf vereinzelte Krankheitstage niemals eine Nachhilfe nötig gehabt, malte ein feines, täuschendes Rot auf ihre Wangen. Wenn der König heute zu ihr kam, sollte er nicht in ein bleiches, verheertes Antlitz schauen.

Die Hausset trat vorsichtig ein, ein Glas heiße Milch, in die ein Beruhigungspulver gegen den krampfartigen Husten gemischt war, in der Hand.

Sie setzte das Glas neben die Marquise auf das Tischchen. Während sie ihre arme Herrin unauffällig mit einem Blick tiefsten Mitleidens streifte, sagte sie:

"Exzellenz, der Herr Minister von Choiseul bitten, vorgelassen zu werden", und zaghaft fügte sie hinzu, "Doktor Quesnay erinnert, nicht zu lange und nicht zu lebhaft zu sprechen, Frau Marquise."

Jeanne nickte der Hausset freundlich zu. "Ich werde tun, was in meinen Kräften steht, aber du weißt, niemand kann über seinen eigenen Schatten springen, das Phlegma werdet ihr mir schwerlich noch angewöhnen."

Choiseul trat sehr lebhaft ein, der ganze kleine, häßliche Mensch Leben, Bewegung. Seine dicken Lippen lächelten im Triumph.

"Was gibt es? Reden Sie, Amboise! Etwas Gutes? Ich sehe es Ihnen an."

Er eilte an ihre Seite, nahm ihre beiden noch immer schönen Hände und küßte sie.

“Ein Erfolg, Marquise, ein Triumph, an dem wir beide gleichen Anteil haben.”

Jeanne preßte die Hand aufs Herz. Sein Klopfen war so stark, daß sie das Gefühl hatte, es müsse ihrem Körper entfliehen.

“Die Jesuiten?”

Choiseul nickte. Seine lebhaften Augen strahlten. Seine Hand machte eine Geste des Auslöschens.

“Aus, vorbei. Durch den soeben erfolgten endlichen Richtspruch des Parlaments aus Frankreich gewiesen.”

Zynisch, mit heuchlerisch frommem Augenaufschlag fügte er hinzu:

“Gelobt sei Jesus Christus in Ewigkeit, Amen!”

Jeanne war aufgesprungen. Die Freude hatte ihr Flügel verliehen. Aller Decken und Hüllen ledig, stand sie hochaufgerichtet neben Choiseul, die glückfiebernden Hände auf seinen Arm gelegt.

“Ist es wahr, ist es möglich? Sagen Sie, Amboise - sprechen Sie!”

Sie herrschte es in ihrer altgewohnten, raschen Art.

Froh überrascht sah der Minister sie an. Wie sie da neben ihm stand in dem lichtblauen, lang nachschleppenden Gewand von schwerer Seide, das ihre königliche Haltung so vorteilhaft hob, leuchtenden Auges, sanft geröteten Antlitzes, auf dem das geschickt aufgelegte Rot nicht bemerkbar war, atmete Choiseul auf.

Wenn sie doch nicht so krank wäre, wie Quesnay ihm

vertraut? Nicht so rettungslos krank? Wenn die Zuversicht auf glücklichere Tage für die innere Lage Frankreichs sie aufrüttelte, gesund machte?!

Gleich aber wurde er aus seinen Illusionen gerissen. Ihr geschwächter Körper hielt dem Sturm der Freude nicht stand. Ein Zittern überfiel sie. Ihre Zähne schlugen hörbar zusammen.

Choiseul führte sie zu ihrem Stuhl zurück und wickelte sie sorglich wieder in Decken und Hüllen. Sie kämpfte schwer mit harter Atemnot.

"Ruhig, liebe Freundin, ruhig! Wir haben gesiegt über den Erzfeind Frankreichs. Lassen Sie uns mit Gelassenheit diesen Triumph genießen!"

Choiseul zog einen Stuhl neben den Jeannes und behielt ihre fiebernde Hand in der seinen.

"Der Streich war seit langem für den heutigen Tag geplant."

"Ohne mich!" rief Jeanne herrisch, ihre Qualen hinunterwürgend, und entzog ihm ihre Hand.

"Liebste Freundin, das Schwerste lag hinter uns. Hätte ich mich um die Freude bringen sollen, Sie mit dem endlichen glücklichen Ergebnis zu überraschen?"

Aber Jeanne war nicht so leicht umgestimmt. Noch war sie Herrscherin in Frankreich und Choiseul nur ein Minister. Niemand außer dem einen, dem Stärkeren, dem sie sich würde beugen müssen, sollte ihr das Zepter aus den Händen winden.

Choiseul ließ sich durch ihren Zorn nicht beirren. Er wußte, wie wert er ihr war, wie unentbehrlich, doppelt jetzt, da sie, eine Kranke, abseits vom treibenden Strom der Ereignisse lag.

“Unsere biederen Freunde haben sich am Ende aller Enden in ihrer eigenen Falle gefangen.”

“Das Haus Lioncy in Marseille? Der Prozeß des Hauses gegen die Gesellschaft - ?” stieß Jeanne atemlos hervor.

Choiseul nickte.

“- hat für seine sauberen Handelsprinzipien mit der Verurteilung des Ordens geendigt. Übrigens hat die Verhandlung noch andere von uns lange geahnte Mißbräuche an den Tag gebracht. Und da Lorenz Ricci -”

“Dieser Schuft!” knirschte die Marquise.

“- mit seinem ‘Sint, ut sunt, aut non sint’ jede Abänderung der Ordensverfassung verweigerte, war es ein leichtes, die Bande durch Richtspruch des Parlaments, dem das königliche Dekret auf dem Fuß folgen wird, aufzuheben.”

Jeanne sah triumphierenden Blickes geradeaus in die strahlende Winterpracht. Dies Werk ihres Lebens wenigstens von Sieg gekrönt! Durch Jahre ihr angetane Schmach heimgezahlt mit Vernichtung! Der Dauphin im tiefsten Kern seines Lebens getroffen! Gott sei Dank, daß sie es erleben durfte!

Sie drückte Choiseuls Hand. Der Groll war begraben.

“Und der König?”

“Er verharrt in tiefem Schweigen, aber seinen Mienen, dem Ausdruck seiner Augen, - welcher Augen, Marquise! - sah man es an, welch einen tiefen Eindruck ihm der Jubel des Hauses machte.”

“Wir haben ein Parlament von Jansenisten und Philosophen. Der König wird seinen endgültigem Frieden mit ihnen machen."

"Verlassen Sie sich darauf, Marquise!"

Louis hatte sich für den Abend bei Jeanne entschuldigen lassen. Der Herzog von Ayen hatte einen Strauß zartrosa Rosen aus den Treibhäusern Versailles und einen Gruß des Königs gebracht. Eine Ministerkonferenz, die den Wortlaut des Ausweisdekrets festlegte und der er präsidieren mußte, hatte ihn in Versailles zurückgehalten.

Jeanne bedauerte es nicht. Zuviel schon hatte der Tag für ihre schwachen Kräfte gebracht.

Ayen war so erschrocken über den Anblick der Marquise, daß er sich rasch empfahl.

Jeanne sah nachdenklich auf die Blumen in ihrer Hand. "Rose de Pompadour" hatte man die blasse Rosenfarbe in Paris getauft, seit sie in Sèvres mit Vorliebe angewandt wurde. Wie lange würde dieses zarte Rosa ihren Namen tragen? Wie lange würden gewichtigere Spuren ihrer Tage sich unverwischt halten?!

Ayen war in das Zimmer der Hausset getreten, in dem er Doktor Quesnay zu finden hoffte.

Erschreckt fragte er den Arzt, da er ihn wirklich in dem kleinen, lauschigen Gemach antraf, ob das Befinden der Marquise so hoffnungslos wie ihr Aussehen sei?

Quesnay zögerte einen Augenblick mit der Antwort, dann sagte er gelassen:

"Bei jedem anderen Patienten würde ich mit einem uneingeschränkten 'Ja' antworten. Bei der Frau Marquise wäre jede Voraussage eine Vermessenheit. Ihr Geist hat eine so enorme Herrschaft über ihren Körper, ist so klar und willensstark, daß nur ein Tor die Grenze dieses Lebens festlegen könnte, um sich zweifellos gründlich zu irren."

Eine Weile saßen die drei stumm um den Tisch der Kammerfrau.

Nachdenklich sagte der Herzog:

"Ein seltsames Weib! Heute sind es, fast auf den Tag, neunzehn Jahre, seit ich die schöne Jeanne d'Étioles dem König auf dem Stadthausball zugeführt. Ich habe sie in all den langen Jahren kaum für Stunden aus den Augen verloren. Ein Weib aus dem Stoff, aus dem der Schöpfer eine Maintenon geformt. Nur liebenswürdiger, reizvoller. Und doch keine eigentliche Geliebte. Weniger und mehr als das - ein vertrauter Freund und Mitregent, der viel, viel Unglück über Frankreich gebracht hat."

"Ohne es gewollt zu haben, Herzog!" rief Quesnay warm. "An der Schwäche des Königs mußte ihr starker Geist wachsen, in Herrschsucht ausarten. Ihn trifft die Schuld, nicht sie."

Madame du Hausset hatte sich sacht davongeschlichen. Die Angst um ihre Herrin preßte ihr das Herz ab. Was sollte sie auch bei dem, was die Männer über sie sprachen? Sie konnte nicht wägen noch richten. Sie liebte die Marquise mit jeder Faser ihres Herzens. Ihr war sie stets nur die gütige Herrin gewesen.

Nachdem sie gegangen, fragte Ayen:

"Und die österreichische Allianz, gegen die der König sich mit Händen und Füßen gewehrt?"

"Ich bin kein Politiker", gab Quesnay zurück, "ich weiß

nicht, wie viel oder wie wenig bei dieser Allianz mit Österreich gesündigt worden ist, die zum mindesten Choiseuls und Kaunitz' Werk ebenso als das der Pompadour gewesen ist, aber eines weiß ich: Als Kulturstaat hat Frankreich der Marquise viel zu danken - die Grazie und den Geschmack unserer Zeit, die Förderung der Kunst und der Künstler, den Schutz seiner Dichter, seiner Gelehrten, seiner Philosophen."

Der Herzog nickte stumm.

"Die Kunst hat ihr ganzes Herz besessen. Sie ist es auch, die ihr finanzieller Ruin geworden ist."

"Und der Frankreichs", fügte Ayen bitter hinzu.

"Ich will die Verschwendung der Marquise nicht entschuldigen, ich will sie nur zu erklären versuchen. Den Schimpf des Pöbels hat sie nicht verdient. Wo die Marquise vergeudet, hat sie es nicht um leeren, großsprecherischen Prunk getan, sondern um der Schönheit den Weg zu bahnen. Sie hat die Kunst, man darf wohl sagen die gesamte bildende Kunst samt dem Kunsthandwerk trotz aller Prachtliebe auf einen einfacheren Stil, der den Versuch macht, sich der Antike zu nähern, zurückgeführt. Manch armen Schlucker hat sie am Wege aufgelesen, ihm Arbeit und Brot gegeben. Freilich, hätte sie weniger Schönheitssinn, weniger Geschmack, dafür mehr besonnenes Geschäftskalkül besessen, vieles zeigte ein anderes Gesicht."

"Sieht es in ihren eigenen Finanzen wirklich so traurig aus, wie man sagt?" fragte der Herzog. "Die Jahresrente des Königs war doch hoch genug bemessen, und seine Geschenke -"

“Seit Beginn des Krieges hat der König auf eigenen Wunsch der Marquise die Rente um ein Beträchtliches reduziert. Der Verkauf von Bellevue und Crécy hat wohl aufgeholfen, aber nicht genügend. Erst vor wenig Tagen wieder hat Madame du Hausset Lazare Duvaux wertvolle Schmuckstücke, Bijouterien, Tabatièren verkauft und Collin -”

Quesnay unterbrach sich und seufzte schwer:

“Collin hat durch Pâris-Duverney 70.000 Livres aufnehmen lassen müssen. Weiß Gott, das Los dieser Frau ist nicht so neidenswert, wie es für Fernstehende den Anschein hat. Sie hat mehr gegeben, als sie zurückempfangen hat. Der König wird sie bitter vermissen, wenn sie einmal die Augen schließt.”

“Diese Romans wird sie ihm nicht ersetzen”, bemerkte Ayen trübe.

Quesnays Stirn legte sich in tiefe Falten.

“Der König hätte ihr das nicht antun sollen. So erhaben sie darüber scheinen möchte, innerlich kommt die Marquise über die Untreue seiner Sinne nicht fort. Der Kampf gegen ihre brennende Eifersucht hat sie zuviel gekostet.”

Die Hausset trat leise ins Zimmer zurück.

“Sie schläft, Dieu merci. Das Herzklopfen und die Atemnot haben endlich nachgelassen. Der heutige Tag war zuviel für sie.”

In Paris nahm man aufrichtigen Anteil an dem täglich sich verschlechternden Befinden der Marquise. Warmblütig, gutmütig, leicht umgestimmt, war der Pariser geneigt, die Vertreibung der Jesuiten einzig als das Werk der Pompadour zu preisen, über den Erfolg im Innern Frankreichs die Schmach verlorener Schlachten zu vergessen.

Man verglich die Pompadour mit Agnes Sorel, man behauptete, eine alte Prophezeiung gefunden zu haben, die sie gleich der Sorel als Retterin Frankreichs proklamierte. Man sang auf allen Gassen:

Au livre du Destin, châpitre des grands rois,
On lit ces paroles écrites:
De France Agnès chassera les Anglois,
Et Pompadour les Jésuites.

Jeanne selbst erfuhr lange nichts von den Lobeshymnen, in die sich die erbitterten Pamphlete übergangslos verwandelt hatten. Durch viele Tage war sie in halbliegender Stellung an das Bett gefesselt. Die beängstigenden Symptome ihrer Krankheit, die Herzkrämpfe, verbunden mit Erstikkungsanfällen, wiederholten sich in immer rascherer Folge.

Wider jedes Erwarten gelang es der einsichtsvollen Pflege Quesnays eine Besserung herbeizuführen, die durch die Fürsorge und zarte Sorgfalt des Königs wesentlich unterstützt wurde.

Jeder, der Jeanne nahestand, wußte: Diese scheinbare Besserung könne nur eine vorübergehende sein.

Nur die Poeten in ihrem unverwüstlichen Optimismus glaubten ihre getreue Schützerin dem Tode abgerungen.

Mit den ersten frühlingskündenden Sonnenstrahlen schickte Favart warmempfundene Glücks- und Dankesstrophen.

Le soleil est malade
Et Pompadour aussi;
Ce n'est qu'une passade,
L'un et l'autre est guéri;
Le bon Dieu, qui seconde
Nos voeux et notre amour,
Pour le bonheur du monde
Nous a rendu le jour
Avec Pompadour!

An einem warmen Tage um das Ende des März hatte Quesnay eine Ausfahrt in die Gärten gestattet. Der König kam um die Mittagsstunde, Jeanne abzuholen; niemand anders als er selbst sollte die Marquise bei dieser ersten Ausfahrt begleiten.

In ihre kostbaren Pelze eingehüllt, lag Jeanne in den seidenen Polstern des königlichen Wagens.

Die kranken Lungen sogen begierig die sanfte reine Luft ein. Das Auge, strahlend noch und voller Leben, flog über die neuerwachende Pracht der Gärten, über die blauen Veilchenfelder, über die Beete voll blühender Krokos und vielfarbener Hyazinthen, über immergrüne Myrtenbüsche hin.

Der König hielt ihre Hand in der seinen. Schwermütig sah er auf das blasse Weib an seiner Seite. Wie schön sie noch immer war!

Wahrhaftig, sie schien einen Talismann zu besitzen, der ihre Schönheit unvergänglich machte.

An einem sonnigen, nach Süden gelegenen, von dichtem Arbutusgesträuch umhegten Platz erwartete Quesnay die Kranke. Er hatte einen bequemen Stuhl, seidene Decken und Kissen für die Marquise, einen Sitz für den König bereitstellen lassen.

Vorsichtig hob er Jeanne aus dem Wagen. Auf den Arm des Königs gestützt, legte sie in aufrechter Haltung die wenigen Schritte zu dem sonnigen Platz zurück.

Quesnay verabschiedete sich. Ein Page blieb zurück. Der Arzt hielt sich für alle Fälle in der Nähe.

Jeanne sah eine Weile stumm in die Runde. Lange sprach sie kein Wort. Ein tiefer Seufzer hob ihre kranke Brust.

"Wie schön ist die Welt! Wie schwer das Scheiden", sagte sie endlich leise und gepreßt.

Ein grauer Schatten flog über des Königs Gesicht. Voller Angst würgte er an der Frage: Wußte sie, wie es um sie stand? Wußte sie, daß trotz aller Willensstärke ihr Leben nur nach Wochen, nach Tagen vielleicht zählte?

Jeanne erriet die Gedanken ihres königlichen Freundes, wie sie sie stets erraten hatte.

Sie lächelte ihm schwermütig zu.

"Sie baten mich einmal um das Versprechen, Sire, Ihnen in allen Lebenslagen die Wahrheit zu sagen. Ich habe mich redlich bemüht, dieses Versprechen zu halten. Ich will es bis zuletzt. Auf Ihre stumme Frage gebe ich Ihnen diese Antwort: Ja, ich weiß, daß ich sterben muß. Ich bin seit langem darauf vorbereitet. Es wäre nicht die Wahrheit, Sire, wollte ich Ihnen sagen, ich stürbe gern, es ist sehr hart, allem Ruhm zu entsagen, aber es wäre eine

Lüge, wollte ich behaupten, mir graute vor dem Tode."

Den König überlief es. Entsetzen und Bewegung kämpften in ihm. Welch eine unbegreifliche Größe, mit so viel Gelassenheit von dem Grauenhaftesten zu sprechen, das ihm, seit er denken konnte, das Blut in den Adern gefrieren machte. Nur fort, nur fort von diesem Grausen!

"Sie sollen sich nicht aufregen, Jeanne!" bat der König hastig. "Quesnay hat es mir auf die Seele gebunden."

Wieder lächelte sie über seine Todesfurcht, die sie heute weniger begriff denn je.

"Ich rege mich nicht auf, Sire. Sie sehen, ich bin ganz ruhig. Ich huste nicht, mein Herz begehrt nicht aus dem Körper, ich ersticke nicht einmal."

Sie sagte es mit ihrem alten ironischen Humor. Ernster fuhr sie fort:

"Wer weiß, ob mir noch einmal eine so gute Stunde wie diese beschieden ist."

"Viele, viele", stammelte der König angstgepeitscht.

"Nun, um so besser. Wir werden dann wieder fleißiger arbeiten können, als es in diesen letzten jammervollen Wochen der Fall war. Doch möchte ich die Gunst des Augenblicks benutzen, Sire, Ihnen zu danken für alle Liebe, alle Freundschaft, alles Vertrauen, das Sie mir unwandelbar geschenkt."

Sie griff nach seiner Hand und wollte sie an die Lippen ziehen. Er aber kam ihr zuvor und küßte sie auf die Stirn.

"Du brauchst mir nicht zu danken, Jeanne", Tränen standen in seiner Stimme, "ich habe dir nicht nur Gutes, ich habe dir auch viel Übles angetan. Du aber hast mich unzählbare Male über mich selbst hinausgehoben, wenn meine krankhafte Schwermut mich packte, du hast mir Mut eingeflößt, wenn ich verzagt war, mich heiter und froh gemacht, mir die Sorgen von der Stirn gescheucht."

"Wer hätte das nicht für Louis den Vielgeliebten getan!"

Er wehrte heftig ab.

„Nennen Sie mich nicht mehr so, Marquise, sprechen Sie nicht davon! Ich war es einst. Ich bin es längst nicht mehr. Aus Louis le Bien-aimé ist Louis le Bien-haï geworden."

"Um Gott, Sire, versündigen Sie sich nicht!"

Des Königs Mienen verdüsterten sich mehr und mehr.

"Sie kennen die Stimmung des Volkes nicht, Marquise. Viel hat sich geändert. Man würde Ihnen heute vielleicht zujubeln. Ihnen hat man den Frieden von Paris um der Ausweisung der Jesuiten halber vergeben, mir nicht."

"Sie sehen zu schwarz, Sire. Oder hat man es gewagt -"

"Man rebelliert nicht offen gegen mich, nein, aber tiefes erbittertes Schweigen herrscht, wo immer ich mich sehen lasse."

Etwas wie Mitleid überkam sie, aber sie unterdrückte es rasch.

Was sollte ihm weichmütiges Empfinden, wo tatkräftiger Wille vonnöten war. Wenn er es nicht selbst vermochte, sich aufzurütteln, sie konnte ihm nicht mehr helfen.

Die Sonne verkroch sich hinter leichten Wolkenschleiern.

Jeanne fröstelte.

“Mon soleil se couche”, sagte sie skeptisch und winkte dem Pagen, den Quesnay in der Nähe postiert hatte.

Schweigsam legten sie die Fahrt nach dem Schloß zurück.

Es war nur ein Schatten gewesen, der über die Sonne fortgezogen war. Die warmen schönen Frühlingstage hielten an. Mit ihnen die scheinbare Besserung der Marquise.

Jeanne nützte die kurze Frist, die ihr noch beschieden war. Sie ließ ihren Bruder Abel, den Marquis von Marigny, zu sich kommen und empfahl ihm die sorgfältige Durchführung aller begonnenen Arbeiten. Sie beschwor ihn, ein gewissenhafter Schützer der schönen Künste Frankreichs zu bleiben.

Mit Choiseul besprach sie, was zunächst für den daniederliegenden Handel, für die geschwächte Flotte not tat.

“Versuchen Sie, mein Freund, alles zu tun, was in Ihren Kräften steht, an Friedenswerken wieder gutzumachen, was wir Frankreich durch den Krieg Übles angetan.”

Choiseul schlug bewegt in die dargebotene Rechte. Ihr klarer Verstand sah mit seinen Augen, er mit den ihren, welche Lasten der schwerbedrückten Nation von den Schultern genommen werden mußten.

Es dünkte ihn ein herber Trost, in ihrem Sinne fortzuarbeiten. -

Jeanne sandte Bernis einen Gruß in sein Exil, ohne ihm anzudeuten, daß es der letzte sei. Sie ließ Erkundigungen über Voltaire einziehen, der ihr entfremdet war, seit er an den Preußenhof gegangen.

Obwohl ein Zwist mit Friedrich II. den boshaften

Spötter längst aus Sanssouci fortgetrieben und ihn seit Jahren an die Schweizer Grenze nach Ferney verschlagen hatte, waren die Fäden zwischen ihr und dem einstigen Freunde nie wieder neu geknüpft worden. Nun war's zu spät dafür!

An Marmontel, der sie zuerst mit seinem feinfühligen Gedicht auf ihre Gründung der "École militaire" gewonnen, sandte sie eine kostbare Tabatière. Boucher bestimmte sie einen großen Teil seltener Stiche aus ihrem Besitz. Die "École militaire" und Sèvres legte sie ihren Leitern wie heißgeliebte Kinder an das Herz.

Für den 7. April hatte Quesnay die Übersiedelung der Kranken nach Versailles angeordnet. Er wußte, daß die ganze Seele der Marquise daran hing, noch einmal in jene Räume zurückzukehren, die ihre eigentliche Heimat waren, in denen sie ihre letzten sieghaften Ruhmesträume geträumt hatte.

Hell und warm lachte die Sonne über Versailles, als Jeanne ihren letzten Einzug in das stolze Schloß der Bourbonen hielt. In den Gärten knospte und blühte es von tausendfachem Grün und zartfarbenen Blumen. Durch die weitgeöffneten Fenster ihrer üppigen Gemächer strömten Flieder- und Veilchenduft.

Jeanne lag erschöpft auf dem blaßblauen goldfüßigen Engelbett. Eben war der König von ihr gegangen. Die weißen abgemagerten Finger hielten noch die weißen Rosen, die er ihr als Willkommensgruß gebracht hatte.

Plötzlich packte sie's wie krampfhaftes Ersticken. Ihr Körper bäumte sich auf.

“Luft, Luft!” keuchte sie.

Quesnay und die du Hausset kamen gerade noch zur rechten Zeit, die Ohnmächtige in ihren Armen aufzufangen. Über die weißen Rosen des Königs rann ein dunkler Blutstrom.

Schwere, dunkle Tage folgten. Das von der Mutter ererbte, durch das rastlos aufreibende Leben der Marquise schnell und heftig zum Ausbruch gekommene Leiden machte rasende Fortschritte. Quesnay selbst bestand darauf, daß Senac und La Martinière hinzugezogen würden; keiner konnte helfen. Stumm, mit hilflos gerungenen Händen, sahen ihre Nächsten das Ende nahen.

Der König besuchte die Marquise täglich mehrere Male. Er brachte ihr Blumen und Früchte und streichelte ihre wachsgelben Hände, er drückte einen flüchtigen Kuß in ihr wundervolles Haar, aber er sprach kaum noch ein Wort.

Jeanne nützte jede erträgliche Stunde, sich über die Staatsgeschäfte auf dem laufenden zu halten. Choiseul, der seit dem letzten schweren Anfall in Versailles geblieben war und die meisten Nächte mit der du Hausset und Quesnay im Vorzimmer verwachte, mußte Jeanne täglich dreimal Bericht erstatten. Sie beschied Janelle zu sich, der ihr jeden Nachmittag die Geheimkorrespondenz vorlegte. Jede Bitte, sich zu schonen, wies sie zurück. Sie wußte, ihr Leben zählte nur noch nach Stunden. Bevor der übermächtige Tod ihr das Zepter nicht entriß, sollte kein Sterblicher es ihr entwinden.

Sechs Tage nach ihrer Rückkehr nach Versailles, trat

Quesnay spät abends in heftiger Bewegung aus dem Krankenzimmer.

Choiseul stand wartend in der Tür.

“Exzellenz, ich vermag ihr höchstens noch vierundzwanzig Stunden zu geben. Wäre es nicht das richtigste, Sie bereiteten die Marquise vor? Der König wird sich schwerlich dazu entschließen.”

Der Minister nickte stumm. Leise betrat er das Krankenzimmer. Jeanne saß wie immer hoch aufgerichtet in ihren Kissen.

Als sie Choiseul eintreten sah, fragte sie mit schwacher Stimme

“Etwas Neues, mein Freund?”

Der Minister schüttelte den Kopf und setzte sich neben ihr Lager.

Bedrückt und unschlüssig rang er nach Worten.

“Sie sollten sich nicht um Staatsgeschäfte kümmern, Marquise, Sie sollten ruhen”, bemerkte er stockend.

Jeanne lächelte melancholisch. “Ich werde es bald genug - morgen - heute - wer weiß.”

Sie sah Choiseul ins Gesicht. Der sonst so kühle, ruhige Mann schien seltsam bewegt. Da wußte sie genug.

“Sie sind gekommen, mir zu sagen: Der Augenblick ist da?”

Choiseul nickte stumm.

Eines Gedankens Länge zuckte es über ihr Gesicht. Dann hatte sie ihre Züge wieder vollkommen in der Gewalt. Kaltblütig sagte sie:“Wozu wäre ich lebenslang eine Anhängerin der Philosophie gewesen, wenn ich mich zu guter letzt vor dem Tode fürchten wollte! Nein, lieber Freund, ich habe meine Rolle ausgespielt, das Stichwort ist gefallen, ich bin zum Abgang bereit."

"Haben Sie noch einen Wunsch, Marquise?"

"Bereiten Sie den König vor, Amboise. Ersparen Sie ihm alles, was ihm Grauen erregen könnte. Fragen Sie ihn, ob er wünscht, daß ich meinen Frieden mit der Kirche mache. Und Collin soll aus dem Geheimfach meines Sekretärs meine letzten testamentarischen Bestimmungen bringen. Sie sind vom 15. November 1757 datiert und haben ein Kodizill vom 30. März 1761."

Choiseul neigte sich stumm und küßte die feine schlanke Hand, die schönste Frauenhand, die er in seinem reich bewegten Leben bewundert hatte.

Eine Stunde später trat der König bei der Marquise ein. Quesnay und die du Hausset hatten sie aus dem Bett gehoben und in einen Fauteuil getragen. Jeanne hatte ein wenig Rot auflegen lassen und einen kostbaren Mantel ins des Königs Lieblingsfarben - blau und rosa - den Farben, in denen er sie zuerst im Wald von Sénart gesehen, um die Schultern gehängt. Sie wollte ihm den Eindruck ersparen, einer Sterbenden nahe zu sein.

Rasch, verlegen, in gebeugter Haltung trat Louis XV. ein. Er blieb in einiger Entfernung von Jeanne stehen.

"Choiseul sagt mir, Sie befinden sich nicht zum besten, Marquise. Einen Priester, ja, es wäre mir lieb, ich werde Ihnen den Curé der Madeleine schicken."

"Ich will meine Seele gern in seine Hände befehlen, Sire, wenn es so Ihr Wunsch ist."

Er trat näher. Sie hatte so gar nichts von einer Sterbenden. Wenn Quesnay irrte? Wenn Choiseul übertrieben hätte? War es möglich, kurz vor dem Tode so ruhig, so gefaßt, so klar zu sein? Zögernd trat er zu ihr und faßte vorsichtig nach ihrer Hand.

"Ich hoffe, Sie morgen wieder besser zu sehen, meine liebe Jeanne."

Sie nickte ihm gelassen zu.

"Hoffen ist das Vorrecht der Lebenden, Sire!"

"Wir sehen uns bald wieder."

Sie hatte ein skeptisches Wort auf den Lippen, aber sie sprach es nicht aus. Sie sah ihn mit einem langen durchdringenden Blick an, als wolle sie bis auf den Grund seiner Seele sehen.

Dann schüttelte sie mit melancholischem Lächeln das schöne bleiche Haupt.

"Gute Nacht, Jeanne, schlafen Sie sanft!"

"Gute Nacht, Sire."

Ein kurzer Handdruck, dann war er gegangen, ein wenig aufrechter, als er gekommen war. Sie atmete erleichtert. Sie hatte ihm die letzten Schrecken erspart.

In der Morgenfrühe des 14. April kam der Curé von Madeleine. Jeanne wurde allen Zeremonien gerecht. Sie wollte ihrem Andenken zuliebe nicht als Heidin aus der Welt scheiden, aber ihre Seele war nicht bei ihrem Beichtiger. Während der Curé ihr die Absolution erteilte, dachte sie weder an ihre Sünden noch an den frommen Vorgang. Ihre Gedanken waren bei den weltlichen Geschäften, die ihr für diese letzten Stunden noch oblagen.

Nachdem der Curé sie verlassen, traf sie die letzten Anordnungen für ihr Testament. Wenn sie auch im Augenblick nicht im Besitz von baren Summen war, stellte ihr Eigentum an Gütern, Häusern, Schmuck, Immobilien, Büchern und Kunstgegenständen immer noch ein großes Vermögen dar.

Mit unvergleichlicher Konzentration durchlas Jeanne das Testament aus dem Jahre 1757, in dem sie ihren Bruder Abel zum Universalerben eingesetzt und für alle, die ihr treu gedient, reiche Geldgeschenke und Pensionen bestimmt hatte. Sie ließ Collin rufen und substituierte, falls ihr Bruder ohne Leibeserben sterben sollte, einen entfernten Verwandten an seiner Statt; sie diktierte ihm ein zweites Kodizill, in dem sie für ihre Freunde kostbare Andenken bestimmte, die sie bis ins kleinste Detail bezeichnete.

Den Ortsarmen sollte das bare Geld übergeben werden, das sich in ihrem Schreibtisch finden würde.

Nach kurzer Pause traf sie die Anordnungen für ihr Begräbnis. Zwölf schwarzdrapierte Wagen sollten ihr Gefolgschaft leisten. In der Gruft der Kapuziner, an der Seite ihres geliebten Kindes, wollte sie zu letzter Ruhe bestattet sein.

Der warme, lichte Tag sank in einen schwülen Abend.

Oben in den kleinen Gemächern saß der König und schrieb an seinen Schwiegersohn, den Infanten Philipp von Spanien. Ab und zu schreckte er auf und horchte mit atembeklemmender Spannung auf eine Geräusch, einen Ton, der Besonderes ankündigte.

Nichts - Totenstille rings umher.

Er trat ans Fenster und blickte zu den dunklen Gründen des Waldes von Marly hinüber, die sich wie ein schwarzes Gewölbe gegen die graue, zitternde Luft hoben, dann setzte er sich nieder und fuhr mit Schreiben fort.

"- meine Sorge vermindert sich nicht, und ich gestehe Ihnen, daß ich sehr wenig Hoffnung auf eine wirkliche Genesung habe und ein vielleicht sehr nahes Ende fürchte. Eine Bekanntschaft von nahezu zwanzig Jahren ist eine zuverlässige Freundschaft. Am Ende, Gott ist der Herr, und man muß sich seinem Willen beugen."

Er wischte eine Träne aus den Augen und richtete sich zu strafferer Haltung auf. Niemand sollte sehen, wie tief ihn der Verlust einer Frau schmerzte, mit der sein Leben inniger verwachsen gewesen war, als er es sich selbst, am wenigsten anderen eingestehen mochte.

Jeanne hatte ihren Nächsten ein letztes, gutes Wort gesagt. Choiseul, ihr Bruder, Quesnay und ihre Frauen standen in stummem, herzbeklemmendem Schmerz.

Sie hielt die Augen geschlossen. Der Kopf war wie im Schlaf ein wenig zur Seite gesunken. Ein weltverachtendes Lächeln stand um ihre Lippen gebannt.

Plötzlich, zum letztenmal, öffnete sie die Augen wieder, noch einmal leuchteten diese wundervollen, rätselhaften Sterne triumphierend auf, als hätten sie ein Neuland erblickt, aus dessen purpurnen Gefilden man sie willig als Königin, als Herrscherin grüßte.

Draußen heulte der Gewittersturm. Schwarz stand die Nacht. Fröstelnd hüllten die Offiziere der Wache sich in ihre Mäntel.

Unter den Fenstern der Marquise von Pompadour leuchtete der Schein einer Laterne auf. Ein kurzer, leiser Anruf. In den Gemächern der Toten wurde eine Scheibe hell. Zwei Fensterflügel öffneten sich. Auf einer schwarzverhangenen Bahre wurde ein Frauenkörper, in feine, durchsichtige Linnentücher gehüllt, herabgelassen.

Die Wachen schauderte es. Sie raunten einander ein leises Wort zu. Der Schein der Laterne entfernte sich. Die Fenster wurden wieder dunkel. Der niederzuckende Blitz fiel auf ein Nichts, eine leere Öde.

Dem jungen Gardeoffizier schlugen die Zähne zusammen.

“Fortgeschafft im Dunkel der Nacht, wie eine Verbrecherin. Sie, die in Glanz und Pracht hier aus und ein gegangen. Sie, die eigentliche Herrscherin. Das ist der Dank der Welt!”

Der andere schüttelte den Kopf.

“Gesetz, Kamerad. In keinem königlichen Hause darf über Nacht eine Leiche bleiben.”

Ein krachender Donnerschlag verschlang die bittere Antwort des jungen Offiziers.

Die Gewalt des ersten Frühlingsgewitters war gebrochen, aber immer noch rann der Regen unablässig, grau, eintönig fort.

Auf dem kleinen Balkon seines Arbeitskabinetts stand barhäuptig der König und sah dem Trauerzug nach, der die Marquise zur Gruft der Kapuziner brachte. Niemand hatte sich in seine Nähe gewagt. Ganz allein stand er, starren Blicks, frierenden Herzens, achtlos des Regens, der ihn durchnäßte. Seine Augen folgten dem schwarzen Zug, so weit sie es vermochten.

Als der Wagen, der die Leiche trug, des Königs Blicken entschwunden war, packte ihn das Grauen der Einsamkeit mit übermächtiger Gewalt. Sein Körper bebte, seine Hände schlossen sich wie im Krampf zusammen.

Nur eine auf der Welt hätte es vermocht, ihn dieser eisigen Angst zu entreißen, und diese eine senkte man - vielleicht in diesem Augenblick - hinunter in die kalte, stumme Gruft, die keinen zurückgab, den sie verschlungen hatte!

Ende.